V.

©

CHARPENTE

GÉNÉRALE

THÉORIQUE ET PRATIQUE

PAR B. CABANIÉ

CHARPENTIER, PROFESSEUR DU TRAIT DE CHARPENTE, DE MATHÉMATIQUES, ETC.

DEUXIÈME ÉDITION.

TOME SECOND.

BOIS CROCHE.

PARIS

GAUTHIER-VILLARS, IMPRIMEUR-LIBRAIRE

DU BUREAU DES LONGITUDES, DE L'ÉCOLE IMPÉRIALE POLYTECHNIQUE

SUCCESSEUR DE MALLET-BACHELIER

Quai des Grands-Augustins, 55.

1864

IMPRIMERIE DE MADAME VEUVE BOUCHARD-HUZARD, RUE DE L'ÉPERON, 5.

TABLE DES PLANCHES

CONTENUES

DANS LE SECOND VOLUME.

FIN DE LA TABLE DU TOME SECOND.

TROISIÈME PARTIE. — BOIS CROCHE.

ESCALIER QUARTIER TOURNANT.

On commence premièrement, sur un salpêtre bien uni au plancher (planche 53e), de faire paraître en plan par terre la cage de l'escalier A B C D E F G. On divise cet emmarchement en deux parties égales. Ensuite, sur une règle H I, on fait paraître la hauteur du plancher ; on prend un compas ; on l'ouvre d'environ 16 centimètres, et l'on cherche combien cette ouverture de compas est contenue de fois dans la hauteur dudit plancher. Une fois qu'on est arrivé à diviser cette hauteur en un nombre juste de parties égales, d'environ 16 centimètres, on divise la ligne du milieu de l'emmarchement en une marche de moins que de hauteurs. Si, après cette division faite, les marches se trouvaient trop étroites, on mettrait une marche et une hauteur de moins ; dans le cas contraire, on mettrait une hauteur et une marche de plus ; mais on s'arrangera de manière que les marches soient, autant que possible, d'environ 30 centimètres, et les hauteurs d'environ 16. Dans cet escalier, on a divisé la hauteur du plancher en dix-huit parties égales, et la ligne du milieu de l'emmarchement ou giron en dix-sept, c'est-à-dire en une marche de moins que de hauteurs. Cet escalier-ci a été balancé à tâtons ; mais, dans la planche suivante, je donnerai une méthode pour le balancement d'un escalier quelconque. Ceci étant fait, on figure la forme de la première marche (on peut la mettre en pierre ou en bois) ; on figure également les épaisseurs des contre-marches, à cause des crémaillères, les épaisseurs du limon et les noyaux vus de bout.

Pour faire l'élévation du limon E F, on élève E J K, F L M perpendiculaires à E F ; on tire J L (carreau où la première marche se pose) parallèle à E F ; ensuite on met sept hauteurs à partir de J L, prises sur H I. Après, on remonte 1 en 1', 2 en 2', 3 en 3', 4 en 4', etc. ; on figure en même temps l'épaisseur de la marche et de la contre-marche ; on figure également, parallèle aux nœuds 2' 3' 4', etc., des marches, et à une distance de 4 à 5 centimètres, le dessus du limon et sa retombée parallèle au-dessus, en s'arrangeant de manière que, le plâtre fait (si, toutefois, il est plâtré), il reste un certain bandeau de 10 à 12 millimètres pour la beauté de l'escalier. On figure aussi les noyaux, la main courante ou rampe à une hauteur de 90 centimètres environ ; puis on fait paraître les barreaux, comme on le voit sur l'épure. Ceci étant fait, on travaille le bois comme il est figuré sur son élévation ; on l'assemble l'un dans l'autre ; on fait les mortaises des marches et des contre-marches dans le limon et dans le noyau. Quant aux marches, on les trace comme elles sont figurées en plan par terre, en laissant en plus la largeur convenable pour que la contre-marche de dessus repose de toute son épaisseur sur ladite marche ; 3 ou 4 centimètres de longueur en plus pour le collet qui s'assemble dans le limon, et 9 ou 10 centimètres si le bout portait dans un mur.

Pour faire l'élévation de l'autre limon F G, on élève F N, G O perpendiculaires à F G ; on met un certain nombre de hauteurs prises sur H I jusqu'à la dix-huitième ; puis on remonte les marches 8 en 8', 9 en 9', 10 en 10', etc., jusqu'à 18 en 18'. On figure, à partir du nœud des marches, le même bandeau du limon précédent, ainsi que la retombée parallèle au-dessus et de la même largeur que le premier ; on fait paraître les marches, les contre-marches, main courante, noyaux et barreaux ; on entaille le noyau d'arrivée dans le palier, on le boulonne et on le termine comme on le voit sur l'épure.

Pour établir la crémaillère A B, on élève A P, B Q perpendiculaires à A B ; on porte sur ces deux lignes, et parallèles à A B, un certain nombre de hauteurs ; puis on remonte le derrière de la contre-marche 2 en 2'', 3 en 3'', 4 en 4'', etc. On figure la force qu'on veut donner à partir des crans ; on baisse la deuxième hauteur, attendu qu'elle repose sur la marche en pierre, de l'épaisseur de la marche, et de cette manière toutes les crémaillères baissent de l'épaisseur de la marche. On figure le remur et l'entaille qui doit recevoir la crémaillère de retour comme on le voit sur l'épure.

Pour établir l'autre crémaillère B C, on élève B R, C S d'équerre à B C ; on y met un certain nombre de hauteurs parallèles à B C, la hauteur, bien entendu, prise sur H I ; on remonte le derrière de la contre-marche 8 en 8'', 9 en 9'', etc. ; on y figure la même force à partir des crans ; on trace le remur, l'entaille, et c'est terminé.

Pour la dernière crémaillère C D, on élève C T, D U d'équerre à C D ; on remonte le derrière de la contre-marche 17 en 17' et D en U ; on y figure la même force à partir des crans : on trace le remur, l'entaille comme on le voit sur l'épure. Bien entendu qu'on sciera les contre-marches des crémaillères suivant la direction des marches, comme il est figuré.

Pl. 53.

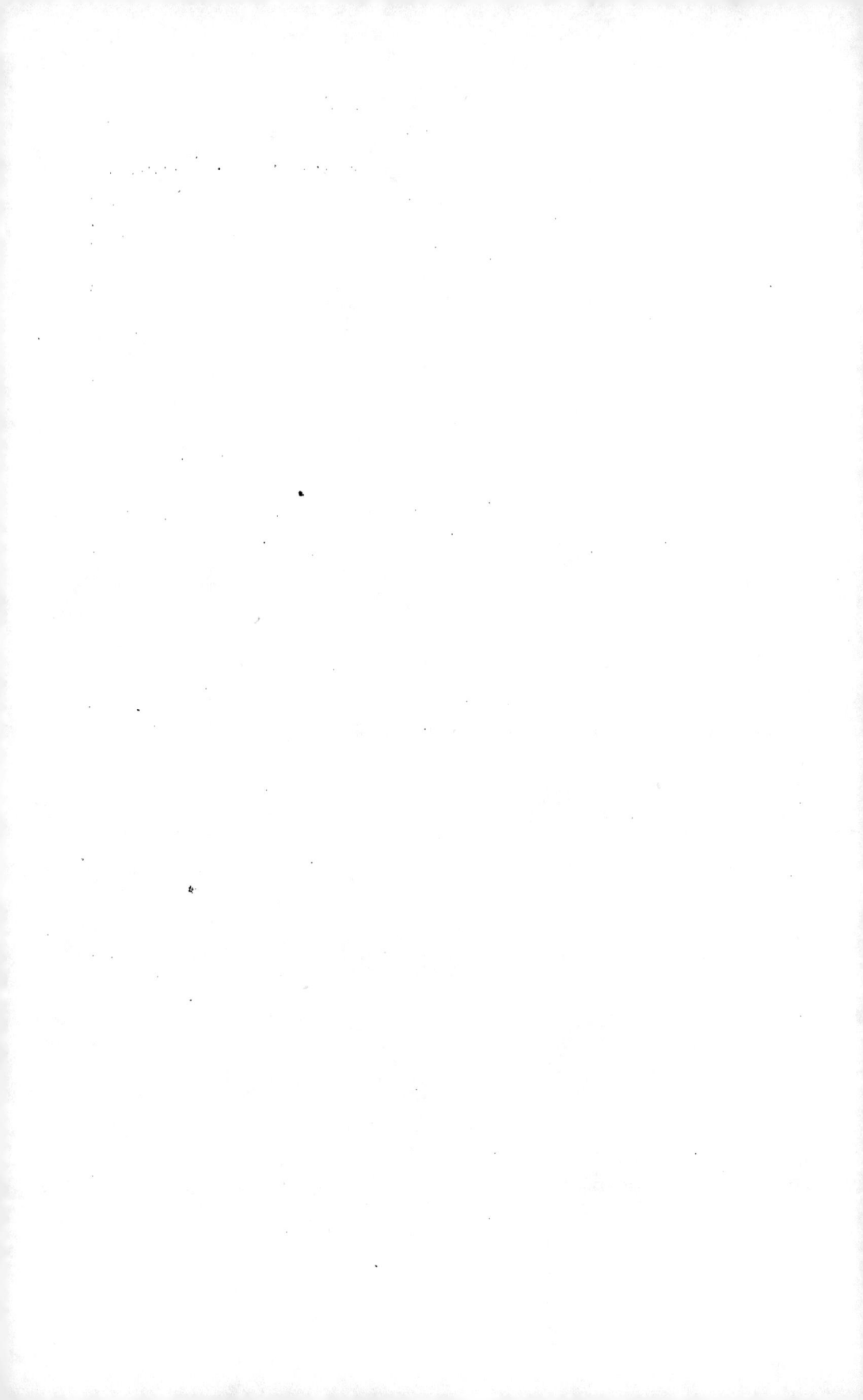

ESCALIER NOYAU RECREUSÉ.

On commence premièrement (planche 54e), sur un plan horizontal, de tracer le plan par terre de la cage de l'escalier A B C, le jour D E F G H I et l'épaisseur du chiffre; ensuite on divise l'emmarchement en deux parties égales, puis on espace cette ligne de milieu en un certain nombre de marches, de manière qu'elles soient, autant que possible, en rapport avec les hauteurs. Une fois le milieu de l'emmarchement divisé en vingt parties égales, ou girons, et la hauteur du plancher J K en vingt et une contre-marches; car on doit se rappeler qu'il faut mettre toujours une hauteur de plus que de marches. Ceci étant fait, il s'agit de déterminer du premier coup le balancement des marches, de manière que la courbe monte progressivement jusqu'au milieu de la montée et diminue dans la même progression depuis le milieu jusqu'à l'arrivée, et que l'œil soit, autant que possible, satisfait. Pour obtenir ce résultat, on s'y prend de cette manière : on fait un triangle rectangle quelconque L M N; on prend le développement 1, 2, 3, 4, 5, etc., jusqu'à 11, du milieu de l'emmarchement, et on le porte, à partir de l'angle M, en 1', 2', 3', 4', 5', etc., jusqu'en 11'. On prend ensuite le développement O P Q du chiffre et on le porte sur l'autre côté M N du triangle; on joint 2', 3', 4', 5', etc., jusqu'à 11' avec le point N. Ensuite on se met au point M comme centre, on fait tourner N en N', on joint M N'; la distance M N' égale O P Q, donc le balancement des marches se trouve au croisillon des lignes R, S, T, etc. On prend donc M R; on le porte en O R', R S en R' S', S T en S' T', etc., jusqu'en U N' en U' Q; on joint 2 R', 3 S', 4 T', etc., jusqu'en 10 U', et le balancement est tracé. Bien entendu qu'en opérant pour une moitié des marches, c'est-à-dire jusqu'à 11, cela suffit, attendu que l'autre est pareille et que l'escalier est symétrique.

Pour faire l'élévation du limon D E, on élève D D', E E' perpendiculaires à D E et D' E' parallèle; on met, à partir de D' E', un certain nombre de hauteurs prises sur J K; on remonte O en O', R' en R'', S' en S'', T' en T'', etc., puis on figure la largeur du limon, de manière que, les marches et les contre-marches étant assemblées dedans, il reste un certain bandeau parallèle au nœud de 4 à 5 centimètres, et au-dessous, le plâtre étant fait de 10 à 12 millimètres. Ceci étant fait, on travaille un noyau de la même forme, comme on le voit en plan en D et de la longueur D'' D'''; on remonte son joint D D' sur le limon et sur la rampe : cette rampe est parallèle aux girons et à 90 centimètres de hauteur environ. Ensuite on assemble le noyau D'' D''' dans la marche en pierre ou en bois D', et le limon et la main courante on l'assemble dans le noyau. Après, on trace, sur le limon, sur la main courante et sur le patin qui repose sur le parpaing, le joint E E'. Pour l'élévation de l'autre limon H G, on élève H H', G G' perpendiculaires à H G; on met un certain nombre de hauteurs parallèles à H G prises sur J K; puis on remonte le bout de la marche 13 en 13', 14 en 14', etc. On figure le limon de la même largeur que le précédent, ainsi que la main courante de la même hauteur, puis on espace les barreaux comme on le juge convenable. On fait paraître les joints G G', H H', et l'autre limon et la main courante sont tracés.

Pour établir le noyau recreusé E F G, on élève E E'' E''', G G'' G''' perpendiculaires à E G, et E'' G'' parallèle (la ligne E'' G'' est le point qui repose sur le parpaing au même niveau que le dessus de la première marche). On prend V V'; on le porte en P' P'', V V'' en P' P''', V V''' en P' P'v, V V'v en P' P'v, et V V'v, hauteur de la neuvième marche, en P P'v; ensuite, à partir de P'v, on met les hauteurs 10, 11, 12 prises sur J K; on remonte U' en U'', Q en Q', X en X', parallèles à G'' G'''. Après, on prend X'' Y, on le porte en X' Y', X'' Y'' on le porte en X' Y''', et X'' Y'v on le porte en X' G''', et les mortaises des limons et des mains courantes dans le noyau sont tracées. Ceci étant fait, on le recreuse et on l'arrondit avec un panneau fait sur le plan par terre E F G. Le noyau étant travaillé, on figure les marches et les contre-marches, on les perce; on y présente le bout des marches et des contre-marches de manière que ce soit assemblé le plus juste possible.

Pour établir le noyau H I D dans le limon d'arrivée et du départ du premier étage, on tire le dessus du palier A' C', la ligne du milieu I' I'' et les deux côtés H' H'', H'' Z'v perpendiculaires à A' C'. Après, on met la hauteur Z ou 20; puis on prend Z' H', et on le porte en Z H''; on prend aussi Z' Z'' et on le porte en Z Z''', et Z' Z'v on le porte en Z Z'v, et les mortaises du limon et de la main courante d'arrivée sont tracées. Pour tracer celles du départ, on prend H''' H'v, on le porte en H' H'v, H'' H'v on le porte en H' H'v''', et H''' H'v on le porte en H' H'v, et les mortaises du limon, de la main courante du départ du premier étage sont tracées. Pour le palier et les marches, on les trace tels qu'ils sont figurés en plan par terre, en ayant soin de donner en plus de sa largeur 70 à 80 millimètres, largeur convenable pour l'astragale de la marche, qui est de 40 millimètres environ, et le repos de la contre-marche; 4 centimètres de longueur en plus pour le collet qui s'assemble dans le limon et 10 centimètres pour la portée dans le mur.

PARIS. —IMPRIMERIE DE MADAME VEUVE BOUCHARD-HUZARD, RUE DE L'ÉPERON, 5.

54

Pl. 54.

ESCALIER JOUR ROND A LA FRANÇAISE.

On commence, premièrement (planche 55e), de tracer sur un plan horizontal la cage de l'escalier ABC, la largeur de l'emmarchement DEF et l'épaisseur du chiffre. Ensuite on divise l'emmarchement en deux parties égales, et, cette ligne de milieu, on la divise en un certain nombre de marches, de manière qu'elles soient en rapport avec les hauteurs. Ayant donc divisé ladite ligne en dix-neuf marches, et la hauteur du plancher G H en vingt contre-marches, car il y a toujours une hauteur de plus que de marches, après on balance les marches par le même procédé de l'escalier précédent et tel qu'on le voit sur l'épure (fig. 1re), en prenant E'I' et le portant en EI, I'J' en IJ, etc. Ceci étant fait, on figure, sur la première marche, la volute à la main, de manière que l'œil soit satisfait; car c'est la méthode la plus usitée : malgré cela, dans la planche 56e, je donnerai le procédé pour la faire avec le compas. La volute étant tracée, on figure, également à la main, le bout de la première marche, comme on le voit sur l'épure. On figure aussi, en plan par terre, le devant du palier A C, qui forme marche d'arrivée, en donnant, en plus de A D, une largeur suffisante pour l'astragale et le repos de la contre-marche du départ du deuxième étage. On n'oubliera pas non plus de faire une petite courbure, tout près du chiffre, à la marche d'arrivée et de départ, de manière que la progression des marches soit la même. En opérant ainsi, la pente de la courbure diminuera régulièrement en arrivant au palier, et augmentera de la même manière au départ de l'étage suivant.

Pour faire les fausses élévations, on commence, d'après la grosseur et la longueur des bois qu'on veut employer, à espacer le chiffre en tout autant de parties qu'on veut faire de courbes, en quatre par exemple, et puis on opère comme il suit : on joint le centre K du cercle avec le milieu du joint K', qu'on prolonge en K'', on met deux ou trois hauteurs prises sur G H, hauteur du plancher, perpendiculaires à K K''. Ensuite on descend, parallèle à K K'', le nœud d'une marche de chaque côté du joint, comme D en D', 2 en 2', 3 en 3'. Après, on figure, parallèles aux nœuds des marches, le dessus et le dessous de la courbe. On divise la ligne à plomb K''' K IV en deux parties égales en K'', et par le point K'' on élève un trait carré L' M' au rampant de la courbe. On met le crochet que l'on veut de chaque côté de K''; on descend, parallèle à K' K, M' en L, M' L' en L; on joint M K, L K; on descend le crochet en plan, on le mène parallèle à L K, M K, et le joint en plan est tracé. On opère de même pour les autres, comme on le voit sur l'épure. Dans la pratique, on ne fait pas toujours de fausses élévations parce qu'on fait le joint plus ou moins d'équerre, suivant le rampant; mais si l'on exigeait que le joint fût d'équerre, comme cela doit être, on ferait les fausses élévations comme il vient d'être dit.

Pour faire l'élévation de la première courbe, on tire N P; on élève, d'équerre à cette ligne, 1 1', M M', 2 2', 3 3', 4 4', 5 5'. On mène A' A'' parallèle à NP. On met, à partir du carreau A' A'', une suite de hauteurs, prises sur G H, parallèles à A' A'', telles que 1', 2', 3', 4', 5', 6' : la rencontre de ces hauteurs avec les marches donne les nœuds. Ensuite on prend sur la fausse élévation (figure 2) la distance 6 6'', et on la porte en 6' 6''; on a le milieu du joint. Après, on prend Q' Q'', on la porte en Q''' Q''''; on a le dessus du joint; puis on prend R' R'', on la porte en R''' R IV; on en a le dessous. On descend, parallèles à M M', R en R'', P en P', T en T', T'' en T''', etc.; on rembarre R''' T', P' T'', etc., et on termine l'élévation, comme on le voit sur l'épure. Ceci étant fait, on prend une pièce de bois de l'épaisseur 0 0' et de la largeur figurée en élévation; on la met sur ligne de niveau et de dévers, suivant une ligne de trave qui, en élévation, doit tomber sur NP. Une fois sur ligne, on fait paraître les marches et les contre-marches, ainsi que des lignes d'adoucissement dans les intervalles des contre-marches, si elles étaient trop éloignées. Il ne faut pas oublier de distinguer les marches et les contre-marches par des signes de manière que, la courbe étant dévidée, on puisse les reconnaître. On fait quartier un à la courbe, et on trace le dehors et le dedans du chiffre comme on le voit à la deuxième courbe (figure 3).

Pour faire l'élévation de la deuxième courbe, on tire une ligne S U; puis on mène une suite de perpendiculaires à cette ligne, comme 7 7', 8 8', 9 9', etc.; on mène, d'équerre à ces lignes, une suite de hauteurs prises sur G H; la rencontre de ces lignes donne le nœud des marches. Ensuite on figure le milieu, le dessus et le dessous du joint, en le prenant sur la fausse élévation correspondante, et l'élévation est faite. Après, on prend une pièce de bois de l'épaisseur V E, de la largeur et de la longueur comme elle est figurée en élévation. On fait paraître dessus une ligne de trave à la distance V E de la face; on met la pièce sur l'épure, la ligne de trave de niveau et de dévers. On fait paraître dessus les marches, les contre-marches et les lignes d'adoucissement nécessaires. On rembarre les lignes qu'on vient de tracer sur la pièce de bois avec les lignes de l'épure; on fait quartier un à la pièce de bois; la ligne S' U'' est la ligne de trave; puis on trace le dessus et le dessous de la courbe, en opérant comme il suit :

On prend ZZ', on le porte en Z''Z''', XX' en X'' X''', YY' en Y''Y''', VV' en V''V''', etc.; on joint les points U', Z''', X''', Y''', V'' avec une règle flexible. On opère également pour le dehors; on figure le trait ramèneret au milieu des joints; car ce sera ce trait ramèneret, figuré dehors et dedans la courbe, qui vous servira pour tracer le joint. On fait les élévations des autres courbes en opérant de même, comme on le voit sur l'épure. Pour mettre les joints dedans, on le démontrera dans les planches suivantes.

Pl. 66.

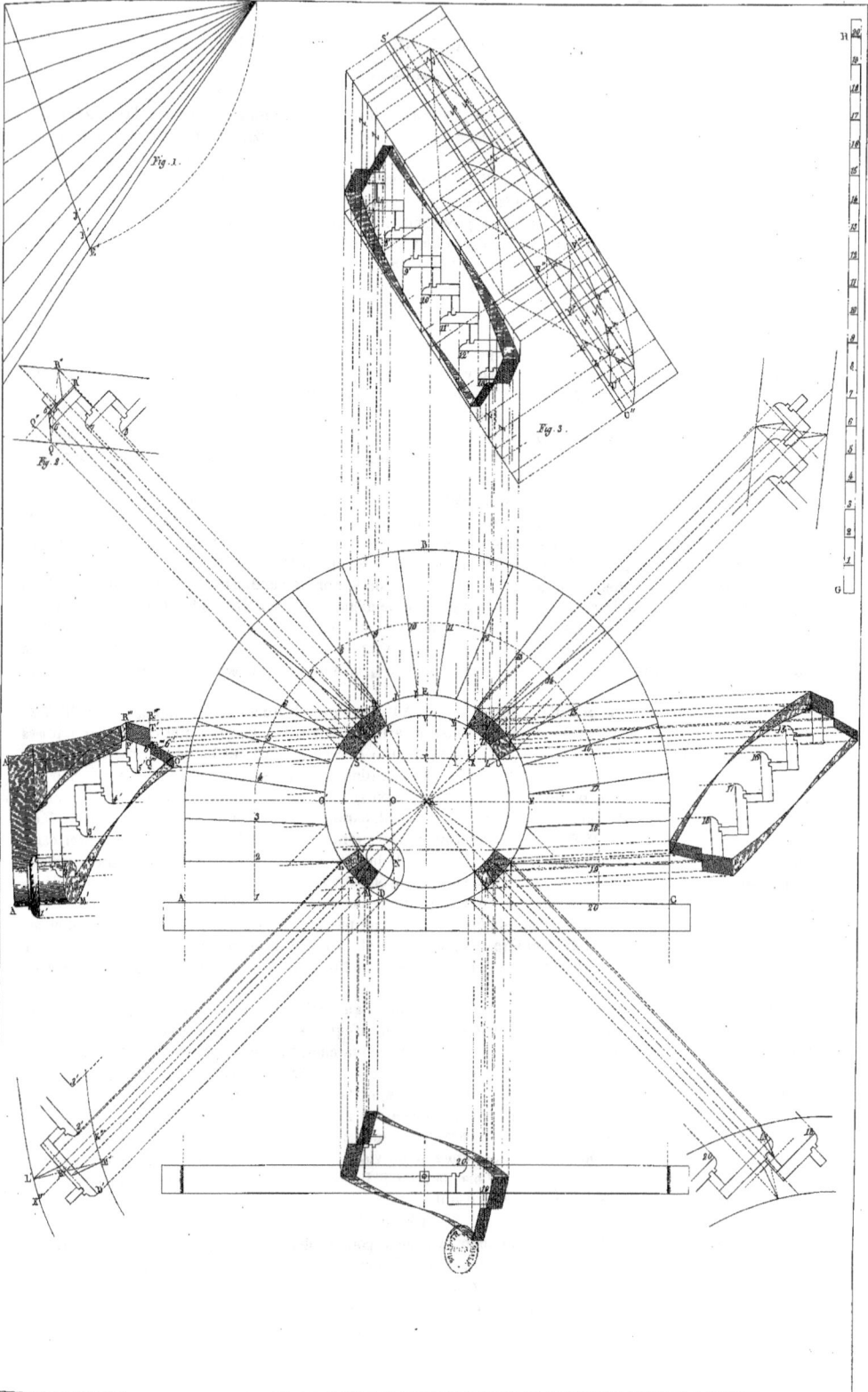

Fig. 1.

Fig. 2.

Fig. 3.

B

A

C

G

ESCALIER A QUATRE CENTRES DIT A LA FRANÇAISE.

On commence (planche 56e) par tracer, sur un plan horizontal, la cage de l'escalier A BC D, le jour E F G H et l'épaisseur du chiffre. Ensuite on divise l'emmarchement en deux parties égales ; on espace cette ligne de milieu en un certain nombre de marches, de manière que la largeur soit, autant que possible, dans les environs de 30 centimètres, et les hauteurs de 16. On espace la hauteur du plancher A' B' ou étage en autant de parties, plus une, qu'il y a de marches. Puis on balance les marches avec l'échelle progressive (figure 1re) jusqu'à R F, et par l'échelle (figure 2) depuis R F prolongé jusqu'à S T, en opérant comme il a été démontré et comme on le voit sur l'épure.

Pour tracer la volute (figure 3), on commence de figurer l'épaisseur du chiffre I I', J J' de la dimension voulue ; on divise I J en trois parties égales ; on prend deux de ces parties et on les porte en J J'' ; on mène par le point J'' une ligne J''J''' parallèle à J J' : le point J'' est l'œil de la volute. Ensuite on divise l'angle K J'' J''' en deux parties égales, et on a la ligne L J'' ; on élève par le centre J'' une perpendiculaire J''M à J''L. Après, on prend un tiers du chiffre J I et on le porte en J''M ; on mène M M' parallèle à J''I ; puis on se met au point M comme centre, on décrit l'arc M' N ; on joint M N ; la rencontre O de la ligne L J'' donne un nouveau centre ; on se met donc au point O comme centre, on décrit l'arc N N' ; on joint O N' : la rencontre O' de la ligne M J'' donne un troisième centre. Puis du point O' comme centre on décrit l'arc N' N'' ; on joint O' N'' ; la rencontre O'' de la ligne J''L est un quatrième centre duquel on décrit l'arc N'' N''' ; du point M comme centre on décrit l'arc M' N''', et la volute est tracée ; on applique ce procédé à la première marche en pierre dudit escalier, ainsi qu'à la volute, comme on le voit sur l'épure.

Pour faire les fausses élévations, on opère comme il a été dit à la planche précédente, en mettant le joint, bien entendu, dans le milieu de l'arc, comme on le voit sur l'épure ; de cette manière, les courbes seront à peu près de la même grosseur, et l'escalier n'en sera que plus joli.

Pour établir la première courbe qui fait volute, on joint P Q ; on élève d'équerre à P Q des lignes passant par le nœud des marches comme 1 en 1', 2 en 2', 3 en 3', etc. Puis on mène des lignes d'équerre à celles-ci, et distantes les unes des autres d'une hauteur de contre-marche prise sur A'B' ; la rencontre de ces lignes donne les nœuds des marches 1', 2', 3', 4', 5', 6' ; on fait paraître le joint en prenant ses points de hauteur sur la fausse élévation G' ; on figure la jambette, la volute, le socle et le patin comme on le voit sur l'épure. Ensuite on prend une pièce de bois de l'épaisseur P P', de la longueur et de la largeur comme on le voit en élévation, et on termine comme il a été dit à la planche précédente. On opère de même pour les autres courbes, comme on le voit figuré.

Pour mettre les joints dedans : après avoir établi les courbes, on les donne aux scieurs de long, ensuite on les travaille le plus finement possible ; on rembarre en dehors les marches et les contre-marches ; on rembarre également le trait ramèneret au milieu du joint en dehors et en dedans. Après, on met, à partir des nœuds des marches, un certain bandeau parallèle aux nœuds. Ensuite on met une largeur de courbe de manière que, le plâtre fait, il reste un certain bandeau déterminé parallèle au plafond. On trace ensuite le débillardement en dedans du chiffre, de manière que le dessus et le dessous de la courbe se trouvent toujours de niveau, suivant le centre de la courbe en plan ou suivant le plafond. Puis on trace les joints autant que possible d'équerre suivant le rampant. On travaille un des joints qui vont ensemble juste, et l'autre on lui laisse le trait d'environ 5 millièmes, pour pouvoir le tabletter. On met donc ladite courbe, dont le joint est recalé au levage, sur le plan par terre bien à plomb et bien de dévers ; celle qui s'assemble dans celle-ci également sur ligne bien à plomb et de dévers. On tablette le joint de manière que, quand le joint sera rendu, le trait ramèneret de l'une et de l'autre courbe ainsi que les marches ne forment qu'une seule ligne droite. Une fois le joint dedans, on y met deux goujons pour tenir le dévers de la courbe. On boulonne le joint en faisant en sorte que la lumière des écrous se trouve, autant que possible, cachée. On trace les marches une à une, comme elles sont figurées sur l'épure, en plan par terre, en donnant, en plus de sa longueur, le scellement dans le mur et l'enclastrement dans la courbe, et, en plus de sa largeur, le double de l'astragale, c'est-à-dire ce qui est nécessaire pour la saillie de l'astragale et le repos de la contre-marche, ce qui fait 8 centimètres.

PARIS. — IMPRIMERIE DE MADAME VEUVE BOUCHARD-HUZARD, RUE DE L'ÉPERON, 5.

56

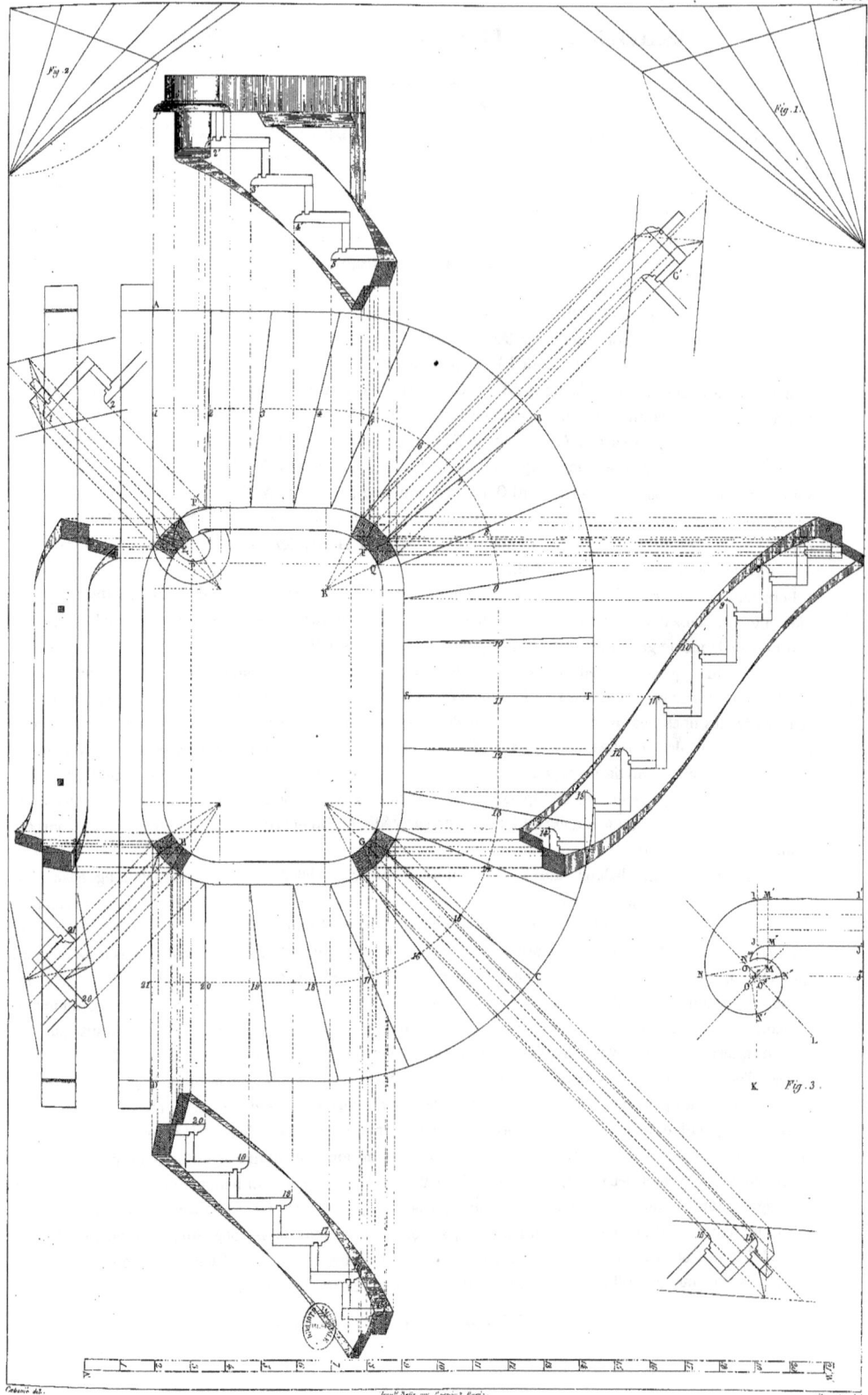

Pl. 56.

Fig. 2.

Fig. 1.

Fig. 3.

ESCALIER A DOUBLE RÉVOLUTION.

On commence, premièrement (planche 57ᵉ), de tracer sur un plan horizontal la cage de l'escalier A B C D. Ensuite on divise la ligne A D en deux parties égales en E; on mène E F perpendiculaire à A D. Puis on mène parallèle à cette ligne la face des limons G H, I J du départ comme on le désire, le milieu du jour K L, M N et l'épaisseur du chiffre, en faisant en sorte que l'emmarchement du départ soit plus large que celui des deux emmarchements d'arrivée, par la raison que les personnes qui montent après le palier du repos prennent indifféremment l'arrivée de droite ou de gauche. Ceci étant fait, on figure la première marche massive (elle peut être en pierre ou en bois; on pourrait même en mettre plusieurs avant le départ du limon, mais on s'arrangera de manière que les marches massives suivent à peu près le contour de la volute). On figure, dis-je, la première marche O P; sur chaque bout de marche, on y figure la volute d'après le procédé de la planche précédente, en faisant suivre à la marche massive le même contour de la volute.

La première marche étant déterminée, on tracera le palier de repos F, de manière que F Q soit un peu plus grand que R B ou égal. Puis on figure l'arrivée de la marche palière A D en faisant une petite courbure près du sabot, comme on le voit sur l'épure. Après cela, on espace les marches de manière qu'elles soient, autant que possible, en rapport avec les hauteurs, c'est-à-dire les marches 30 centimètres et les hauteurs 16. Une fois que le gironnement est fait, on balance les marches par la même méthode précédente; seulement, pour que les marches soient en rapport avec les hauteurs, on a été obligé de faire quatre marches cintrées, comme on le voit sur l'épure.

Pour faire l'élévation G H, après en avoir fait premièrement les fausses élévations comme il a été démontré, on tire les marches 1 en 1', 2 en 2', 3 en 3', 4 en 4', 5 en 5', etc., jusqu'à 11 en 11' d'équerre à G H et une ligne G′ H′ parallèle. A partir de G′ H′, on mène un certain nombre de hauteurs prises sur S T parallèle à G′ H′; la rencontre de ces lignes donne le nœud de marches. Puis on prend sur la fausse élévation (figure 1ʳᵉ) le milieu du joint au-dessus de la onzième hauteur, qu'on porte sur son élévation au-dessus de 11'; de même pour le dessus et le dessous du joint. On prend également sur la fausse élévation le bandeau du dessus des nœuds et du dessous des marches, qu'on porte sur son élévation, et l'élévation est terminée. Ensuite on prend une pièce de bois de la longueur U V, de la largeur U′ V′ et de l'épaisseur H X en plan, on la met sur ligne de niveau, suivant une ligne de trave qui, au levage, devra tomber sur G H, puis de dévers. La pièce étant sur ligne, on fait paraître les lignes de marches, de contre-marches et les lignes d'adoucissement nécessaires, on rembarre ces lignes; on fait quartier à la pièce de bois et on trace comme il a été dit dans la planche précédente. On établit sur la même épure l'autre limon courbe I J seulement en changeant la ligne de trave.

Pour faire l'élévation de l'autre limon courbe d'arrivée Y Z, on mène, perpendiculaires à Y Z, 13 en 13', 14 en 14', 15 en 15', 16 en 16', etc. Puis on met d'équerre à ces lignes une suite de hauteurs prises sur S T; la rencontre de ces lignes donne le nœud des marches; on prend, sur sa fausse élévation respective, le dessous, le milieu et le dessus du joint, qu'on porte sur son élévation; on figure le bandeau au-dessus des nœuds et au-dessous des marches, et l'élévation est faite. Après, on prend une pièce de bois de la longueur, de la largeur qu'elle est figurée en élévation, et de l'épaisseur en plan; on la met sur ligne en faisant que la ligne de trave Y Z, qui paraît sur la pièce de bois, soit de niveau, la pièce de dévers; on établit sur la même épure l'autre limon courbe d'arrivée.

Pour les deux sabots ou courbes d'arrivée et de départ, on opère comme pour une courbe ordinaire, en prenant, sur sa fausse élévation correspondante, le dessus, le dessous et le milieu du joint, comme on le voit sur l'épure. Quant à la marche palière, on la travaille comme elle est figurée en plan par terre, les marches se tracent comme elles sont figurées en plan par terre, en donnant en plus de sa largeur le double de son astragale, c'est-à-dire le double de ce qui saille au-devant de la contre-marche, plus la portée dans la courbe et dans le mur.

Pour mettre les joints dedans, on travaille juste les joints d'attente et on laisse 1/2 centimètre aux joints qui recouvrent pour pouvoir les tabletter. On met les limons courbes en élévation sur l'épure en plan, et les sabots on les met sur le dos; de cette manière, on pourra mettre le limon courbe d'arrivée et celui du départ du deuxième étage dedans sans déranger le sabot.

PARIS. —IMPRIMERIE DE MADAME VEUVE BOUCHARD-HUZARD, RUE DE L'ÉPERON, 5.

57

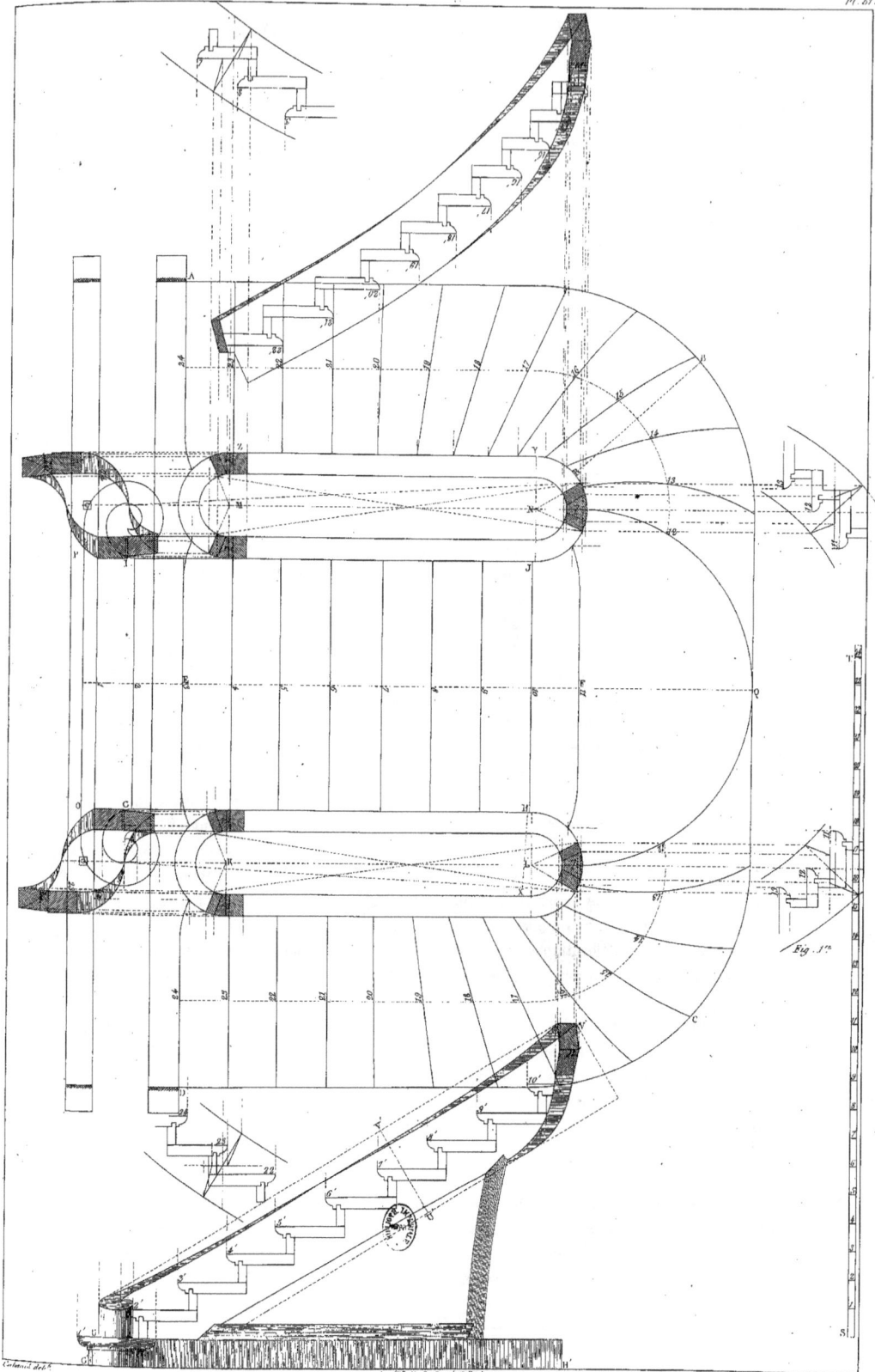

Fig. 1ᵉ.

ESCALIER A DEUX DÉPARTS JOUR ROND.

On commence, premièrement (planche 58e), de tracer sur un plan horizontal la cage de l'escalier A B C, le jour D E F et l'épaisseur du chiffre ; un départ A D et l'autre E I, diamétralement opposé ; puis on divise l'emmarchement en deux parties égales, et cette ligne du milieu on la partage en un certain nombre de marches, de manière qu'elles soient en rapport avec les hauteurs, après s'être rendu compte auparavant que la hauteur du plancher G H a 4 mètres au moins de hauteur, c'est-à-dire deux échappées ; car chaque emmarchement fait un tour complet : il s'ensuit donc que, quand le départ A D viendra tomber sur E I, il aura parcouru la moitié de la hauteur G H. Mais on dira : Si la hauteur G H n'avait pas deux échappées, on ne pourrait donc pas faire un escalier à deux départs ? Je réponds qu'on peut le faire la même chose, mais en combinant les marches avec les hauteurs de manière que, quand la ligne A D viendra tomber sur E I, il y ait au moins une échappée de 2 mètres ; seulement alors l'arrivée dudit escalier s'approcherait plus ou moins de A D, suivant que la hauteur du plancher s'approcherait plus ou moins de 4 mètres.

La ligne de milieu (ou gironnement) étant espacée en vingt parties égales ou marches, on les tente toutes au centre du cercle ; de cette manière le balancement est fait tout de suite. Après, on espace la hauteur du plancher G H en vingt et une parties égales ou hauteurs ; car on doit se rappeler qu'il y a toujours une hauteur de plus que de marches. Ensuite on figure sur chaque première marche A D, E I la volute, en opérant comme il a été dit. On figure également, en plan par terre, le bout de la première marche en lui faisant suivre le contour de la volute ; puis on espace le chiffre à peu près en quatre parties égales, ou d'après la longueur et la grosseur des bois. On en fait les fausses élévations en opérant comme il suit : on élève O M', milieu du joint, et 7 7', 8 8' parallèles ; après, on mène d'équerre à O M' deux hauteurs 7', 8' prises sur G H ; on met, à partir des nœuds 7', 8', un certain bandeau au-dessus et au-dessous ; on partage la ligne M M'' en deux parties égales en M', et par ce point on mène une ligne J N d'équerre au rampant ; on figure, de chaque côté de M', la moitié du crochet ; on descend J en J', N en N' parallèles à O M'' ; on joint J' O, N' O ; on descend également le crochet en plan, on mène un côté parallèle à J' O et l'autre parallèle à N' O, et le joint, en plan par terre, est terminé ; on opère de même pour les autres, comme on le voit sur l'épure.

Pour faire l'élévation de la première courbe on joint P Q par une ligne droite, plus d'équerre à cette ligne, on élève la marche 1 en 1', 2 en 2', 3 en 3', 4 en 4', 5 en 5', 6 en 6' et 7 en 7'' ; on mène P' Q', départ du carreau, parallèle à P Q. Après, à partir de P' Q', on met sept hauteurs prises sur G H ; la rencontre 1', 2', 3', 4', 5', 6' et 7'' donne le nœud des marches. On prend, à partir de 7', sur la fausse élévation, le dessus et le dessous du joint, et on le porte à partir de 7'' ; on y figure, également, le même bandeau de la fausse élévation, puis la volute, et l'élévation est faite. On prend une pièce de bois comme celle qui est figurée sur son élévation et de l'épaisseur R S en plan ; on met la pièce de bois sur ligne de niveau et de dévers, suivant une ligne de trave qui, au levage, doit tomber sur P Q. On opère également pour les trois autres élévations. On établit, bien entendu sur chaque élévation, deux courbes pareilles, attendu qu'il y a deux escaliers pareils dans la même épure, dont l'un part de A D et l'autre de E I. Ensuite on fait scier les courbes, on les travaille le plus finement possible. Une fois les courbes travaillées, on rembarre en dedans les traits ramènerets et en dehors les traits ramènerets, les marches et les contre-marches ; on trace les joints, on recale finement les joints d'attente et ceux qui recouvrent, on leur laisse 1/2 centimètre en plus pour pouvoir les tabletter.

Pour mettre la première courbe dedans, le joint d'attente étant travaillé juste, on met la volute en P et le dedans de la courbe qui suive le dedans du chiffre D E F, les hauteurs bien à plomb et le dedans de la courbe également ; on prend la deuxième courbe, on a laissé à son joint de recouvrement 1/2 centimètre, on la met sur son joint recalé ; on met les hauteurs et la face de dedans à plomb et suivant Q E F. Une fois sur ligne, on tablette. Quand on a bien recalé, on la remet sur ligne, et les charpentiers intelligents n'ont guère qu'un coup de racloir et même rien du tout à refaire. Une fois les joints dedans, on y met des goujons, on les boulonne et on les débillarde comme il a été dit. Quant aux marches, on les trace comme elles sont figurées en plan par terre ; d'ailleurs, elles sont presque toutes pareilles.

PARIS. — IMPRIMERIE DE Mme Ve BOUCHARD-HUZARD, RUE DE L'ÉPERON, 5.

58

Pl. 56.

Imp.ⁱᵉ Bailin, 3, r. Pompées Paris

ESCALIER-ENTONNOIR JOUR ROND.

On commence, premièrement (planche 59e), de tracer sur un plan horizontal la cage de l'escalier A B C. Ensuite on divise ladite circonférence en un certain nombre de marches, de manière qu'elles soient, autant que possible, en rapport avec les hauteurs. Après, on tente ces marches au centre D du cercle ; puis on figure la première marche A D et l'arrivée D E de chaque étage. Ceci étant fait, on met sur une ligne droite F H la hauteur du premier étage F G et du second G H ; on mène par le point F, G, H des perpendiculaires F F', G G', H H'. Après, on figure l'entonnoir F' H' comme on le désire ; on mène parallèle à F' H' l'épaisseur du chiffre. Ensuite on divise la hauteur du plancher F G en dix-neuf parties ou hauteurs ; car, ayant dix-huit marches, il faut une hauteur de plus, c'est-à-dire dix-neuf. On divise également la hauteur du second étage en dix-neuf parties, par la raison qu'il y a le même nombre de marches ; mais, si, par des raisons quelconques, il y avait plus ou moins de marches dans le deuxième étage, on les indiquerait en plan par terre et on diviserait la hauteur G H en autant de parties plus une qu'il y aurait de marches.

Dans le cas où on voudrait que le milieu de l'emmarchement fût le même depuis le bas jusqu'en haut, on prendrait la distance A D, on la porterait en F A' ; on mènerait A' A" parallèle à F H, puis on diviserait A' F' et H' A" en deux parties égales en F", H" et on joindrait F" H" par une ligne droite ; cette ligne serait donc le milieu de l'emmarchement ; on la fera paraître en plan par terre en prenant I V et le portant en D V', J Y en D Y', K Z en D Z', etc. On espacerait cette ligne en dix-huit marches et on les tendrait en D, centre du cercle. Puis on tracerait le chiffre-entonnoir en plan, comme il va être démontré.

Pour tracer la courbe en plan par terre, on opère de cette manière : on prend I I', on le porte en D I", J J' en D J", K K' en D K", L L' en D L", M M' en D M", N N' en D N", ainsi de suite jusqu'à G G' en D G". On continue pour le deuxième étage en prenant O O' en le portant en D O", etc., jusqu'à H H' en D H'". On opère également pour le dedans du chiffre. Après, on fait les fausses élévations comme à l'ordinaire et dans les endroits voulus et d'après les longueurs et les grosseurs des bois. Une fois les fausses élévations faites, on prend, sur la fausse élévation moyenne, la ligne à plomb T U et on la porte en G' G'" ; la distance G'" Gⁱᵛ est le délardement de la courbe. Ce délardement G'" Gⁱᵛ, on le porte en dedans de la courbe en plan ; de cette manière, on a les quatre arêtes de la courbe en plan par terre : les deux lignes pleines sont celles du dessus et les deux ponctuées sont celles du dessous. Les quatre arêtes étant figurées, on fait paraître les joints et la volute en plan, comme on le voit sur l'épure.

Pour faire la première élévation, on tire une ligne P Q naissance de la volute et de l'extrémité du joint, et perpendiculaires à cette ligne, on mène 1 en 1', 2 en 2', 3 en 3', 4 en 4', 5 en 5', 6 en 6', etc. ; on mène d'équerre à ces lignes une suite de hauteurs prises sur F G : la rencontre de ces lignes donne le nœud des marches. On figure le joint en le prenant sur sa fausse élévation, ainsi que le bandeau de dessus et de dessous, comme on le voit sur l'épure. L'élévation étant faite, on met la pièce de bois sur ligne après s'être rendu compte qu'elle est de dimension suffisante. On fait paraître les marches, les contre-marches, les traits ramènerets et les lignes d'adoucissement nécessaires ; on les rembarre, on fait quartier. Si c'est le dessus de la courbe, on opère sur les lignes pleines en prenant les points en plan ; si c'était le dessous, on opérerait sur les lignes ponctuées. La pièce de bois doit être parallèle et d'une largeur égale à T' U' de la fausse élévation moyenne ; si elle était plus ou moins large, le délardement ne suivrait pas l'entonnoir F' H'. On opère de même pour les autres courbes, on les travaille le plus finement possible et on se rend compte si elles suivent l'entonnoir en opérant de cette manière. On met chacune des courbes en plan par terre sur son emplacement vrai, c'est-à-dire chacune à sa place, les hauteurs à plomb et les marches de niveau ; une fois bien sur ligne, on prend le niveau R sur l'entonnoir F' H' et on le met sur la face du dedans des courbes ; si la ligne R S, figurée sur le niveau, est d'aplomb, les courbes sont bien délardées ; on met le niveau en plusieurs endroits de chaque courbe pour se rendre compte que l'entonnoir est partout le même. Si, toutefois, le dedans des courbes ne suivait pas exactement l'entonnoir, on tracerait cette irrégularité par le moyen du niveau et on la ferait disparaître.

Pour mettre les joints dedans, on opère comme il suit : on trace premièrement les joints, en ayant soin de les faire, autant que possible, d'équerre au rampant de la courbe. On met la première courbe sur ligne, en ayant soin que la volute coïncide avec la volute en plan ; les hauteurs étant à plomb, les marches de niveau, le trait ramèneret du dedans et du dehors de la courbe devra tomber exactement sur le trait ramèneret en plan. Puis on place le niveau R sur le dedans de la courbe et la ligne R S à plomb. Ensuite on met la deuxième courbe en opérant de même, on tablette les joints, on les boulonne, on débillarde les courbes, comme il a été dit. Il faudra aussi, à chaque arrivée, y construire une bascule pour donner plus de force à l'arrivée.

Pour tracer les marches, on opère comme il a été dit ; seulement, pour le collet qui s'assemble dans la courbe, on opère comme il suit : soit la marche 4 du deuxième étage ; on prend Z" Z'", on le porte en D Zⁱᵛ, et du point D, comme centre, on trace la face de la courbe. D'ailleurs, la marche est tracée comme on le voit (figure 1ʳᵉ) ; de même, pour les autres.

PARIS. — IMPRIMERIE DE MADAME VEUVE BOUCHARD-HUZARD, RUE DE L'ÉPERON, 5.

59

Pl. 52

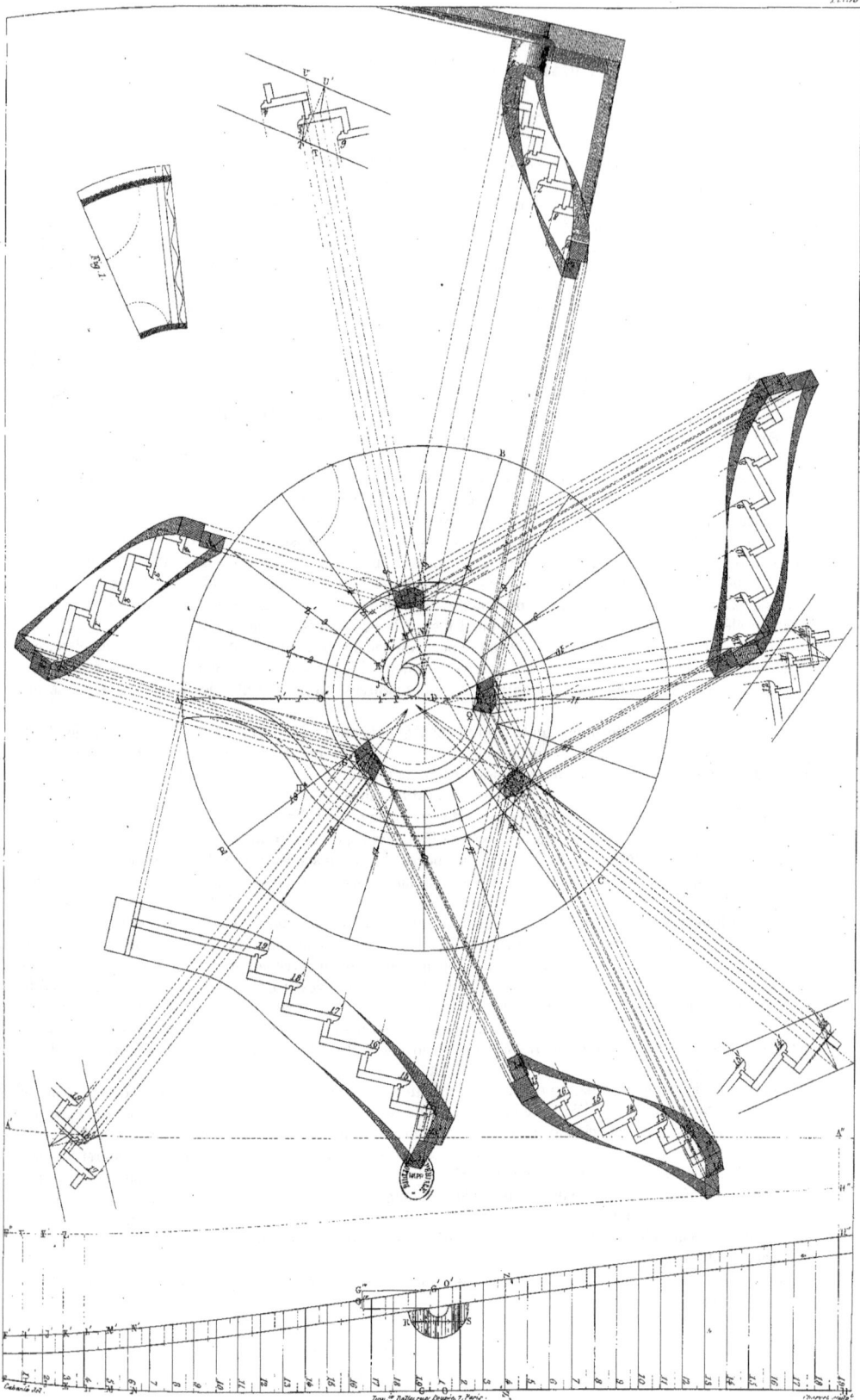

Fig. 1

ESCALIER AUTOUR D'UNE BOUTEILLE.

On commence, premièrement (planche 60e), de tracer sur un plan vertical la hauteur A B du plancher. On figure autour de A B la bouteille de la forme qu'on veut, son épaisseur, l'épaisseur C D du chiffre parallèle à ladite bouteille et la largeur A E de la demi-cage ; on mène E E' parallèle à A B. Ensuite on espace la ligne A B à un certain nombre de contre-marches ou hauteurs, de manière que cesdites hauteurs aient de 16 à 18 centimètres. Une fois que ladite hauteur A B du plancher est partagée en vingt-deux contre-marches, on les numérote en commençant par 1, 2, 3, 4, etc.; on mène ces hauteurs parallèles à A E jusqu'à la rencontre de E E'. On divise D E en deux parties égales en F; on en fait de même sur toutes les hauteurs parallèles à A E, et on a la ligne du gironnement F G H. Ceci étant fait, on prend A E, on se met sur un plan horizontal bien uni, et d'un point quelconque A', comme centre, on décrit le cercle E'' E''' E'''. Ensuite on prend A F, et du même point A', comme centre, on décrit un arc. On prend un compas, on l'ouvre d'environ 30 centimètres, car c'est à peu près la proportion de 16 à 30, on se met au départ de l'escalier, et on dit 1, 2, 3, 4, 5, 6, 7, 8, 9, 10 ; maintenant on s'arrête, car on doit voir que, sur l'élévation (figure 1re), la 11e hauteur commence à se rapprocher du centre A. On prend dont I G, on se met au point A' comme centre, on décrit un arc ; on prend la même ouverture du gironnement 9 10, on se met au point I O comme centre et on décrit un arc coupant le premier, et on a la marche 11. On prend J J' (figure 1re), on se met au point A' comme centre, on décrit un arc, et du point 11, comme centre, avec la même largeur de marche, on décrit un arc coupant l'autre, et on a le giron 12. On prend K K' (toujours figure 1re), on se met au centre de A' en plan, on décrit un arc, et du point 12, avec le gironnement ou largeur des marches, on décrit un autre arc, et la jonction donne le nœud 13 ; ainsi de suite jusqu'à la dernière, qui est la vingt et unième, car on se rappelle qu'il y a une marche de moins que de hauteur. Si les vingt et une marches ne formaient pas le tour de la bouteille, on les ferait un peu plus larges, de manière que le tour soit plutôt dépassé, comme on le voit sur l'épure. On joint ensuite le point 1 2 3 4, etc., avec le centre A' du cercle, et l'emmarchement est terminé.

Pour faire paraître la courbe en plan par terre, on commence par le nœud des marches, en opérant comme il suit : on prend A D (figure 1re), on se met au point A' comme centre, on décrit l'arc depuis 2 jusqu'à 10 ; on prend I I' (figure 1re), on le porte en A' I' ; on prend J J'', on le porte en A' J''' ; on prend K K'', on le porte en A' K''' ; ainsi de suite, comme on le voit indiqué par la ligne ponctuée. Après, on fait les fausses élévations, comme on le voit (figures 2e, 3e et 4e), en y figurant les marches, les contre-marches, le dessus et le dessous de la courbe, de manière que le bandeau, sur les nœuds, soit le même. Malgré le plus ou moins d'élévation de la courbe, il faut également que le bandeau qui figure au-dessous du plâtre fait soit parallèle, car on doit se rappeler que, malgré que le gironnement soit le même, à mesure que le jour se rétrécit, les marches deviennent plus étroites au collet, et par conséquent la courbe devient plus rapide, et, à mesure que la courbe se redresse, la ligne à plomb augmente. Il faut donc figurer sur l'élévation de la courbe, autour de sa bouteille et sur chaque contre-marche, le dessus et le dessous de ladite courbe, comme on le voit indiqué par des traits ponctués. Ceci étant fait, on porte, en plan par terre et en opérant comme il vient d'être démontré pour l'arête des nœuds en plans, les deux arêtes du dessus et les deux arêtes du dessous de la courbe, comme on le voit sur l'épure.

Une fois les quatre arêtes figurées en plan, on figure les joints en plan par terre en opérant comme il suit : soit le joint de la fausse élévation (figure 3e). On descend L' en L, M' en M ; on joint L et M avec N, centre de la ligne des nœuds des marches en plan ; ensuite on prend O O', on le porte au-dessus de la 14e en P (figure 1re) ; on prend P Q, P R, on se met au point A' comme centre, et on décrit les arcs Q', R' ; puis on y figure le crochet qu'on veut, et le joint en plan est tracé. On fait ensuite les élévations comme à l'ordinaire et telles qu'on les voit faites, mais en sachant que le dessus et le dessous des courbes sont de niveau suivant les marches. Il faut donc mettre, sur chaque marche et de niveau, le dessus et le dessous de la courbe en cet endroit, comme on le voit indiqué par de petits traits.

. Pour établir ces courbes, je ne parle que de la deuxième et de la troisième, les autres sont comme à l'ordinaire ; soit la deuxième par exemple, on cherche une pièce de bois comme elle est figurée en élévation et de l'épaisseur S T en plan, on y fait paraître une ligne de trave de manière qu'au levage cette ligne tombe sur S U : on la met donc sur ligne de niveau et de dévers, on y fait paraître dessus les lignes comme à l'ordinaire, on les rembarre, on fait quartier et on trace la courbe suivant U T M, ligne extrême du dehors, et suivant U V X, arête la plus rapprochée du centre. Une fois la courbe sciée, on la débillarde, dessus et dessous, de niveau, suivant les marches en plan. Ceci étant fait, on figure sur le dessous, parallèle au dehors de la courbe, l'épaisseur du chiffre en plan, et sur son dessus, également parallèle au dedans, on y fait paraître l'épaisseur du chiffre. On délarde ensuite ; on scie, à partir de l'arête du dessous, à l'épaisseur du chiffre du dessus, et de l'arête du dessus, du dedans, à l'épaisseur du chiffre du dessous. On trace ensuite les joints comme à l'ordinaire à partir du trait ramèneret, et on les met dedans comme il a été dit.

Pour établir les marches, on opère comme il suit : soit la marche 13, on prend K K'', on le porte en A' K''', et du point A', comme centre, on trace l'arc K''', face de la courbe, et on termine comme on le voit (figure 6e). De même, pour les autres.

PARIS. — IMPRIMERIE DE MADAME VEUVE BOUCHARD-HUZARD, RUE DE L'ÉPERON, 5.

60

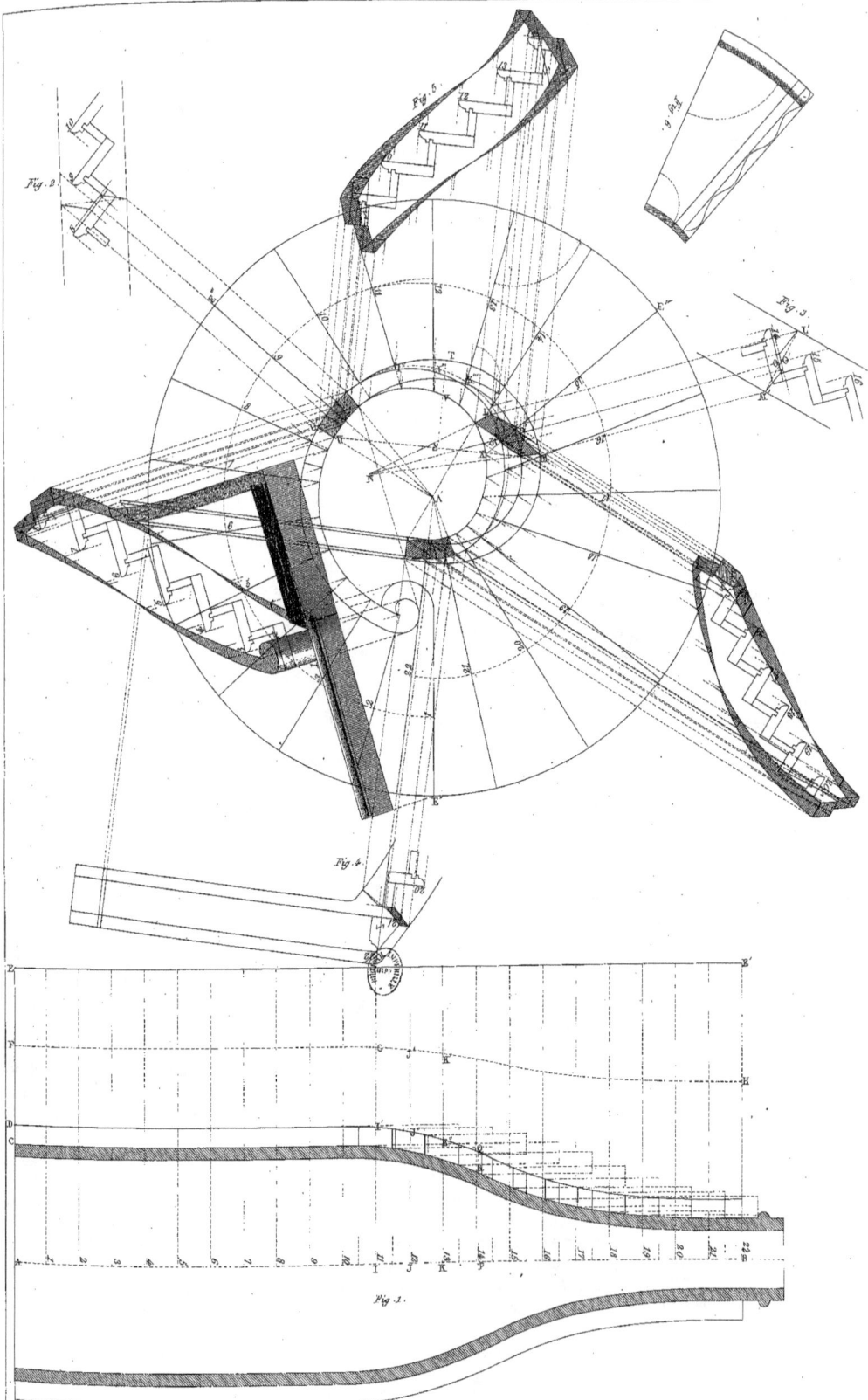

Pl. 60.

Fig. 2.

Fig. 5.

Fig. 6.

Fig. 3.

Fig. 4.

Fig. 1.

Imp.t Bultin rue Mazeta 8 Paris.

ESCALIER MARCHE MASSIVE.

On commence, premièrement (planche 61e), de tracer sur un plan horizontal la cage de l'escalier A B C, le jour D E F, l'astragale et l'épaisseur du mur; puis on figure le départ A D de l'escalier et l'arrivée C F. On divise en deux parties égales l'emmarchement et on espace cette ligne en un certain nombre de marches, de manière qu'elles soient en rapport avec les hauteurs. Une fois cette ligne partagée en seize marches et la hauteur du plancher A'B' en 17, on balance les marches et on les numérote en commençant par 1, 2, 3, 4, etc., comme on le voit sur l'épure.

Les marches étant massives, c'est-à-dire que chacune fait joint et plafond; plus désirant que le joint soit d'équerre suivant le rampant et qu'il dégauchisse, on est obligé de faire une fausse élévation sur le milieu de l'emmarchement 1, 2, 3, etc. De cette manière, la différence du rampant sur le jour de l'escalier D E F et du mur A B C est partagée en deux parties égales, c'est-à-dire que le joint de chaque bout de la marche s'écarte un peu de la perpendiculaire au rampant, mais l'un au sens contraire de l'autre.

Pour faire cette fausse élévation ou faux panneau, on tend une ligne 67 sur la ligne-milieu de l'emmarchement (on pourrait se mettre n'importe où), on fait tourner du point 7 comme centre 8 en 8', et du point 6 comme centre 5 en 5'; on remonte d'équerre à cette ligne 8'8″, 77', 66', 5'5″. Ensuite on mène d'équerre à ces lignes une suite de contre-marches prises sur la hauteur du plancher A'B'. On figure le bout des marches, la force qu'on veut mettre en dessous, et le joint à chaque marche d'équerre suivant le rampant G H. On descend ensuite I' en I, J' en J, K' en K parallèles à 6'6; après, on mène I″I‴, J″J‴, K″K‴ parallèles à 6″6‴ devant de la marche, et le joint en plan est figuré : on trace les autres marches comme celle-ci, telles qu'on les voit sur l'épure; car il faut se rappeler que, quelque forme qu'ait le jour d'un escalier et quel que soit le balancement, les marches sur la ligne du milieu 1, 2, 3, 4, etc., sont toutes les mêmes; les hauteurs étant les mêmes également, le rampant est donc le même; le faux panneau, fait n'importe où sur cette ligne, est toujours le même.

Pour faire les panneaux des têtes des marches qui posent sur le mur A B C, on commence, premièrement, de figurer par une ligne ponctuée la portée des marches. Ensuite on tire une ligne L M d'équerre à A D ou parallèle à la partie droite; on prend le développement 1' 2' 3' 4' 5‴ 6‴ 7'8‴, et on le porte en 1″ 2″ 3″ 4″ 5^{iv} 6^{iv} 7″ 8^{iv}, ainsi que les lignes ponctuées comme 6‴ I‴ en 6^{iv} I^{iv}, I‴ J‴ en I^{iv} J^{iv}, J‴ K‴ en J^{iv} K^{iv}, etc. On remonte tous ces points perpendiculaires à cette ligne tels que 1″1‴, 2″ 2‴, 3″3‴, 4″4‴, 5^{iv} 5^v, 6″ 6^v, I^{iv} I^v, J^{iv} J^v, K^{iv} K^v, etc. On mène un certain nombre de hauteurs, prises sur A'B', d'équerre à ces lignes; on figure les marches vues de bout; puis on prend sur la fausse élévation G H la distance N K' et on le porte en N'K^v, en O P, etc.; on joint tous ces points avec une règle flexible, on a le rampant. Après, on joint J^v K^v, O'P, I″O″, etc., et les joints et panneaux sont tracés : on opère de même pour les autres panneaux Q R S, comme on le voit sur l'épure.

Pour faire les panneaux de tête du dedans du jour, on prend le développement T 6‴ U et on le porte sur une ligne T'U', prise à volonté; on remonte toutes ses lignes d'équerre à celle-ci; on mène d'équerre à ces lignes un nombre de hauteurs suffisantes; on figure les marches vues de bout; on prend sur la fausse élévation G H la distance N K' et on la porte en N″K^{vi}, O′P', etc.; on joint ces points par une règle flexible, ainsi que les joints J^{vi}K^{vi}, O″P', etc.; on opère de même pour les autres V X Y, et les panneaux sont tracés. Il ne faut pas oublier que, quand il y a des marches semblables, les panneaux d'une marche suffisent.

Pour tracer une marche quelconque, soit, par exemple, la sixième, on commence, premièrement, de travailler la face de dessus de la pièce de bois de manière qu'elle dégauchisse, bien polie; on la trace comme elle est figurée en 6‴ 6″ ZZ' en plan; une fois les bouts travaillés d'équerre suivant le dessus, on prend le panneau 60‴ P' K^{vi} J^{vi} et on le porte sur la tête de la marche de manière que le dessus 60‴ coïncide avec le dessus de la marche, le devant de l'astragale 6 avec 6″; on raye, avec un crayon, le contour du panneau, et le bout de la marche du côté du jour est tracé.

Pour le côté du mur, on prend le panneau 6^v I^{vi} O″ K^v J^v et on l'applique sur l'autre bout en faisant en sorte que le dessus et le devant coïncident avec le dessus et le devant de la marche : on fera bien en sorte, en travaillant le débillardement, à cause du gauche, de diviser le K^{v}O″ et K^{vi}P' en un même nombre de parties égales et de mouvoir la règle suivant ces parties. Quant à boulonner les marches, on opère comme on le voit sur l'épure; de cette manière, la lumière des écrous est cachée.

Paris.—Imprimerie de madame veuve Bouchard-Huzard, rue de l'Éperon, 5.

Pl. 61.

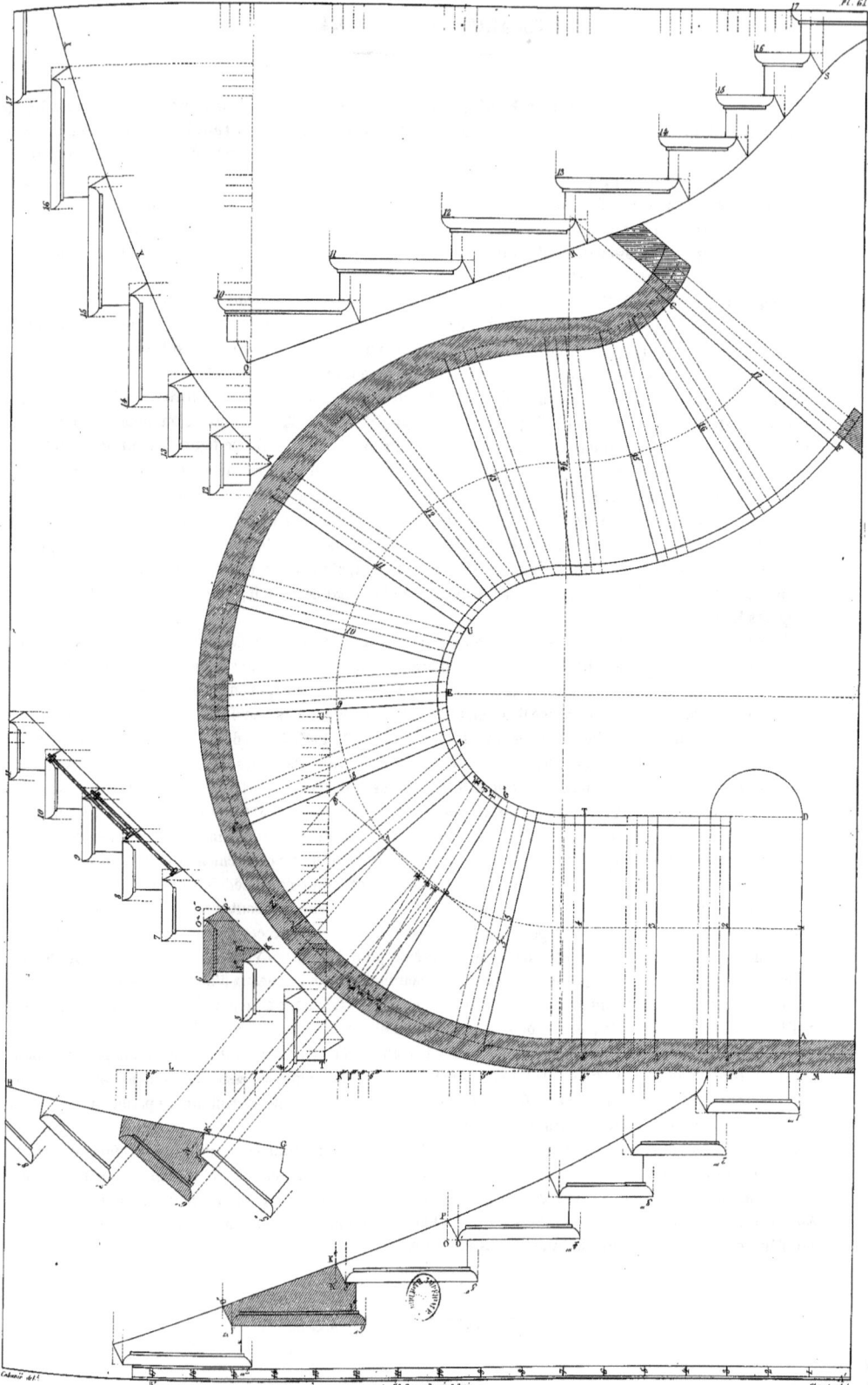

Cabarie del.	Imp.ª Bulla, rue Pavparé, 2 Paris.	Charvié sculp.ª

ESCALIER DEMI-ONGLET.

On commence, premièrement (planche 62ᵉ), sur un plan horizontal, de tracer la cage de l'escalier A B C, l'astragale D E F et l'épaisseur du chiffre. Après, on figure le départ de l'escalier A D et l'arrivée C F. On divise l'emmarchement en deux parties égales, et cette ligne de milieu on la partage en un certain nombre de marches, de manière qu'elles soient en rapport avec les hauteurs. Ensuite on balance les marches par le procédé ordinaire, on figure l'onglet à chaque marche, puis on fait les fausses élévations en opérant de cette manière : on joint H, onglet de la marche sur laquelle on veut faire le joint, avec le centre G de la courbe; on prolonge G H en H'; on mène parallèle à cette ligne 77'88'; on met d'équerre à ces lignes une ou deux hauteurs prises sur I J, hauteur du plancher. Ensuite on donne la force H'K qu'on trouve convenable, on mène par le point K une ligne parallèle à 7'8'; on tire H'K d'équerre au-dessous, on figure le crochet, puis on descend K en K' parallèle à H H', on joint K'G. On descend également en plan par terre le crochet, et le joint est figuré comme on le voit sur l'épure; on opère de même pour les autres. Dans la pratique on ne fait pas de fausses élévations, parce que celui qui établit sait, par expérience, ce qu'il lui faut pour son joint, et il le figure en plan, surtout n'étant pas strictement obligé de faire le joint d'équerre suivant le rampant.

Pour faire l'élévation de la première courbe, on joint L M, puis on élève L L', 33', 44', 55', 66', 77', M M' perpendiculaires à L M; on tire une ligne L'M' d'équerre à ces lignes ou parallèle à L M : la ligne L'M' est le dessus de la première marche, on mène donc parallèles à cette ligne plusieurs contre-marches ; leur rencontre donne l'arête des crans 2', 3', 4' 5', 6', 7'. On met, à partir de l'angle rentrant au cran, la force du bois H'K prise sur sa fausse élévation ; puis on figure le joint en mettant K K" en K'''K'ᵛ, O O' en O" O'''. On remonte chacune des arêtes du joint du plan par terre, et l'élévation est faite. Ensuite on prend une pièce de bois de la dimension qu'elle est figurée en élévation et de l'épaisseur L M K'L" en plan; on y fait paraître une ligne de trave : cette ligne doit être de niveau ; le dessus de la pièce de bois doit passer sur l'arête des crans 2', 3', 4', 5', etc., et le dessous doit passer en K''', car c'est là qu'il manque ordinairement du bois. Une fois la courbe sur ligne, on fait paraître toutes les lignes, on rembarre, puis on trace la courbe et on opère de même pour les autres.

Pour tracer la marche palière, on prend une pièce de bois de dimension, on y fait une levée sur son dessus, on la met ensuite sur ligne de niveau et de dévers; on fait paraître sur son dessus le devant de la marche A D du second étage, l'astragale D F C et l'épaisseur du chiffre; on n'oubliera pas de laisser en plus de A D le double de l'astragale pour le repos de la contre-marche et le joint; puis on fait paraître les traits ramènerets, la ligne-milieu G Q, les remurs; on plombe le tout et on fait paraître en dessous l'épaisseur du chiffre.

Une fois que la marche palière et les courbes sont travaillées, on trace les joints d'équerre, suivant le rampant de la courbe ou d'après le bois qu'on a, sans jamais dépasser l'équerre, bien entendu. Après, on met les joints dedans en opérant de cette manière : on tire une ligne N O (figure 1ʳᵉ) à volonté et où l'on veut; on mène parallèles à cette ligne R S, T U et distantes de la ligne N O de la quantité G G'. On prend la courbe M E, après en avoir travaillé les deux joints finement, on met sa ligne de milieu E'P, parue sur le devant de la courbe, sur N O; ladite ligne, ou face de bois, devra être de niveau. Il faut aussi que la courbe soit de dévers, et pour cela on fera paraître sur la courbe de chaque côté de E'P et à égale distance une ligne; on mettra une règle sur ces deux lignes, et, quand la règle sera de niveau, la courbe sera de dévers. Une fois la courbe de niveau et dévers, on prend la courbe de départ L M, on met son joint, auquel on a laissé 0ᵐ,005 en plus dans le joint de la courbe, sa partie droite sur T U, les marches à plomb : la face de dedans de la courbe doit être à plomb et la partie droite de dedans doit suivre exactement T U; on tablette le joint; puis on prend la courbe d'arrivée V X, on pose son joint sur le joint de la courbe; la partie droite du dedans doit tomber sur R S, les marches à plomb; la face également; on tablette, on boulonne et on débillarde suivant l'emmarchement.

Pour établir la courbe d'arrivée dans la marche palière, on met celle-ci sens dessus dessous; pour la courbe de départ, on met la marche palière en plan par terre sur ligne de niveau et de dévers, puis on met le joint dedans : la face de dedans de la courbe tombant sur L H, les hauteurs à plomb, ainsi que la face de dedans, on tablette, on boulonne et on débillarde toujours suivant l'emmarchement. Quant aux marches, on les trace comme elles sont figurées en plan par terre, en donnant en plus de la longueur la portée du mur, et sur le derrière le double de l'astragale pour le repos de la contre-marche, et telle qu'on voit la marche quinzième tracée (figure 2ᵉ).

Paris. — Imprimerie de madame veuve Bouchard Huzard, rue de l'Éperon, 5.

62

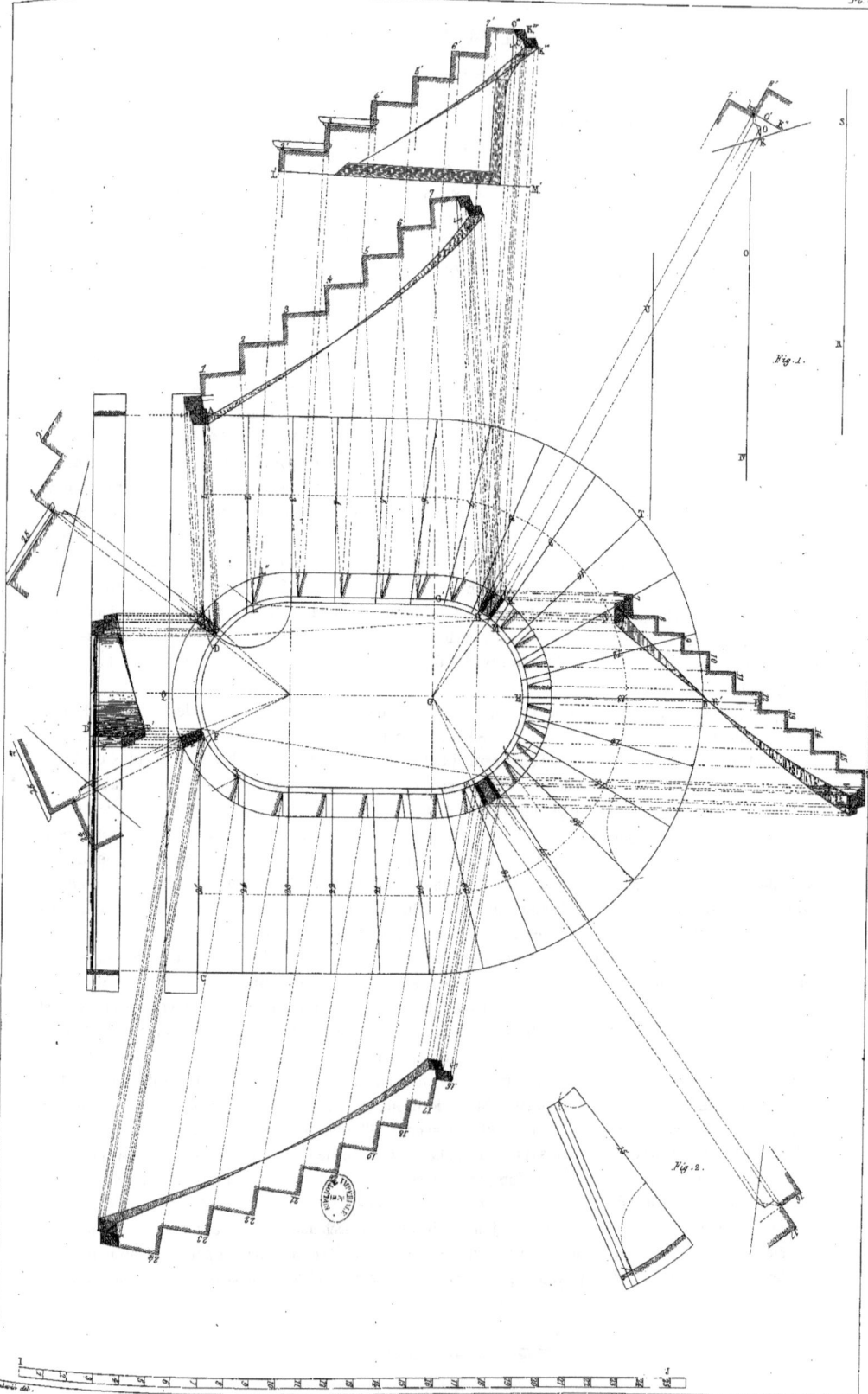

Pl. 62

Fig. 1.

Fig. 2.

ESCALIER DEMI-ONGLET AYANT LA FORME D'UN ŒUF.

On commence (planche 63e) de tracer sur un plan horizontal la cage de l'escalier A B C, l'astragale D E F et l'épaisseur du chiffre. On figure le départ de l'escalier AD et l'arrivée CF. Ensuite on partage l'emmarchement en deux parties égales, et cette ligne de milieu on la partage en un certain nombre de marches, de manière qu'elles soient en rapport avec les contre-marches figurées sur la hauteur du plancher G H. Après, on balance les marches par la méthode précédente ; on figure les onglets à chaque marche ; puis on figure la marche en pierre et le devant de la marche palière A D F C. Ceci étant fait, on figure, à l'onglet d'arrivée et du départ de la marche palière, un joint en en faisant les fausses élévations. Puis on regarde le bois qu'on a à employer, et d'après leur longueur et leur grosseur on espace les joints en plan par terre en en faisant les fausses élévations comme on le voit sur l'épure.

Pour faire l'élévation de la première courbe, on tire I J, départ du premier onglet et de l'extrémité du joint. Ensuite, perpendiculaires à cette ligne, on élève 2 en 2′, 3 en 3′, 4 en 4′, 5 en 5′, 6 en 6′. On tire I′J′ parallèle à I J ; cette ligne est le dessus de la marche en pierre. On mène donc parallèles à cette ligne un certain nombre de hauteurs prises sur G H ; la rencontre de ces lignes donne l'arête des crans 2′, 3′, 4′, 5′, 6′. On figure le joint en prenant, sur sa fausse élévation, la distance K L et en la portant en K′ M′, M N en M′N′ et en remontant d'en plan par terre les arêtes des joints. On prend ensuite une pièce de bois de la longueur et de la largeur qu'elle est figurée en élévation, et de l'épaisseur O O′ en plan par terre. On la met sur ligne en faisant tomber le dessus sur les arêtes 2′, 3′, 4′, 5′, 6′ et le dessous sur K′, car sans quoi il manquerait de bois au joint : de niveau suivant une ligne de trave qui, au levage, doit tomber sur IJ. Après, on fait paraître les marches, les contre-marches, les traits ramènerets et les lignes d'adoucissement nécessaires, on rembarre et on trace la courbe.

Pour faire la seconde élévation on joint P Q, extrémité des joints ; et, d'équerre à cette ligne, on élève 6 en 6″, 7 en 7′, 8 en 8′, etc., jusqu'à 14 en 14′ ; on mène, d'équerre à ces lignes, une suite de hauteurs prises sur G H ; la rencontre de ces lignes donne l'arête des crans 7′, 8′, 9′, etc. On prend en contre-bas de la sixième marche, sur sa fausse élévation, la distance K L, on la porte en R R′, M N en R 6″ ; de même pour l'autre joint, en prenant S T et le portant en S′T′, S U en S′U′ ; on remonte en plan par terre les traits ramènerets, etc., comme on le voit sur l'épure. On prend ensuite une pièce de bois comme elle est figurée en élévation et de l'épaisseur V X en plan, on la met sur ligne de manière que le dessus passe sur les arêtes 7′, 8′, 9′, etc., et le dessous sur T′, de niveau suivant une ligne de trave qui, au levage, doit tomber sur P Q ; on fait paraître les marches, les contre-marches, les traits ramènerets et les lignes d'adoucissement nécessaires ; on rembarre et on trace la courbe comme il a été démontré. On opère de même pour l'élévation de la courbe d'arrivée, comme on le voit sur l'épure.

Pour la marche palière, on cherche une pièce de bois de la longueur A C, plus la portée du mur, de la largeur qu'elle est figurée en plan et de la retombée F′ Y en face du joint, la levée sur son dessus étant faite ; on met la pièce de bois sur ligne, de manière qu'on puisse faire paraître dessus (exempte d'aubier) la ligne C F D A, et en plus de A D le double de l'astragale ; cet excédent suffit pour le joint du départ et la portée de la contre-marche. On figure aussi l'épaisseur du chiffre dessus et dessous, la ligne du milieu V V′ et les traits ramènerets, puis on l'allégit de manière qu'au départ de l'étage suivant, le débillardement et le plâtre étant faits, il reste un bandeau de 1 centimètre environ. Après, on travaille les courbes et la marche palière le plus finement possible, on rembarre, on trace les joints d'équerre suivant le rampant ; on refait bien juste ceux qui attendent et ceux qui recouvrent, on laisse 5 millimètres en plus pour pouvoir les tabletter.

Pour mettre les joints dedans, on prend la première courbe, on la met en plan par terre, l'onglet 2′ sur I, le trait ramèneret sur P ; les hauteurs bien à plomb, ainsi que la face de dedans, et tombant exactement sur I P, dedans du chiffre. Une fois bien sur ligne, on prend la deuxième courbe, on la met en élévation de manière que les hauteurs et les traits ramènerets soient d'aplomb, le joint de recouvrement dans le joint d'attente, la face du dedans du chiffre à plomb et suivant J E Q ; puis on tablette le joint, on le boulonne, on remet les deux courbes sur ligne pour mettre dedans le deuxième joint, car dans un jour irrégulier on ne peut pas mettre les courbes sur le dos.

Pour mettre le joint d'arrivée dans la marche palière, on change celle-ci de bout et on met le dessus dessous, de niveau et dévers ; la ligne-milieu sur V V′ ; puis la ligne A C, parue sur la marche palière, sur A C. On prend la courbe d'arrivée, on la met dans son joint, les hauteurs à plomb ; seulement le dessus est en dessous, comme la marche palière, la face de dedans à plomb et suivant I P. Pour le départ du deuxième étage, on remet la marche palière dans son état naturel, la courbe également, et l'on termine comme il a été démontré.

Paris. — Imprimerie de madame veuve Bouchard-Husard, rue de l'Éperon, 5.

63

Pl. 63

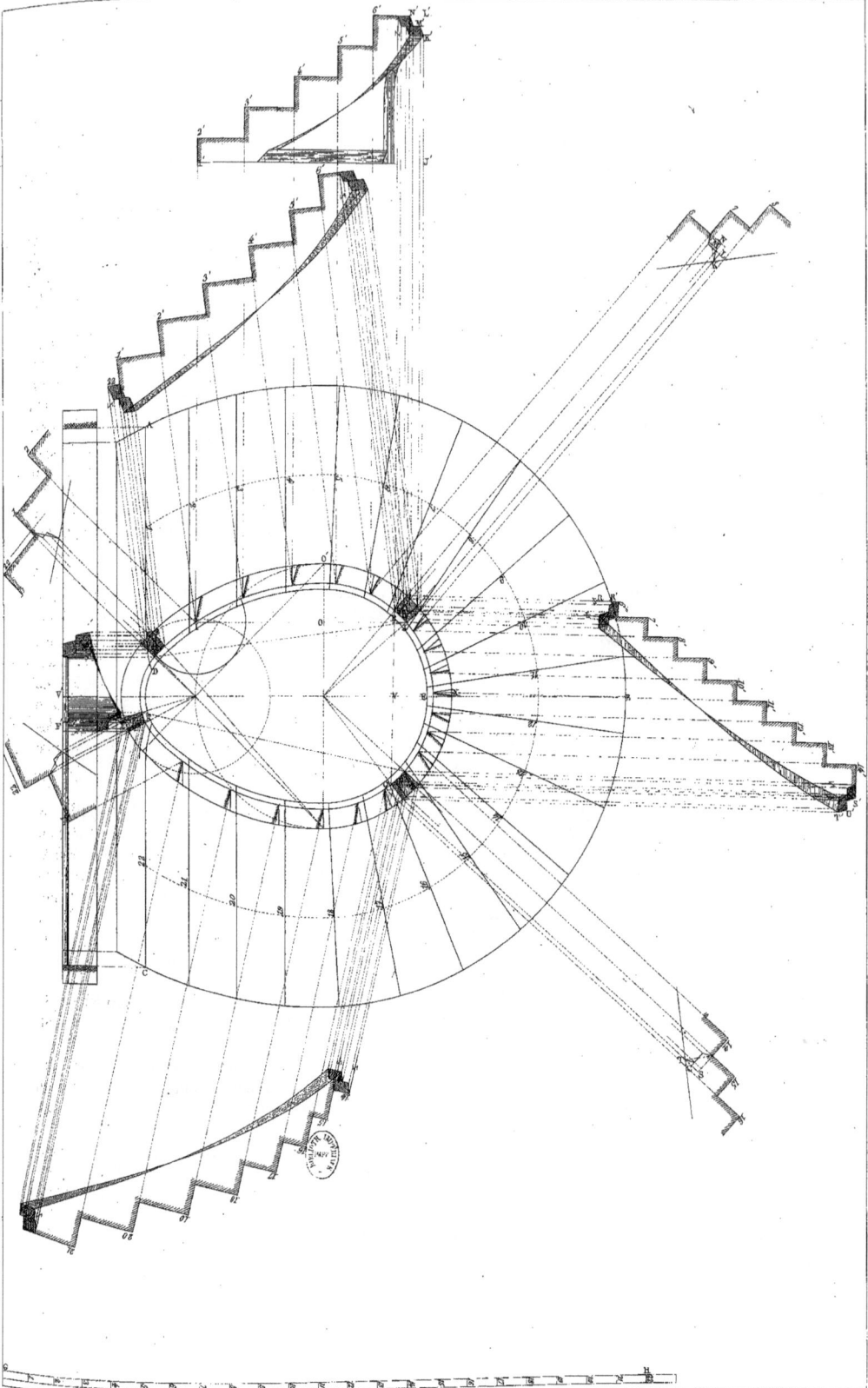

Catenil del.

Chayré sculp.

ESCALIER ONGLET JOUR ROND.

On commence premièrement (planche 64ᵉ) de tracer sur un plan horizontal l'astragale du dehors A B C, celle du dedans D E F et l'épaisseur du chiffre. Ensuite on prend la hauteur du plancher, on la met sur une règle G H. On espace cette hauteur du plancher en parties égales d'environ 16 centimètres. Après, on divise l'emmarchement en deux parties égales, et, cette ligne de milieu, on la partage en un nombre de marches moins une que de hauteurs. Les marches étant ainsi divisées, on a vu qu'elles étaient trop étroites, et, pour remédier à cet inconvénient, on a mis une ou deux marches de moins, mais toujours en rapport avec les hauteurs, c'est-à-dire de 16 centimètres à 30. On a mis cette ouverture de compas ou marche sur la ligne de milieu de l'emmarchement à partir de A D, en disant : 1, 2, 3, 4, 5, etc., jusqu'à 25, arrivée de l'escalier ; seulement on s'est rendu compte si l'escalier après une révolution, c'est-à-dire quand la dix-septième tombe sur la première, a une échappée suffisante, d'environ 2 mètres. Dans cet escalier il y a 2 mètres 40 centimètres d'échappée. Ceci étant fait, on balance les marches en les tendant au centre du cercle. On fait paraître les onglets en plan à chaque bout de marche, les joints d'après la longueur et la grosseur des courbes, et les traits ramènerets comme on le voit sur l'épure.

Pour faire l'élévation de la première courbe du dedans, on tire I J, et, d'équerre à cette ligne, on élève 2 en 2′, 3 en 3′, 4 en 4′, 5 en 5′, 6 en 6′, 7 en 7′ ; on trace, d'équerre à ces lignes, une ligne I′ J′ ou parallèle à I J. Ensuite on mène parallèles à I′ J′ un certain nombre de hauteurs prises sur G H. La rencontre de ces lignes donne l'arête des crans des marches 2′ 3′ 4′, etc. On figure le joint, puis on met la courbe sur ligne et on l'établit comme à l'ordinaire.

Pour établir la seconde courbe on tire K L, extrémité des joints ; on mène, d'équerre à cette ligne, 8 en 8′, 9 en 9′, etc. ; on met, d'équerre à ces lignes, un certain nombre de hauteurs prises sur G H ; leur rencontre donne l'arête des crans des marches 8′, 9′, 10′, etc. Ensuite on met la courbe sur ligne de niveau suivant une ligne de trave qui, au levage, doit tomber sur K L. On opère de même pour les autres élévations, comme on le voit sur l'épure.

Pour établir la première courbe du dehors, on tire M N. Ensuite, d'équerre à cette ligne, on mène 2 en 2″, 3 en 3″, 4 en 4″, 5 en 5″, 6 en 6″. On mène M′ N′, dessus de la première marche, parallèle à M N ; puis, à partir de cette ligne, on met un certain nombre de hauteurs prises sur G H ; la rencontre de ces lignes donne l'arête des crans des marches 2″, 3″, 4″, 5″, 6″. Après, on met la courbe sur une ligne, de niveau suivant une ligne de trave qui, au levage, doit tomber sur M N. On fait paraître les marches, les contre-marches, les traits ramènerets et les lignes d'adoucissement nécessaires ; on rembarre et on trace la courbe comme toujours.

Pour établir la deuxième courbe, on tire O P, on mène, d'équerre à cette ligne, 7 en 7″, 8 en 8″, 9 en 9″, 10 en 10″, et, d'équerre à ces lignes, on met un certain nombre de hauteurs prises sur G H ; la rencontre de ces lignes donne l'arête des crans 7″, 8″, 9″, 10″. On met la courbe sur ligne et de niveau suivant une ligne de trave qui, au levage, doit tomber sur O P ; on opère de même pour les autres courbes. Ensuite on travaille les courbes, on trace les joints et on les met dedans comme à l'ordinaire.

Pour tracer les panneaux du plafond, on prend la ligne Q R, dans œuvre des courbes, et on la porte en Q′ R′ ; puis on prend Q S en reculement et on le porte en G Q″ ; on prend Q″ G′, on se met au point Q′, comme centre, on décrit l'arc S′. Après, on prend R S en reculement et on le porte en G R″ ; on prend R″ G′, on se met au point R′ comme centre, on décrit l'arc S′. Ensuite on prend Q T, on le porte en G′ Q″ ; on prend G′ Q″, on se met au point Q′ comme centre, on décrit l'arc T′ ; puis on prend S T, on se met au point S′ comme centre, on décrit l'arc T′ : on en fait de même pour T′ S′ V′ U′, et ainsi des autres. On sait que le plafond est une surface gauche, et par conséquent indéveloppable. Voilà pourquoi on fait de petits panneaux et minces de manière qu'ils puissent prendre le gauche. On laisse en plus, du dans œuvre, 2 centimètres de portée environ, comme on le voit dans la herse du développement. Une fois les courbes débillardées suivant le plafond, on les met d'égale épaisseur, on y fait une rainure de manière que les panneaux puissent y glisser facilement.

Pour tracer les marches on opère comme il suit : on prend I X, on le porte en I″ X′ ; du point X, comme centre, on décrit l'arc Y Y′ et du point X′ le même arc Y″ Y‴ ; on prend l'ouverture Y Y′ et on la porte en Y‴, Y′ ; puis, sur ces deux points, on met un panneau de la courbure du dehors du chiffre ; on opère de même en dedans du jour I″ Z′, on laisse en plus de Z′ Y″ le double de l'astragale, et la marche est tracée. On pourrait, pour plus de simplicité, faire une sauterelle avec deux lames, dont l'une serait la courbure du dehors et l'autre du dedans ; de cette manière, on n'aurait pas besoin de décrire des arcs, surtout le jour étant rond et les marches pareilles.

Paris. — Imprimerie de madame veuve Bouchard-Huzard, rue de l'Éperon, 5.

64

Pl. 66

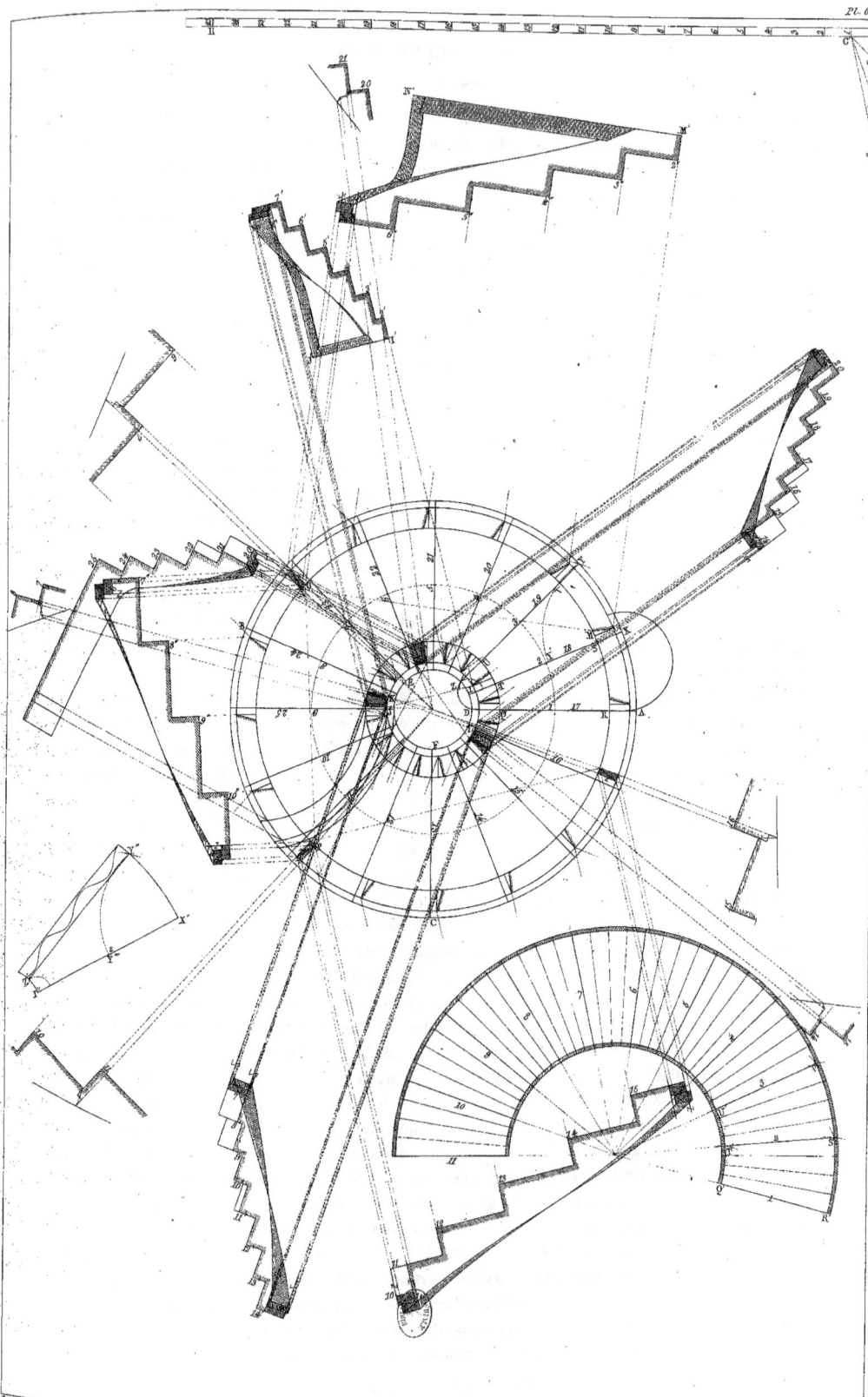

ESCALIER DEMI-ONGLET ENTONNOIR JOUR OVALE.

On commence, premièrement (planche 65ᵉ), de tracer sur un plan horizontal la cage de l'escalier A B C, l'ovale D E F G sur le carreau du départ de l'escalier, et l'autre ovale H I J K figuré sur le palier du deuxième étage. Il est bien entendu qu'on fait l'entonnoir qu'on veut, et que, une fois l'ovale du bas et du haut figuré, la tête des marches devra être en ligne droite d'un ovale à l'autre. Pour y parvenir, on prend la hauteur du premier étage, et on la porte en L M, et la hauteur du second en M N, ligne prise à volonté. Après, on mène L E', M M', N I' d'équerre à L N. Ensuite on prend O D, on le porte en L D', P E on le porte en L E', O H on le porte en N H' et P I en N I'; on joint D'H', E' I'; on a le devant de l'astragale, puis on trace la face et l'épaisseur du chiffre qu'on veut. On figure le départ de la première marche; on prend sur l'échelle L N la distance M M', et on la porte en Q M', et on a l'arrivée de la marche palière, et on y fait une petite courbure, comme on le voit sur l'épure. Après, on divise l'emmarchement en un certain nombre de marches, de manière qu'elles soient en rapport avec les hauteurs divisées sur L M.

Le premier étage étant partagé en seize marches, et la hauteur L M en dix-sept hauteurs ou contre-marches, on balance les marches, on prolonge l'arrivée de la marche palière C en U A, et on a le départ du deuxième étage. On prend N I', on le porte en Q K, et on a l'arrivée de la marche palière du dernier étage; on espace cet emmarchement en un certain nombre de marches, dix-sept par exemple, et la hauteur du deuxième étage en dix-huit contre-marches; on figure sur la ligne L M, où sont figurés les deux étages, les contre-marches, on les mène d'équerre à cette ligne, on numérote les contre-marches en disant 1, 2, 3, 4, etc., comme on le voit sur la ligne L M.

Pour tracer, en plan par terre, le devant de l'astragale, le devant de la courbe et l'épaisseur du chiffre, on opère comme il suit : on prend sur l'échelle L N la distance 33', on la porte en O 3'', 44' en O 4'', 55' en O 5'', 66' en P 6'', 77' en P 7'', 88' en P 8'', 99' en P 9'', 10 10' en P 10'', 11 11' en P 11'', 12 12' en P 12'', 13 13' en R 13'', 14 14' en R 14'', 15 15' en R 15'', 16 16' en R 16'' et M M' en O 17 M''. On continue de même, pour le deuxième étage, en prenant 1 1' et en le portant en Q 1'', 2 2' en O 2'', 3 3' en O 3'', 4 4' en O 4'', 5 5' en O 5'', 6 6' en O 6'', 7 7' en P 7'', 8 8' en P 8'', 9 9' en P 9'', 10 10' en P 10'', 11 11' en P 11'', 12 12' en R 12'', 13 13' en R 13'', 14 14'' en R 14'', 15 15' en R 15'', 16 16' en R 16'', 17 17' en R 17'' et 18 18' en Q 18''K. Ensuite on joint tous ces points par une règle flexible; on mène parallèles à cette ligne l'astragale et l'épaisseur du chiffre. On a mis deux marches en pierre pour l'élégance de l'escalier; on trace les onglets à chaque marche : le bout des marches dans le jour doit être cintré suivant son point de centre respectif, c'est-à-dire que les marches comprises dans l'angle R O P auront P pour centre; celles qui sont comprises dans l'angle V R X auront R, etc. Après, on espace les joints suivant la longueur et la grosseur des bois, comme on le voit sur l'épure.

Pour faire l'élévation de la première courbe, on tire S T, et, d'équerre à cette ligne, on élève 3 3', 4 4', 5 5', 6 6', etc.; on mène, d'équerre à ces lignes, S'T', dessus de la deuxième marche; on mène parallèles à cette ligne un certain nombre de hauteurs prises sur L M; la rencontre de ces lignes donne l'arête des crans des marches. Après, on prend une pièce de bois de la longueur et de la grosseur convenables, on la met sur ligne de manière que le dessus tombe sur 3' 4' 5', etc., et que le dessous couvre parfaitement le joint 1 1'; de niveau suivant une ligne de trave qui, au levage, doit tomber sur S T, et on finit le tracé comme à l'ordinaire; on opère de même pour les autres, et pour les marches palières comme il a été démontré.

Pour mettre les joints dedans, on travaille, premièrement, les courbes comme à l'ordinaire, on trace les joints d'équerre suivant le rampant; on travaille juste les points d'attente et on laisse un demi-centimètre en plus à ceux qui recouvrent, pour pouvoir les tabletter. On met les courbes au levage, chacune sur sa place respective, les traits ramènerets sur les traits ramènerets, les hauteurs et la face à plomb et suivant parfaitement le dedans du chiffre. Pour mettre le joint d'arrivée dans la marche palière, on peut la mettre sens dessus dessous, en faisant un jour au sens inverse tel qu'à celui d'arrivée, ou, si on voulait, on mettrait la courbe sur ligne dans son état naturel, et la marche palière dessus également.

Pour tracer les marches, on commencera, premièrement, de faire un panneau de la première et de la deuxième marche en pierre, comme elles sont figurées sur l'épure; puis on tracera la troisième marche, comme elle est figurée en plan, en laissant en plus, sur la dernière, le double de l'astragale. Bien entendu que le bout des marches dans le jour suivra les lignes pleines. Inutile de dire que la courbe est par face à plomb, malgré l'entonnoir, vu qu'on ne voit dans le jour que le bout des têtes des marches.

Paris. — Imprimerie de madame veuve Bouchard Huzard, rue de l'Éperon, 5.

65

Pl. 65.

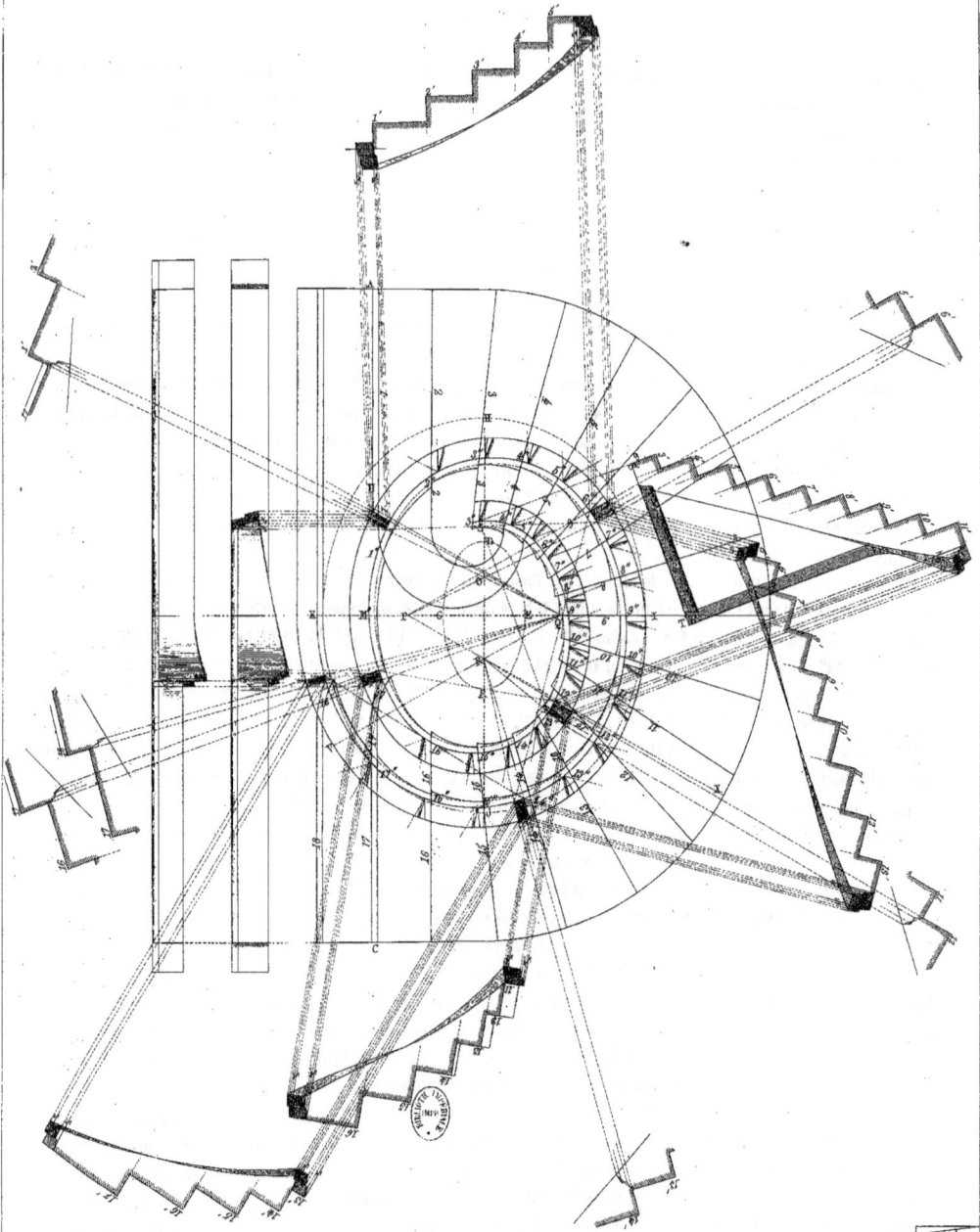

FERMES CINTRÉES.

On commence, premièrement (planche 66°, figure 1°), de tracer sur un plan la ligne A B ; on met sur cette ligne le dans œuvre ou naissance de la voûte, en diminuant l'épaisseur des couchis. On divise la ligne A B en deux parties égales en C, et on décrit le demi-cercle A C'B. La portée étant considérable et la ferme étant obligée de porter un poids très-lourd, on est obligé de faire une ferme qui, par la combinaison de son assemblage, ait toute la solidité désirable ; on croit y être parvenu en construisant la ferme (figure 1°). Ceci étant fait, on assemble des cerces de manière qu'en dessus elles suivent la courbe A C'B. Après, on met un poinçon sur C C', puis les pièces principales on les met sur D E F, J G, H K F, I G. On assemble ces pièces dans le poinçon et dans les semelles A J, B I, on met les moises et on termine la ferme comme on le voit sur l'épure.

La figure 2° représente un cintre très-surbaissé, et, pour qu'il soit le plus solide possible, on a été obligé de le cintrer par plusieurs centres différents ; pour y parvenir on opère de cette manière : on prend le dans œuvre du point A B (figure 2°), on divise cette ligne en deux parties égales en C et on décrit le demi-cercle A C'B (après avoir diminué l'épaisseur des couchis) ; ensuite on figure la hauteur C C" de la flèche ou hauteur du pont. On se met au point C" comme centre avec un rayon égal à A C, on décrit l'arc D C'" E, et du point D E, comme centre, on décrit les arcs C" C', C', C' ; puis on divise le demi-cercle A C'B en un certain nombre de parties, autant qu'on veut avoir de rayons différents, en les rapprochant du sommet C' comme H, I, J, K, L. On divise A D, E B en deux parties égales en F' G, on joint F H', F I', F J', F K', F L'. Après, on mène C" H" parallèle à C' H jusqu'à la rencontre F H' prolongée, H" I" parallèle à H I jusqu'à la rencontre F I' prolongée, I" J" parallèle à I J jusqu'à la rencontre de F J' prolongée, J" K" parallèle à J K jusqu'à la rencontre de F K' prolongée, K" L" parallèle à K L jusqu'à la rencontre de F K' prolongée, et L", rencontre de L B. On mène ensuite H" M parallèle à C H jusqu'à la rencontre C" M, I" N parallèle à CI jusqu'à la rencontre de H" M, I" O parallèle à C J jusqu'à la rencontre de I" N, K" P parallèle à C K jusqu'à la rencontre de J" O, L" Q parallèle à C L jusqu'à la rencontre K" P : les points M, N, O, P, Q, R sont les centres demandés. On se met donc au point M comme centre, on décrit l'arc C" H" ; du point N, comme centre, on décrit l'arc H" I' ; du point O, comme centre, on décrit l'arc I" J' ; du point P, comme centre, on décrit l'arc J" K" ; du point Q, comme centre, on décrit l'arc K" L" ; et du point R, comme centre, on décrit l'arc L" B. On opère de même pour l'autre côté A C", comme on le voit sur l'épure. Après, on figure les couchis vus debout, mais on n'a pas figuré la charpente nécessaire à la solidité de ce cintre, attendu qu'on peut y appliquer la construction de la ferme figurée sur cette planche (figure 1°), ou un autre assemblage quelconque.

La figure 3° étant un modèle de ferme qui demande une certaine solidité et fait courbe au-dessous, on a été obligé de chercher un assemblage qui, par sa construction, présente la solidité voulue, et, pour l'exécuter, on commence, premièrement, de mettre un poteau sur la ligne A A' et l'autre sur B B', le poinçon sur D D' ; un blochet sur A'A" et l'autre sur B' I ; un arbalétrier sur C E, l'autre sur F E ; un autre arbalétrier sur G H et sur I H. Puis la jambe de force, en deux moises, sur J K et sur L M, s'assemblant en tenon-mortaise dans le poteau et se moisant dans le blochet et dans les deux arbalétriers ; l'entrait N O également en deux moises, et les autres moises soutenant les pannes, on pique le tout et on fait en sorte que le moisement ait l'épaisseur du poteau. Une fois que la ferme est mise dedans, on y trace de petites cerces de manière à compléter la courbe ; car les pièces principales arrivent juste à la courbe, comme on le voit sur l'épure. Ces modèles de fermes, on peut les appliquer où l'on veut ; c'est dans ce sens qu'elles ont été faites.

Paris — Imprimerie de madame veuve Bouchard Huzard, rue de l'Eperon, 5.

Pl. 66.

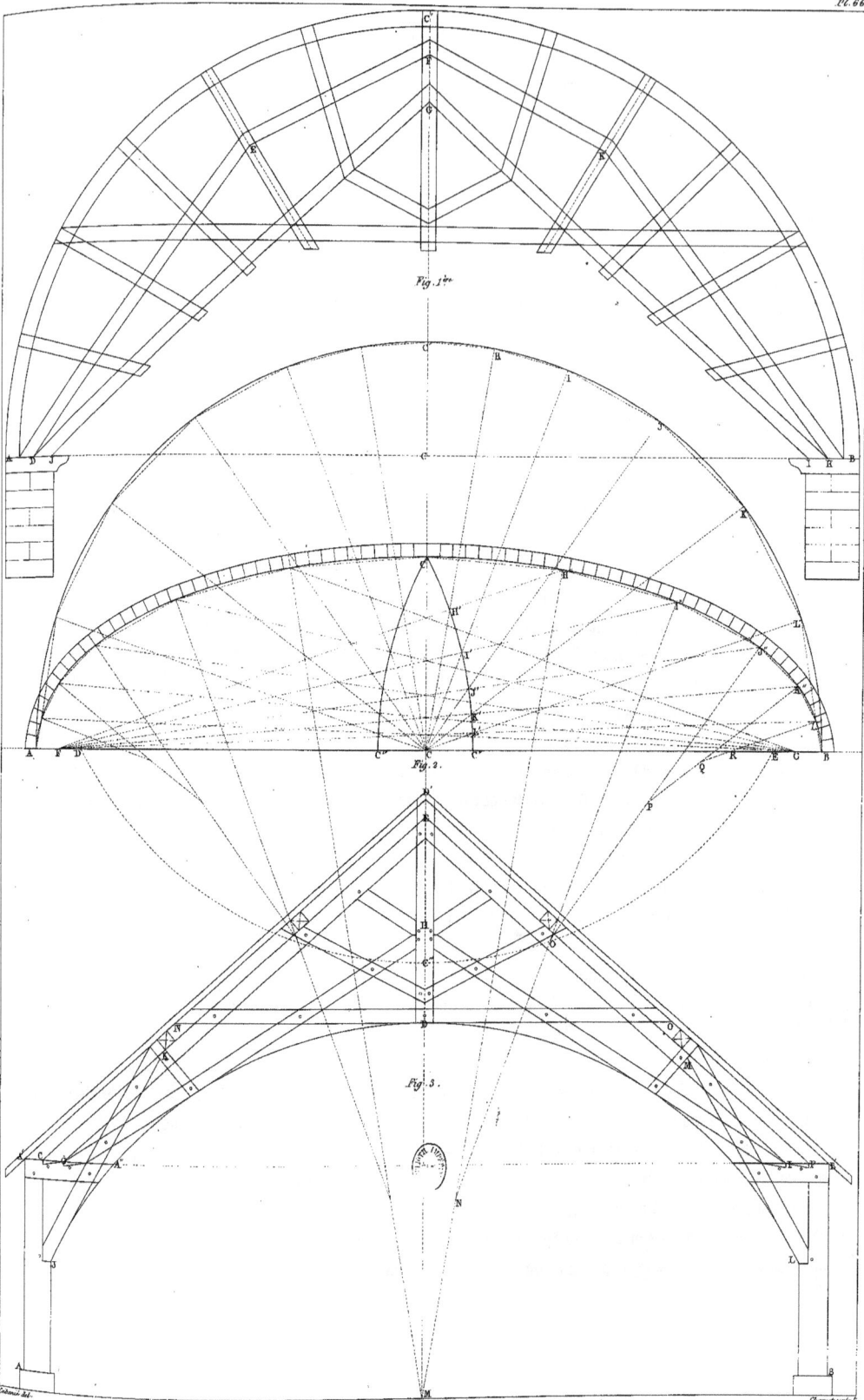

Fig. 1ʳᵉ

Fig. 2.

Fig. 3.

CINTRE DE CAVE.

On commence, premièrement (planche 67ᵉ), de tracer sur un plan horizontal le plan du bâtiment A B C D E F G H, le cintre biais A H, l'arètier et noue B G, l'autre arètier et noue C F, et les deux arètiers I D, I E. Ensuite on tire une ligne J K, d'équerre aux deux murs A B, G H ; on divise J K en deux parties égales en L ; on se met au point L comme centre ; on décrit le demi-cercle J L′ K, car on veut que cette partie de voûte soit plein-cintre. On figure l'épaisseur des couchis, la retombée de la courbe, et on met un nombre de lignes d'adoucissement nécessaires, comme on le voit sur l'épure. Puis on mène ces lignes parallèles aux murs A B, G H, jusqu'à la rencontre A H, B G. Où ces lignes coupent B G, on les mène parallèles à B C, F G, jusqu'à la rencontre C F. Puis, de cette rencontre C F, on les mène parallèles à C D, F E, jusqu'à la rencontre de D I, E I, et en joignant ces jonctions elles doivent être parallèles à D E. Ces lignes d'adoucissement ont été menées, comme il vient d'être dit, par la raison que la voûte étant de niveau, malgré le plus ou moins de largeur, les arètiers, noues, etc., se cintreront par le moyen de ces lignes d'adoucissement, comme on le voit sur l'épure.

Pour faire l'élévation de la ferme biaise A H, on élève M M′, N N′, O O′, P P′, Q Q′, R R′, S S′, perpendiculaires à A H ; on prend L S″, on la porte en S S′, L R″ en R R′, L Q″ en Q Q′, L P″ en P P′, L O″ en O O′, L N″ en N N′ et L L″ en M M′ ; on mène, par ces points, des lignes parallèles à A H. Les jonctions T, S′, R′, Q′, P′, O′, N′, M′, N‴, O‴, P‴, Q‴, R‴, S‴, U donnent l'arête de dessus de la courbe de la face de devant A H en joignant ces points, bien entendu, par une règle flexible ; d'autres jonctions vous donnent l'arête du dessus de dedans, et les deux arêtes du dessous comme on le voit sur l'épure. On figure les quatre arêtes, quand c'est un comble apparent, ou à demeure. Mais, pour des cintres ordinaires, on n'a besoin que des deux arêtes du dessus. Après, on met les courbes sur ligne, on les délarde, et on met la charpente nécessaire à la solidité du cintre.

Pour faire l'élévation de l'arètier et noue B G, on élève V V′, 1 1′, 2 2′, 3 3′, 4 4′, 5 5′, 6 6′ d'équerre à B G ; on prend L L″, on la porte en V V′, L N″ en 1 1′, L O″ en 2 2′, L P″ en 3 3′, L Q″ en 4 4′, L R″ en 5 5′, L S″ en 6 6′ ; puis on mène, par ces points, des lignes parallèles à B G : la rencontre de ces lignes donne l'arète de l'arètier et de la noue ; on remonte le délardement de l'arètier et le rengraissement de la noue ; on raccorde tous ces points par une règle flexible, et on a l'arête de l'arètier, le délardement et le recreusement en dessous, le recreusement de la noue, et le délardement en dessous, comme on le voit sur l'épure. On opère de même pour l'autre arètier et noue C F, en élevant des perpendiculaires à C F, à la jonction des lignes d'adoucissement. Puis on prend sur le berceau J L′ K les hauteurs des lignes d'adoucissement, et on les porte sur ces perpendiculaires ; la rencontre de ces lignes donne les quatre arêtes. On opère de même pour les deux arètiers D I, E I, comme on le voit figuré ; par ce moyen, la voûte est bien raccordée. Si d'un arètier à l'autre il y avait trop de portée, on mettrait, dans l'intervalle, un ou plusieurs cintres carrés ou biais, et en opérant avec les lignes d'adoucissement, car les cintres ont tous la même hauteur et ont plus ou moins de reculement.

Pour établir les couchis de la voûte A B V M, on prolonge K J en L‴, on prend 7 6″ et on le porte en 7′ 6‴, puis 6″ 5″ on le porte en 6‴ 5‴, 5″ 4″ on le porte en 5‴ 4‴, 4″ 3″ on le porte en 4‴ 3‴, 3″ 2″ on le porte en 3‴ 2‴, 2″ 1″ on le porte en 2‴ 1‴ et 1″ L″ on le porte en 1‴ L‴ ; on mène, par chaque point 7′, 6‴, 5‴, 4‴, 3‴, 2‴, 1‴, L‴, une perpendiculaire à 7′ L‴. Après, on mène, parallèles à K J, T T′, S Sᴵⱽ, R Rᴵⱽ, Q Qᴵⱽ, P Pᴵⱽ, O Oᴵⱽ, N Nᴵⱽ, M M‴ ; on joint ces points par une règle flexible et on a la ligne des couchis qui suit la ferme biaise A H. Ensuite on mène toujours d'équerre à M V, ou parallèles à K J, B en 8′, 6 en 6ᴵⱽ, 5 en 5ᴵⱽ, 4 en 4ᴵⱽ, 3 en 3ᴵⱽ, 2 en 2ᴵⱽ, 1 en 1ᴵⱽ et V en V″ ; on joint ces points par une règle flexible, et on a le bout qui doit suivre l'arètier B V. Ensuite on prend des couchis, on les met, à partir de T′ 8′, à toucher les uns contre les autres, jusqu'à M‴ V″, et on les coupe suivant la ligne courbe de chaque bout. On opérerait de même pour les parties des autres voûtes. Dans la pratique, on coupe ordinairement les couchis au levage ; mais, en les taillant au chantier, ce serait préférable, surtout quand les couchis sont d'inégale longueur, comme dans ces sortes de voûtes.

B. Cubières

Pl. 67.

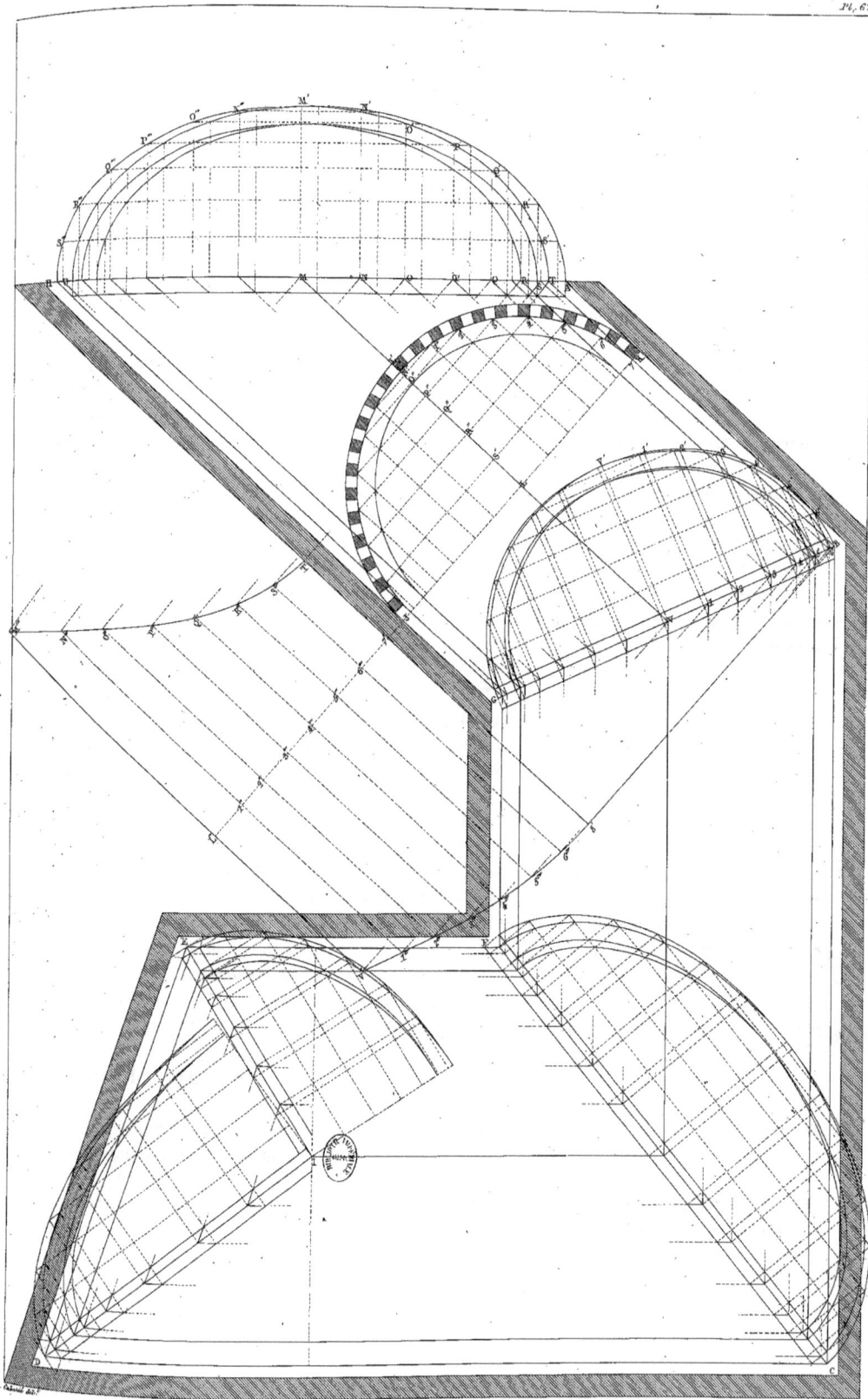

Imp.rie Bulla, rue Cassette, 8, Paris.

VOUTE D'ARÊTE CONIQUE.

On commence, premièrement (planche 68e), de tracer sur un plan horizontal la forme du bâtiment A B C D; le premier cintre E G et les arêtiers C F, D F; l'autre cintre H J et les arêtiers A I, B I. Ensuite on se met au milieu F du cintre comme centre, on décrit le demi-cercle E F′ G, car on veut que la voûte soit plein-cintre. Puis on mène J J′, H H′ parallèles à F I; par le point F, comme centre, on décrit le demi-cercle H′ I′ J′. Après, on divise le quart de cercle F′ G et un certain nombre de parties égales en 1, 2, 3, 4, 5, 6, 7; on joint 1, 2, 3, etc., avec le centre F du cintre; la rencontre de ces lignes avec le quart de cercle I′ J′ donne les mêmes lignes d'adoucissement K, L, M, N, O, P, Q. Ceci étant fait, on descend 1 en 1′, 2 en 2′, 3 en 3′, 4 en 4′, 5 en 5′, 6 en 6′, 7 en 7′ parallèles à F F′; puis K en K′, L en L′, M en M′, N en N′, O en O′, P en P′, Q en Q′ parallèles à F I; on joint 1′ K′, 2′ L′, 3′ M′, 4′ N′, 5′ O′, 6′ P′, 7′ Q′, qu'on prolonge jusqu'aux arêtiers C F, B I. On opère de même pour l'autre quart de cercle de la voûte. Après, où les lignes d'adoucissement coupent les arêtiers, on joint ces jonctions, et ces lignes doivent être parallèles à A B, C D, comme on le voit sur l'épure.

Pour faire paraître, sur un plan vertical passant par F I, la coupe de la voûte, ainsi que les lignes d'adoucissement, on opère de cette manière : on tire une ligne R S à volonté, mais parallèle à F I; on élève F F′, 1 1′ perpendiculaires à R S; on prend F F′, on le porte en S F″, 1 1′ en S 1″, 2 2′ en S 2″, 3 3′ en S 3″, 4 4′ en S 4″, 5 5′ en S 5″, 6 6′ en S 6″, 7 7′ en S 7″. On prend également sur le cintre H′ I′ J′, mais qui doit tomber sur H J, la hauteur F I′, et on la porte en R I″, K K″ en R K‴, L L″ en R L‴, M M″ en R M‴, N N″ en R N‴, O O″ en R O‴, P P″ en R P‴, Q Q″ en R Q‴; on joint I″ F″, K‴ 1″, L‴ 2″, M‴ 3″, N‴ 4″, O‴ 5″, P‴ 6″, Q‴ 7″. On prolonge ces lignes jusqu'à la rencontre de chacune d'elles en plan avec les arêtiers remontées d'équerre à R S; on joint ces jonctions par une règle flexible, et on a la courbure des deux croupes. Comme cette voûte est conique et traversée, par le milieu T U, par une ouverture de niveau, je prolonge cette ligne de milieu en V, je décris du point V, comme centre, l'ouverture que je veux lui donner; la jonction de cette ouverture avec les lignes d'adoucissement descendues en plan donne l'arête du raccordement des deux pénétrations comme on le voit sur l'épure. On n'a pas dévoyé les arêtiers ni les noues, vu l'impossibilité, attendu que ces lignes d'adoucissement sont de pente; on en a donc mis la moitié de chaque côté de la ligne du milieu.

Pour établir les cintres, on commence, premièrement, pour le cintre E F′ G, en délardant le dessus d'après les lignes, car, la voûte étant conique, la face du cintre de gauche doit être plus basse que celle de droite. Ensuite on établit la partie du cintre T T′ U, comprise entre les deux noues de raccordement, en le délardant également, comme le précédent, et tel qu'il est figuré. Après, on établit le cintre H′ I′ J′, placé sur H J, en le délardant de même; je laisse aux constructeurs le choix de l'assemblage pour la solidité des cintres.

Pour établir l'arêtier D F, on en fait l'élévation D′ X X′ (figure 1re), en prenant F D, en le portant en D′ X, on fait X X′ d'équerre à X D′ et égal à S F″; puis on prend F Y, on le porte en X Y′, on le remonte parallèle à X X′; on prend la hauteur Y″ Y‴ de la ligne d'adoucissement, on la porte en Y′ Y‴, ainsi de suite, et on a l'arête du milieu de l'arêtier. Pour la face de l'arêtier du côté de la croupe, les lignes d'adoucissement sont de niveau, on n'a qu'à prendre Y Z, on le porte en Y‴ Z′, ainsi de suite, et on a l'arête de la face du côté de la croupe. Pour le côté du long-pan, les lignes d'adoucissement étant de pente, on est obligé de remonter l'endroit où ces lignes coupent la face de l'arêtier, sur chacune des lignes respectives en élévation, et prendre ces hauteurs et les porter sur chacune des lignes prises en reculement, comme, par exemple, remonter C′ en C″, prendre C‴ C″ et le porter en C‴ C′, en faisant X C‴ égal à F Z″. On établit sur la même épure l'autre arêtier F C; le développement comme il a été dit précédemment.

Pour établir l'arêtier B I, on en fait l'élévation en B′ I‴ (figure 2e), en prenant les hauteurs sur la courbe B″ I′, et opérer de même, comme il a été dit. On établit sur cette même épure l'autre arêtier A I. Pour établir la noue du raccordement, on fait l'élévation (figure 3e), en opérant de même et comme on le voit sur l'épure. Pour établir les couchis, on les taillera au levage ou au chantier, en en faisant la herse du développement.

Paris. — Imprimerie de madame veuve Bouchard-Husard, rue de l'Éperon, 5.

68

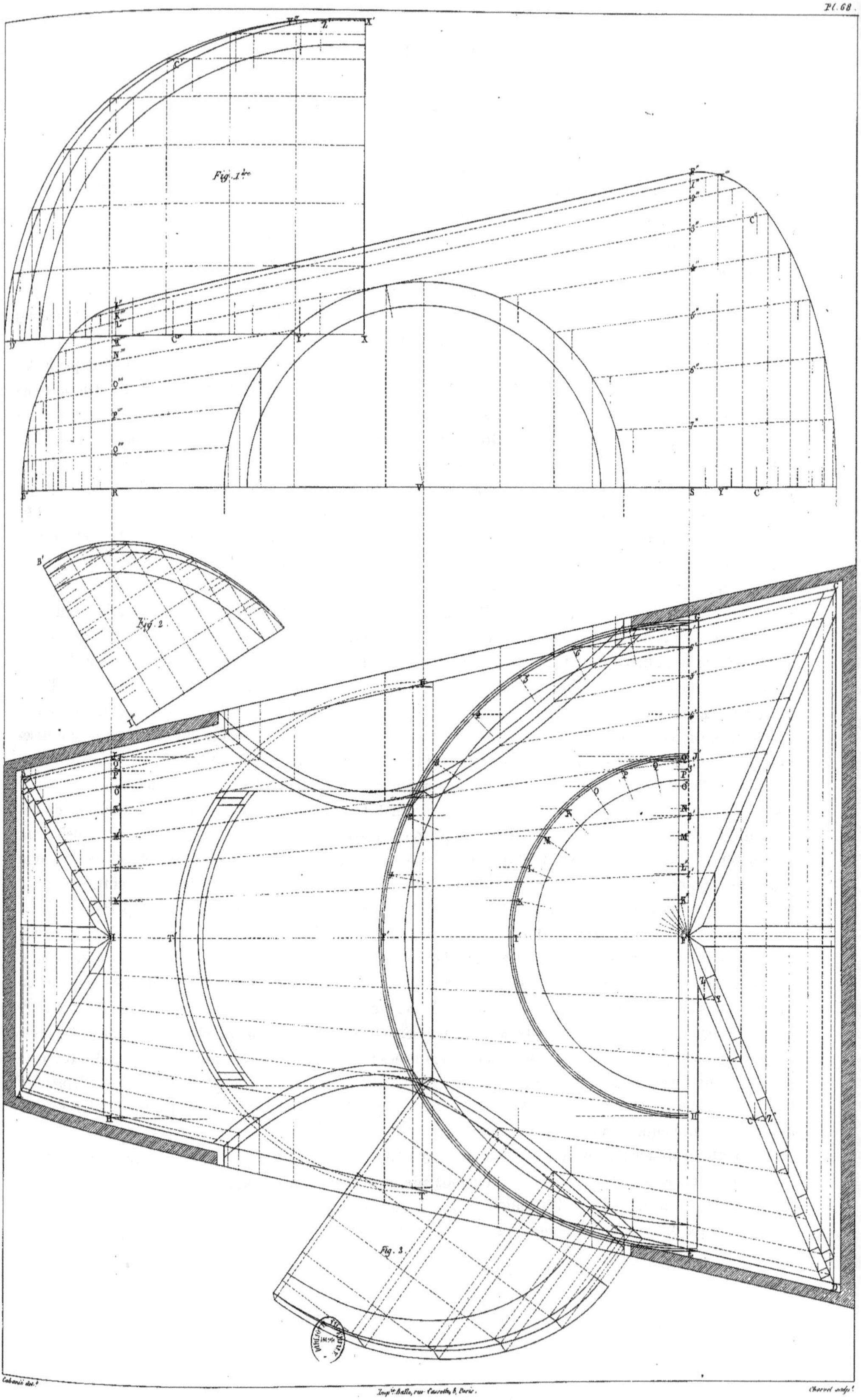

Cabanis del.t Imp.ie Bellot, rue Cassette, 8, Paris. Chervet sculp.t

VOUTE D'ARÊTE EN OGIVE.

On commence, premièrement (planche 69e), de tracer, sur un plan horizontal, la forme du bâtiment A B C D', les arêtiers C D, B D, et la ferme A D'. Ensuite, sur un plan vertical passant sur la ligne D E, mais fait sur C D', on élève D D'' perpendiculaire à D E. On prolonge C D' de manière que D' se trouve au milieu. Après avoir mis du côté de D' la même distance de C D', on met un compas à ce point, on l'ouvre jusqu'en C, et on décrit l'arc C D'. Également, du point C comme centre, et avec la même ouverture, on décrit l'arc D'' D''', qu'on prolonge, bien entendu, jusqu'à la ligne de niveau C D'; car on n'a fait que la moitié de la voûte, l'autre moitié étant pareille à celle-ci. Ensuite on divise l'arc C D' en un certain nombre de parties égales, telles que 1', 2', 3', 4', 5', 6', 7', 8', 9', 10'; on mène, par chaque point de division, des perpendiculaires à C D'. La face B C de cette voûte étant percée par une ogive de moindre dimension, on figure la largeur F G en faisant, bien entendu, E F égal à E G. On se met donc au point G comme centre, on décrit l'arc F E', et du point F comme centre, avec l'ouverture F G, on décrit l'arc G E'. On joint D F, D G, et on a les noues en plan par terre de la pénétration. Ceci étant fait, on descend 1'1 H, 2'2 I, 3'3 J, 4'4 K, 5'5 L, 6'6 M, 7'7 N, 8'8 O, 9'9 P, 10'10 Q parallèles à D D''. On remonte 1 1'', 2 2'', 3 3'', 4 4'', 5 5'', 6 6'', 7 7'', 8 8'', 9 9'', 10 10'' parallèles à E E'; la pénétration n'étant pas de niveau, c'est-à-dire, malgré la différence de hauteur D' D'', E E', le faîtage E' devant aboutir en D'', et, malgré cela, l'ogive devant conserver dans son ascension la forme F E' G. On obtient ce résultat en opérant de cette manière : on mène 1'' 1''', 2'' 2''', 3'' 3''', 4'' 4''', 5'' 5''', 6'' 6''', 7'' 7''', 8'' 8''', 9'' 9''', 10'' 10''' et E'E'' parallèles à C E ou d'équerre à E E'. On se met au point C comme centre, on décrit les arcs 1''' R, 2''' S, 3''' T, 4''' U, 5''' V, 6''' X, 7''' Y, 8''' Z, 9''' A', 10''' B' et E''E'''; on fait 10'E'' égal à B'E''', 9'E'' égal à A'E''', 8'E'' égal à Z E''', 7'E''' égal à Y E''', 6'E''' égal à X E''', 5'E'' égal à V E''', 4'E' égal à U E''', 3'E'' égal à T E''', 2'E''' égal à S E''', 1'E''' égal à R E'''. Après, on fait E'B'', E''B''', E'''B'''', E''''B''''', E'''''B''''''', E'''''''B''''''''', E''''''''B'''''''''''', E''''''''''B''''''''' égaux à B'E''''; de même E''''''A'''', E''''''''A''''', E''''''''''A''''''', etc., égaux à A'E''', et de même pour les autres, et les lignes d'adoucissement sont projetées sur le plan vertical, comme on le voit sur l'épure.

Pour faire l'élévation de la noue D G, on élève D D'''', G G perpendiculaires à D G; on tire une ligne D' G' à volonté, pour éviter la confusion des lignes, mais parallèle à D G'. On remonte H H', I I', J J', K K', L L', M M', N N', O O, P P', Q Q' parallèles à D D'''' ou perpendiculaires à D G. On fait H'' H' égal à 1'''' 1''', I' I' égal à 2''' 2', J' J' égal à 3''' 3', K'' K' égal à 4''' 4', L' L' égal à 5''' 5', M' M' égal à 6''' 6', N''N' égal à 7''' 7', O' O' égal à 8''' 8', P''P' égal à 9''' 9', Q'' Q' égal à 10''' 10' et D' D'''' égal à D' D'; on joint tous ces points par une règle flexible, et on a l'arête creuse de la noue. La face du côté de l'arêtier B D, les lignes d'adoucissement étant de niveau, on n'a qu'à mener, par les points H', I', J', K', L', M', N', O', P', Q', D'''', des lignes de niveau. On remonte sur chacune des lignes et parallèles à D D'''' les points où les lignes d'adoucissement coupent la face de la noue en plan; on joint ces nouveaux points par une règle flexible, et on a l'arête du relèvement de la face de la noue qui regarde l'arêtier B D. Pour la face qui suit la ponctuation, on remonte chaque jonction où les lignes d'adoucissement coupent la face de la noue sur les projections courbes de ces mêmes lignes figurées sur le plan vertical, et ces hauteurs on les porte, chacune à chacune, sur les mêmes jonctions remontées sur l'élévation de la noue. On fait passer sur ces nouveaux points une règle flexible, et les deux arêtes sont déterminées.

Pour les petits cintres qui doivent former la pénétration circulaire, on les met assez près de manière à pouvoir clouer dessus des planches étroites et minces de manière à suivre la courbure de la voûte ou lignes d'adoucissement.

Pour tracer ces cintres, on opère comme on le voit sur l'épure. Bien entendu que ces cintres seront plus ou moins délardés, autant qu'ils se rapprocheront plus ou moins de G F; on en obtiendra les coupes en les figurant en plan, les remontant sur le faîtage circulaire pour avoir le délardement et en remontant les joints des faces des noues sur l'ogive F E' G, comme on le voit. On opérera pour les élévations des autres arêtiers comme il a été dit précédemment, de même pour les couchis en en faisant le développement, pour la pénétration exceptée.

Paris. — Imprimerie de madame veuve Bouchard-Huzard, rue de l'Éperon, 5.

69

Pl. 64.

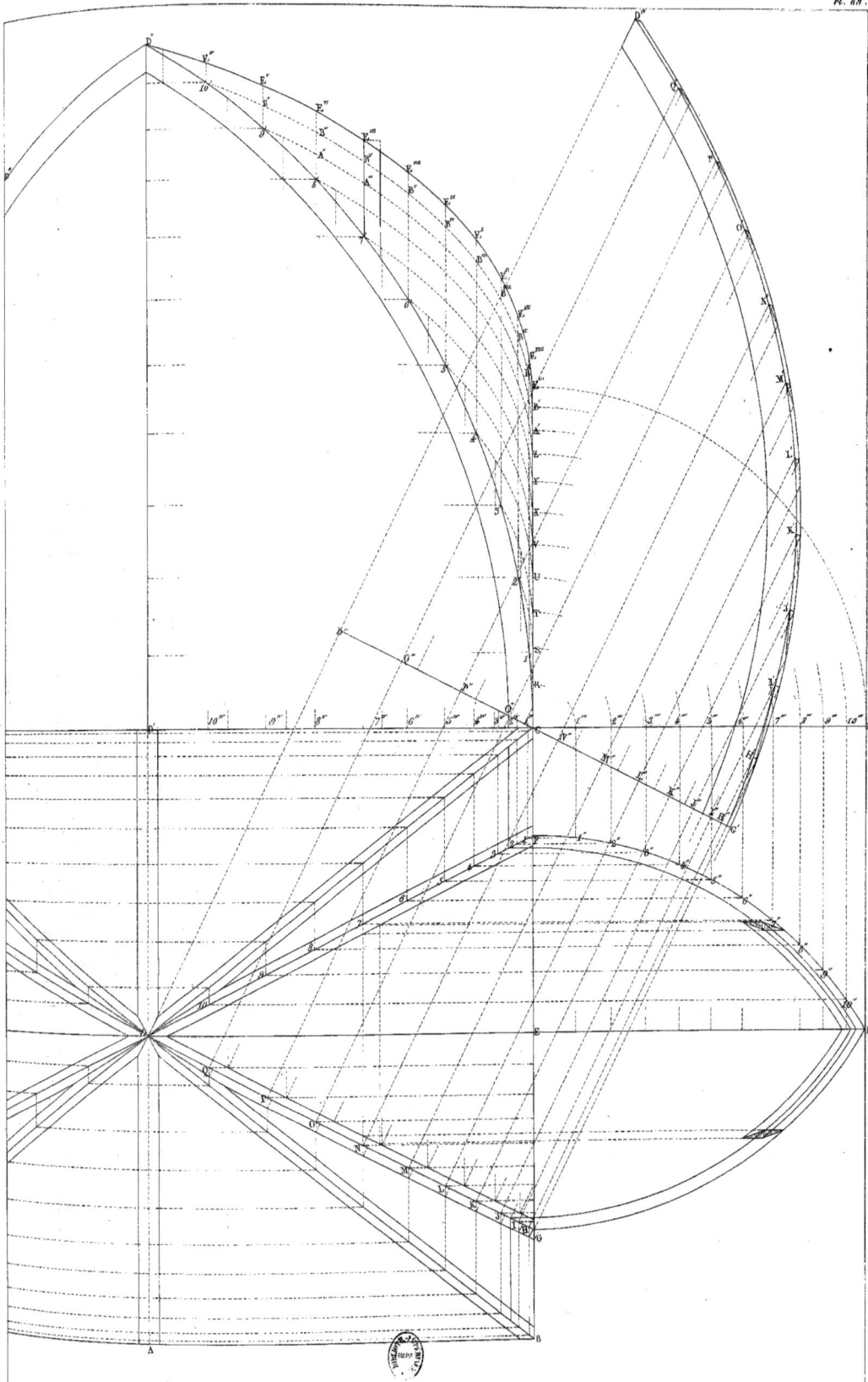

PAVILLON CARRÉ, IMPÉRIALE.

On commence, premièrement (planche 70e), de tracer, sur un plan horizontal, le plan par terre du pavillon A B C D E F, la ferme B D, la croupe C F et les arêtiers A C, C E. Ensuite, sur un plan vertical passant par la ligne B D, on fait paraître l'impériale B C' D en opérant de cette manière : on joint B C', D C', sommet du pavillon ; on divise B C', D C' en deux parties égales en H' G' ; sans fermer ni ouvrir le compas, on se met au point B comme centre, on décrit un arc, et au point H', comme centre, on décrit un autre arc qui coupe le premier ; on se met à cette jonction sans déranger le compas, on décrit l'arc B H'. Du point H', on décrit un arc, et du point C' on décrit un autre arc ; sans déranger le compas, à la jonction de ces arcs, avec cette même ouverture, on décrit l'arc H' C'. On opère de même pour les arcs D G', G' C'. Après, on figure l'entrait, les aisseliers, les pannes vues de bout et les lignes d'adoucissement nécessaires, mais en s'arrangeant de manière que leurs croisillons touchent le lattis et le dessous de l'impériale, comme on le voit sur l'épure. Ceci étant fait, on descend, en plan par terre, les lignes d'adoucissement parallèles à C C', jusqu'aux arêtiers A C, C E ; on joint ces rencontres par des lignes, et elles doivent être parallèles à A E.

Pour faire l'élévation de la croupe, on se met au point C comme centre, on fait tourner C' en C'' ; de même pour les lignes d'adoucissement, entrait, panne, aisselier ; on remonte, d'en plan par terre, les lignes d'adoucissement parallèles à C C', et le croisillon de ces lignes donne le lattis et le dessous de l'impériale ; puis on joint ces points par une règle flexible ; on y figure l'entrait, l'aisselier, en prenant les hauteurs sur la ferme.

Pour faire l'élévation de l'arêtier, on élève C C''', perpendiculaire à C E ; on se met au point C comme centre, on fait tourner C' en C''' ; de même pour les lignes d'adoucissement ; on remonte, d'en plan et parallèles à C C''', 1 en 1', 2 en 2', 3 en 3', 4 en 4', 5 en 5', 6 en 6', 7 en 7', 8 en 8', 9 en 9', 10 en 10', 11 en 11', 12 en 12' ; on joint 1', 2', 3', etc., par une règle flexible, et on a l'arête du dessus et du dessous. Pour le délardement, on remonte, d'en plan par terre, les points où les faces de l'arêtier coupent les lignes d'adoucissement. On joint ces nouveaux points, et on a le délardement et le recreusement de l'arêtier.

Pour tracer la mortaise de la panne, on tire une ligne G' I d'équerre à la courbe ; on descend I I' parallèle à D E ; on mène I' I'' d'équerre à C E ; on remonte G en G'', parallèle à C C''', on joint I'' G'', on mène le dessous parallèle, et la mortaise est tracée. Pour le joint de la panne, on met son arête sur G' G, déversée avec le niveau G' et tracée suivant la face de l'arêtier C E. On opère de même pour l'autre long-pan et pour la croupe. Quant aux chevrons, on les figure en plan par terre, comme J K ; on remonte K en K' parallèle à C C', de même pour la gorge, on rembarre l'un par l'autre et on a la coupe du chevron, de l'entrait et l'aisselier, car, ordinairement, chaque chevron porte ferme, à cause de la voûte de dessous.

Pour couper les croix de Saint-André dans l'impériale, on commence de faire la herse développée, en opérant de cette manière : on descend C F en F' ; on prend F L, qu'on porte en F' L', L M en L' M', M N en M' N', N O en N' O', O P en O' P', P Q en P' Q', Q R en Q' R', R S en R' S', S T en S' T', T U en T' U', U V en U' V', V X en V' X', et X C'' en X' C''. On mène, par ces points, des lignes parallèles à A E ; on descend E en E', 1 en 1'', 2 en 2'', 3 en 3'', 4 en 4'', 5 en 5'', 6 en 6'', 7 en 7'', 8 en 8'', 9 en 9'', 10 en 10'', 11 en 11'', 12 en 12'', parallèles à C F', de même pour la face et pour l'autre côté ; on joint ces points par une règle flexible, et la herse est faite. On figure les croix à volonté, et, pour les mettre en plan par terre, on descend les jonctions où les croix en herse coupent les lignes d'adoucissement en plan parallèles à C F' ; on joint ces points par une règle flexible, et les deux arêtes du lattis des croix sont figurées. Pour les deux arêtes du dessous, on remonte sur la croupe les deux arêtes du lattis ; une fois sur le lattis, on les mène d'équerre à la courbe, et on forme une case à chaque ligne d'adoucissement, on descend les deux arêtes du dessous de chaque case en plan sur la ligne d'adoucissement respective, on joint ces nouveaux points par des lignes ponctuées, et les quatre arêtes en plan sont déterminées. On trace les mortaises des croix sur l'arêtier, en remontant sur le délardement de l'arêtier et sur le rengraissement les quatre arêtes qui coupent la face de l'arêtier, comme on le voit sur l'épure.

Pour tracer la croix Y Z on tire une ligne L' S', extrémité des cases, comme pour une extrémité de courbe ; on mène, par chaque arête de case, une ligne d'équerre à L' S' ; puis on tire une ligne L''' S''', parallèle à L' S', de chaque côté de F C, la jonction de ces lignes avec les arêtes des croix en plan, et on les porte de chaque côté de L'' S''' : comme Z Z' en Z'' Z''', B' B'' en B''' B'''', etc., jusqu'à Y Y' en L''' Y'''. Ensuite on prend une pièce de bois, comme elle est figurée en Y'' Z''' et d'une retombée égale à P P'''. On y fait paraître une ligne de trave, comme à une courbe ; on la met de niveau et de dévers, on y fait paraître toutes les lignes figurées, on les rembarre, on fait quartier à la croix, et on la trace en prenant les points à partir de la ligne L'' S'', jusqu'aux arêtes des cases et en les portant depuis la ligne de trave ; on joint ces points, et la croix est tracée ; on la scie et on la débillarde comme une courbe.

Pl. 78.

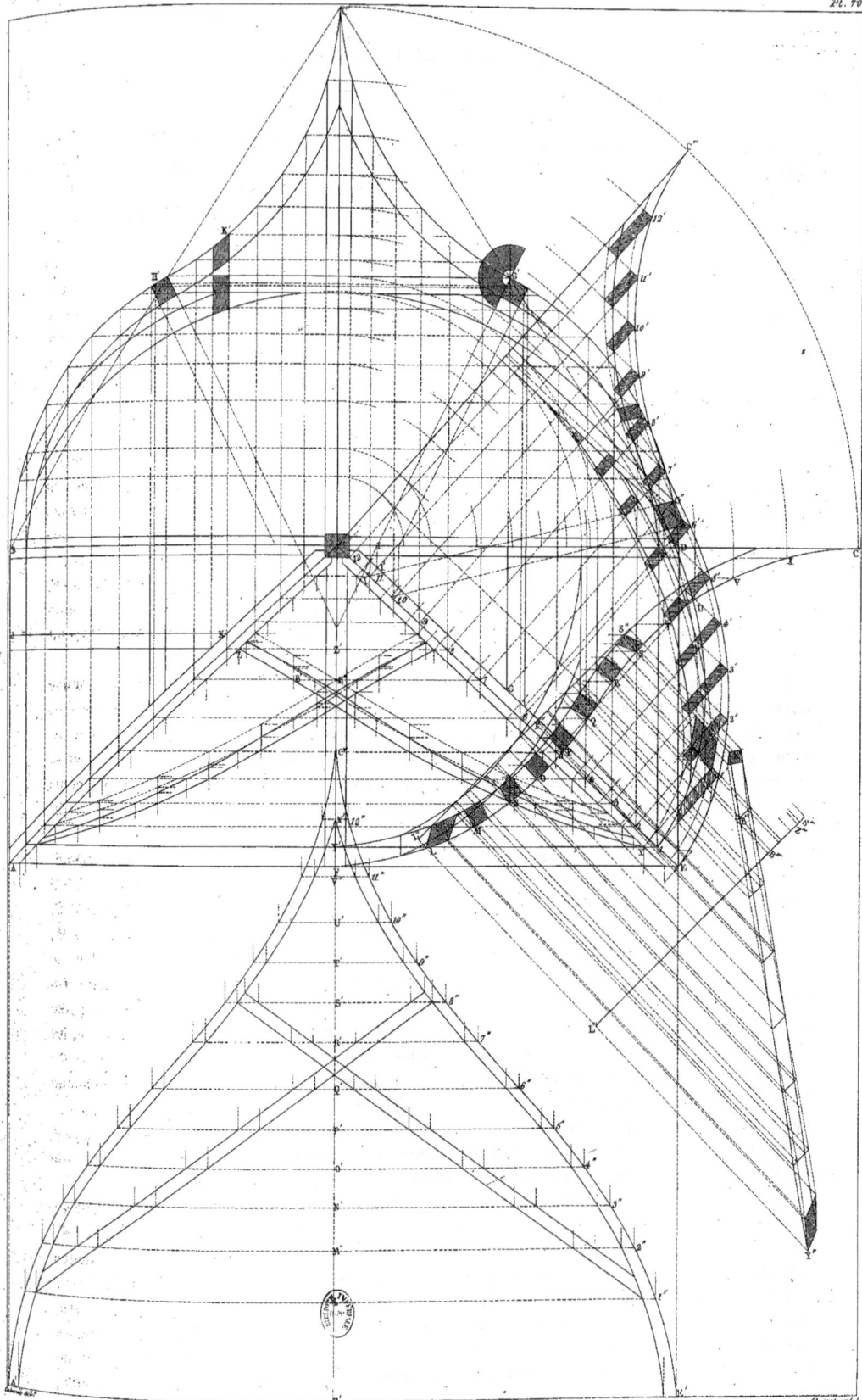

Imp.^{ie} Bulla, rue Cassette, 8, Paris.

Cheret sculp.

PAVILLON, DOME BIAIS.

On commence, premièrement (planche 71e), de tracer, sur un plan horizontal, la forme du bâtiment A B C D E F, la ferme B D, le chevron biais de croupe C F et les deux arêtiers A C, C E. Après, on fait le dôme carré B' C' D'; on y figure l'entrait, les aisseliers, les pannes vues de bout et les lignes d'adoucissement. On descend ces lignes en plan et parallèles à C C' jusqu'à la rencontre de A C, C E. Quand ces lignes coupent les arêtiers, on joint ces jonctions par des lignes droites, et elles doivent être parallèles à A E. On figure en plan l'épaisseur de la ferme, de la croupe et des arêtiers en les dévoyant comme à l'ordinaire.

Pour faire le chevron carré de la croupe, on tire une ligne G H à volonté, mais d'équerre à la sablière A E de la croupe, on élève H H' d'équerre à G H ou parallèle à A E. On met sur la ligne H H' toutes les lignes d'adoucissement qui sont figurées sur C" C', chevron carré du long-pan, en faisant H H' égal à C" C, H I égal à C" I', H J égal à C" J', etc. On remonte les lignes d'adoucissement de la croupe, parallèles à la sablière A E, sur leurs lignes d'adoucissement correspondantes ; la jonction de ces lignes donne le lattis et le dessous de la croupe, en joignant ces points, bien entendu, avec une règle flexible. On figure la panne vue de bout, et on prolonge son alignement jusqu'à la ligne de niveau, comme on le voit sur l'épure ; on descend ensuite les pannes en plan par terre soit dans la croupe, soit dans les longs-pans, et on y figure les niveaux qui serviront, plus tard, pour tracer les pannes en plan par terre.

Pour faire l'élévation de la ferme biaise, on tire une ligne B" D" à volonté, mais parallèle à B D; on remonte C C" d'équerre à B" D"; on fait C^{iv} C" égal à C" C', C^{iv} I" égal à C" I', C^{iv} J" égal à C" J', etc. On remonte les points où les lignes d'adoucissement coupent les faces en plan de ferme, sur leurs lignes d'adoucissement respectives ; on joint ces points par une règle flexible et on a les quatre arêtes de la ferme biaise. Pour les rampes, on remonte K K', L L' parallèles à C C", on joint C^{iv} K', C^{iv} L', et les mortaises sont tracées. On figure les aisseliers sur la ferme biaise en prenant pour point de hauteur où les lignes d'adoucissement coupent les aisseliers et les reportant sur la même ligne à plomb sur la ferme, comme on le voit sur l'épure.

Pour faire l'élévation de la croupe biaise, on tire une ligne M F' parallèle à C F; on remonte C M', F F' d'équerre à C F. On fait M M' égal à C" C', M I"' égal à C" I', M J"' égal à C" J', etc.; on remonte les points où les lignes d'adoucissement coupent les faces de la croupe, sur leurs lignes correspondantes ; on joint ces points par une règle flexible, et les quatre arêtes de la croupe sont déterminées. On opère de même pour l'aisselier. Pour les rampes des mortaises on remonte N N', O O', P P', Q Q' parallèles à C M', on joint P'N', Q'O', et les mortaises de la croupe sont tracées.

Pour faire l'élévation de l'arêtier C E, on tire une ligne R E' à volonté, mais parallèle à C E, on fait R R' égal à C" C', R I^{iv} égal à C" I', R J^{iv} égal à C" J', etc. On descend ensuite 1 en 1', 2 en 2', 3 en 3', 4 en 4', 5 en 5', 6 en 6', 7 en 7' et 8 en 8' parallèles à E E'; on joint 1', 2', 3', 4', etc., par une règle flexible, et on a l'arête de l'arêtier. On descend les pointes où les lignes d'adoucissement coupent les faces de l'arêtier, sur leurs lignes respectives, et le délardement et le recreusement sont déterminés. Pour les rampes des mortaises, on descend S S', T T' parallèles à C R; on joint T'S', et on a la rampe de la mortaise du long-pan. Pour avoir celle de la croupe, on descend U U' jusqu'à la rencontre de E'R; on joint ce point avec S', et on a la rampe de la croupe.

Pour l'élévation de l'autre arêtier A C on tire une ligne A' V à volonté, toujours pour éviter la confusion des lignes, mais parallèle à A C; on fait V V' égal à C" C', V I^{iv} égal à C" I', V J^{iv} égal à C" J', etc. On joint ces points par une règle flexible et on a les six arêtes de l'arêtier. Pour la rampe des mortaises on descend X X', Y Y', Z Z' parallèles à C V; on joint Z'X', on a la rampe du long-pan; on joint X'Y', et on a celle de la croupe.

Pour tracer les chevrons, on les figure en plan par terre, soit dans la croupe, soit dans les longs-pans, et on opère comme on a opéré pour les fermes biaises ; s'ils étaient de la même épaisseur, les élévations biaises vous serviraient en prenant à partir de l'about et le portant à partir de l'about de la ferme. L'épure est faite pour assembler les chevrons dans les pannes ; s'il en était autrement, on figurerait sur la ferme carrée une retombée de chevron, et on ferait les élévations en conséquence.

Pour établir la panne de croupe, on met son arête du dessous du lattis sur la ligne S X en plan de niveau, bien entendu, et déversée avec le niveau X" placé sur sa plumée. Une fois sur ligne, on trace la face de l'arêtier A C, les deux faces F C de la croupe biaise et la face de la croupe de l'arêtier C E. De même pour les longs-pans, comme on le voit sur l'épure.

PARIS. — IMPRIMERIE DE MADAME VEUVE BOUCHARD-HUZARD, RUE DE L'ÉPERON, 5.

71

Pl. 7

PAVILLON TOUR RONDE.

On commence, premièrement (planche 72e), à tracer du centre C, sur un plan horizontal, la sablière A B D; on divise cette sablière en un certain nombre de parties égales, telles que 1, 2, 3, 4, etc. Sur un plan vertical passant par la ligne A D, on fait l'élévation A C′ D de la ferme, d'une hauteur donnée; on fait paraître l'entrait, les aisseliers, les contre-fiches et les pannes vues de bout. On descend les quatre arêtes de la panne en plan par terre, comme on le voit sur l'épure.

Pour faire la herse de la tour ronde, on prolonge C B en B′; on prend le rampant C′ D. On se met en un point quelconque C″, et on décrit l'arc A′ B′ D′; après, on prend B 6 et on le porte en B′ 6′; on prend B 7 et on le porte en B′ 7′; on prend 6 5 et on le porte en 6′ 5′; on prend 7 8 et on le porte en 7′ 8′, 5 4 en 5′ 4′, 8 9 en 8′ 9′, etc. On joint C″ A′, C″ 1′, C″ 2′, C″ 3′, C″ 4′, etc., jusqu'à C″ D′. Puis on prend C′ E, panne de la ferme, et on la porte en C″ E′, C′ I en C″ I′; on se met au point C″ et on décrit la panne. Les croix, on les figure à volonté et de la tournure que l'on veut.

Pour établir la panne, on commence de chercher une pièce de bois de la courbure F G H, s'il est possible, droite sur le dessus et de la retombée qu'elle est figurée vue de bout en E sur la ferme; on la met sur ligne de niveau et de dévers et en se rendant compte qu'une fois sur ligne elle couvre les quatre arêtes de la panne en plan. Ensuite on se met au point C comme centre, avec une ouverture égale à C H, on fait paraître dessus la ligne F G H du lattis. Après, avec le niveau E, en tenant la ligne droite qui est figurée sur le niveau à plomb, on contre-jauge la ligne courbe F G H, suivant le dessous du niveau, en plusieurs endroits. On fait paraître la face de l'arbalétrier C D et celle de l'autre arbalétrier C B, et on a les joints. Ceci étant fait, on fait quartier deux à la pièce de bois ou panne; on joint les points de contre-jauge par le moyen d'une règle flexible; on fait scier le délardement, et on a le lattis de la panne et de l'arête I du dessus. Pour avoir l'autre arête du lattis, on mène une ligne parallèle à l'arête I et distante de E I. Après, on enlève le bois carrément au lattis à partir de ces deux arêtes, et le dedans de la panne parallèle au lattis, et de l'épaisseur I I′ de la ferme; on opère de même pour l'autre partie de panne.

Pour tracer les croix, on commence, premièrement, de les mettre en plan par terre et on opère comme il suit : on prend C″ J et on le porte en C′ J′, de même pour le dessus; on mène ces deux points d'équerre au lattis, et on a la case A″; on prend C″ K et on le porte en C′ K′, de même pour le dessus; on mène ces deux points d'équerre au lattis, et on a la case 1″; on prend C″ L, et on le porte en C′ L′, et on a la case 2″; on prend C″ M, on le porte en C′ M′, et on a la case 3″; et ainsi de suite, jusqu'à la dernière, en prenant C″ N et le portant en C′ N′, et on a la case D″. Puis on prend les quatre arêtes de la case A″ à partir de la ligne à plomb C C′, et on le porte, à partir du point C, sur la ligne A C; les quatre arêtes de la case 1″, toujours horizontalement, à partir de la ligne à plomb C C′, à partir du point C sur la ligne C 1, de même pour les cases 2″, 3″, 4″, etc.; on joint ces points avec une règle flexible, et les quatre arêtes des croix en plan sont figurées.

Pour faire l'élévation de la croix, on tire une ligne O P, extrémité du joint, et une ligne O′ P′, à une distance quelconque, mais parallèle à O P. On descend, d'équerre à O′ P′, les quatre arêtes de la croix en plan à chaque jonction de A C, C 1, C 2, etc. On prend pour point de hauteur les quatre arêtes de la case A″, à partir de A D, qu'on porte à partir de O′ P′, et on a la case A‴. On prend toujours par point de hauteur les quatre arêtes de la case 1″, et on a la case 1‴; de même la case 2″ en 2‴, 3″ en 3‴, etc. En exécution, on mènerait, par chaque arête, une ligne à plomb et une ligne de niveau; l'élévation étant faite, on prend une pièce de bois comme elle est figurée en A‴ B‴ et de la largeur Q R. On fait paraître, à la pièce de bois, une ligne de trave, de manière qu'au levage elle tombe sur O P. Une fois cette ligne de trave de niveau et les deux faces à plomb, on trace les cases sur la pièce de bois; on joint, par une règle flexible, les deux extrémités des cases, telles que S T U, V X Z. On plombe ces deux lignes courbes en dessous de la pièce de bois, et on fait scier ces deux levées. Une fois les levées faites, on remet la pièce sur ligne comme elle était auparavant, et on rembarre. Ensuite on fait quartier à la pièce de bois, en V′ X′ Z′; on trace la croix comme une courbe d'escalier, en la traçant comme si elle avait l'épaisseur R R′. Sur le dessus on fait paraître l'arête la plus haute de la case et sur le dessous l'arête la plus basse, comme on le voit sur l'épure. Une fois tracée, on la fait scier comme une courbe d'escalier. Après, on rembarre les cases et on a sur les faces à plomb l'arête du dedans et du dehors. On a donc une ligne dessus, une ligne dessous, une ligne en dehors, une ligne en dedans; on enlève le bois d'une ligne à l'autre, et la croix est délardée. Pour le joint, on rembarre un trait ramèneret par l'autre. On opère de même pour la suite de la même croix, comme on le voit sur l'épure, et de même pour l'autre croix, on coupe les chevrons en herse contre les croix, et on entaille les croix avec la panne.

Paris. — Imprimerie de madame veuve Bouchard-Huzard, rue de l'Éperon, 5.

Pl. 72

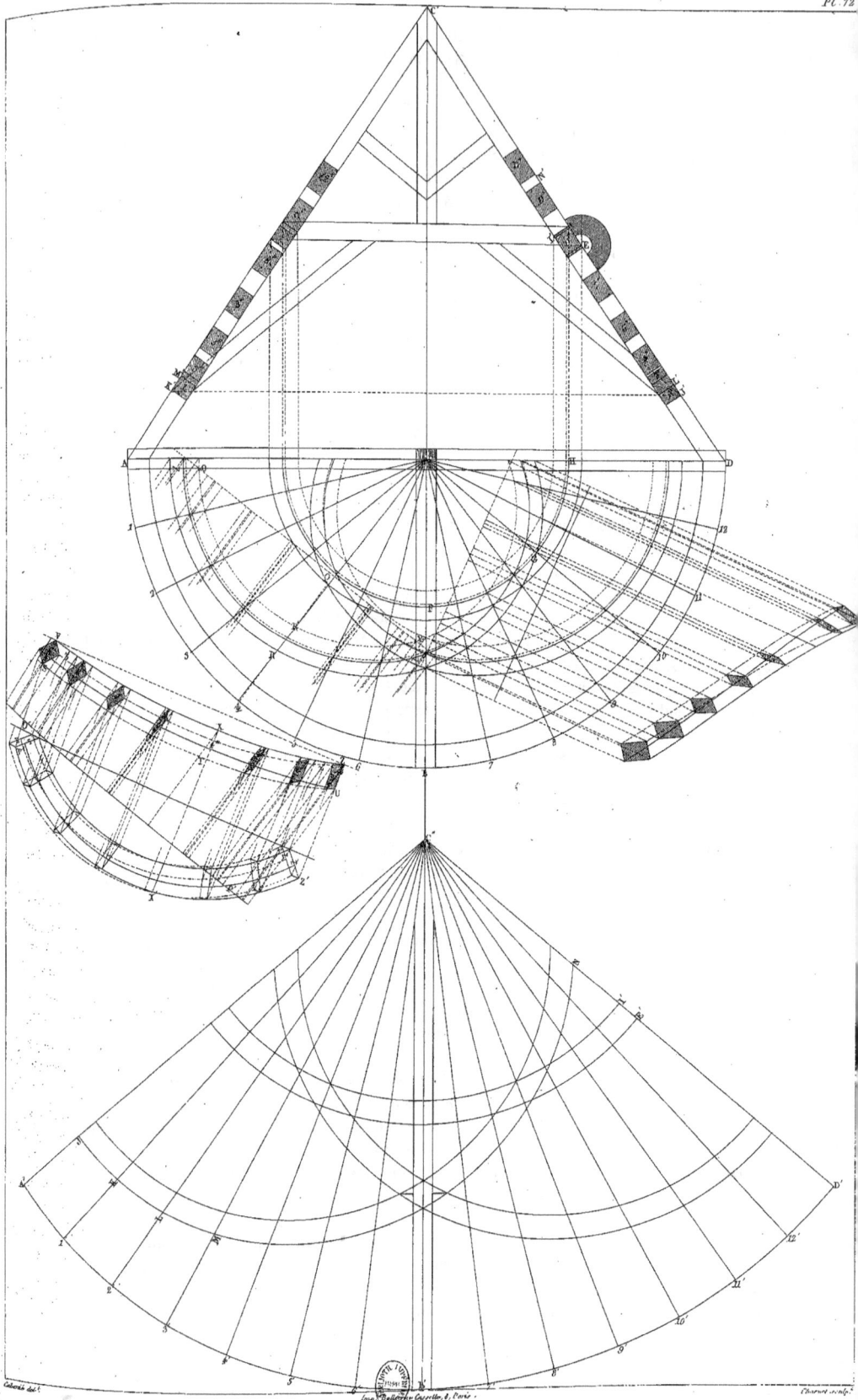

PAVILLON CARRÉ DANS UNE TOUR RONDE.

On commence premièrement (planche 73ᵉ) de tracer du centre C, sur un plan horizontal, la sablière A B D de la tour ronde; on mène la ferme A C D, le chevron de croupe C B perpendiculaires à A D; puis on mène A E, D F parallèles à C B et E B F parallèle à A D. On joint C E, C F, et on a les deux arêtiers. On figure les épaisseurs des arêtiers, de la ferme, de la croupe ainsi que les chevrons comme on le voit sur l'épure. Sur un plan vertical passant par la ligne A D, on fait l'élévation de la ferme A C′ D; on y figure l'entrait, les aisse-liers, les contre-fiches et les pannes vues de bout. Sur un autre plan vertical passant par la ligne C B, on fait l'élévation de la croupe C C″ B. On n'y figure pas l'entrait, l'aisselier ni la contre-fiche, attendu que, le pavillon étant carré parfait, on établit le chevron de croupe sur C C′ D. Sur un plan vertical passant par la ligne C E, on fait l'élévation G E′ C‴ de l'arêtier, on remonte H H′ parallèle à C C‴, on mène par H′ une ligne de niveau, et on a le dessus du blochet sur lequel s'assemble le pied de l'arêtier.

Pour faire la herse, on prolonge C B en B′; on mène, par le point B′, une ligne d'équerre à B B′ ou paral-lèle à E F; on prend B C′ et on le porte en B′ Cᶦᵛ. On descend E E″, F F′ parallèles à C B′; on joint Cᶦᵛ E″, Cᶦᵛ F′, également la face, et on a les arêtiers. Puis on prend F D, on se met au point E″ et au point F′, et on décrit un arc; on prend C′ D, on se met au point Cᶦᵛ, on décrit deux arcs, et on a les jonctions A′, D′; on joint E″ A′, A′ Cᶦᵛ, F′ D′, D′ Cᶦᵛ; on figure la face des arêtiers et de la ferme ainsi que les chevrons en les prenant en plan par terre et les portant en herse, et les pannes en les prenant sur la ferme. Les croix de la croupe, on les met à volonté. Le pavillon carré étant sur une tour ronde, la sablière n'est donc pas de niveau; il faut figurer sur la herse l'about des chevrons sur cette sablière courbe. Pour obtenir ce résultat, on mène I en I′, J en J′, K en K′, L en L′ parallèles à B F ou d'équerre à C B. On prend B I′, on le porte en I″ I‴; B′ J′ en J″ J‴; B K′ en K″ K‴; B L′ en L″ L‴ et E′ H′ en F′ H″. On joint B′ I‴ J‴ K‴ L‴ H″ par une règle flexible, et on a l'about des chevrons de cette moitié de croupe; l'autre moitié est pareille, ainsi que les deux longs-pans.

Pour établir les pannes, on les descend en plan par terre comme M′ en M; on met la panne de niveau, et l'arête la plus basse du lattis on la fait tomber sur M′ M et déversée avec le niveau figuré sur la ferme. On la trace ensuite suivant la face de l'arêtier et de la ferme. Pour tracer sa mortaise sur l'arêtier, on remonte M M″ parallèle à C C‴; on mène M′ N d'équerre à A C′, puis N N′ parallèle à la panne en plan; on remonte N′ N″ paral-lèle à C C‴, on joint N″ M″, et la rampe est tracée en sachant que la panne est d'équerre; sans quoi, on pren-drait le joint par tregauchement et on tracerait la mortaise en conséquence.

Pour tracer les croix, on commence de les mettre sur ligne en herse en faisant paraître sur le lattis la face des arêtiers. Puis de la herse on ramène les croix en plan en menant O O′ P P′, et en joignant O′ P′ de même pour l'autre. On en fait le dévers de pas en remontant le croisillon Q en Q′ parallèle à C C‴, et Q′ Q″ d'équerre à B C′, et en joignant O′ Q″, etc. On coupe ensuite sur le trait en abaissant R S d'équerre au dévers de pas O′ Q″; on remonte R R″ parallèle à C C″ jusqu'au lattis B C″; on prend R S en reculement; on le met, à partir de R′, sur R′ B; on s'ouvre à la hauteur R″ du lattis, et cette nouvelle longueur on la porte en S R‴; on joint O′ R‴; on joint T R″, on a la coupe de la tête. On remonte U U′ d'équerre à O′ Q″; on joint U′ avec la rencontre de la face de l'arêtier et le dévers de pas O′ Q″. On a un troisième point d'alignement en remontant Q Q‴ d'équerre à O′ Q″, joignant Q‴ Q″, remontant V V′ parallèle à C C″ et faisant Q‴ V″ égal à Q′ V′. Après, on prend la sau-terelle du pied et on la porte sur la ligne tracée sur le pied des croix, et la sauterelle de la tête sur les lignes tracées sur le lattis de la tête des croix.

Pour tracer les mortaises des croix sur l'arêtier, on remonte X X′, R R‴, V V‴, T T′ parallèles à C C‴; on fait V‴ Vᶦᵛ égal à V V′; on joint T′ V‴ Rᶦᵛ, qui doit être en ligne droite. On joint V‴ X′, qui devra correspondre avec la face de l'arêtier, et le dévers de pas remonte sur G E′; on mène la face de dessus parallèle, et les mor-taises sont tracées. Quant aux chevrons, on les met en herse; on fait paraître sur le lattis la face des arêtiers et la courbure de la sablière; on prend la sauterelle D figurée sur la ferme, et on la porte sur la courbure figurée sur le pied du lattis des chevrons, et la sauterelle C′ figurée sur la ferme vous donne le démaigrisse-ment contre la face des arêtiers.

Pour avoir la courbe de la sablière de pente, on joint Y Z; on mène B B″, I Iᶦᵛ, J Jᶦᵛ, K Kᶦᵛ, L Lᶦᵛ, Z′ Z‴ d'é-querre à Y Z; on tire une ligne B″ Z″, pour éviter la confusion des lignes, parallèle à Y Z; on fait Iᵛ Iᶦᵛ égal à Iᵛᶦ I′, Jᵛ Jᶦᵛ égal à Jᵛᶦ J′, Kᵛ Kᶦᵛ égal à Kᵛᶦ K′, Lᵛ Lᶦᵛ égal à Lᵛᶦ L′, et Z″ Z‴ égal à H″ H′. On mène, par chaque point, des lignes de niveau jusqu'à la jonction des chevrons et le dedans de la sablière remonté d'équerre à Y Z; on joint ces points par une règle flexible, et la sablière courbe est déterminée. On suppose ensuite que la sablière B K Z′ est une courbe d'escalier en plan et que B″ Kᵛ Z″ est l'élévation; on opère donc comme il a été dit dans les escaliers. On peut établir les quatre courbes sur la même épure ou faire une autre élévation comme on le voit ci-dessus.

Pl. 73.

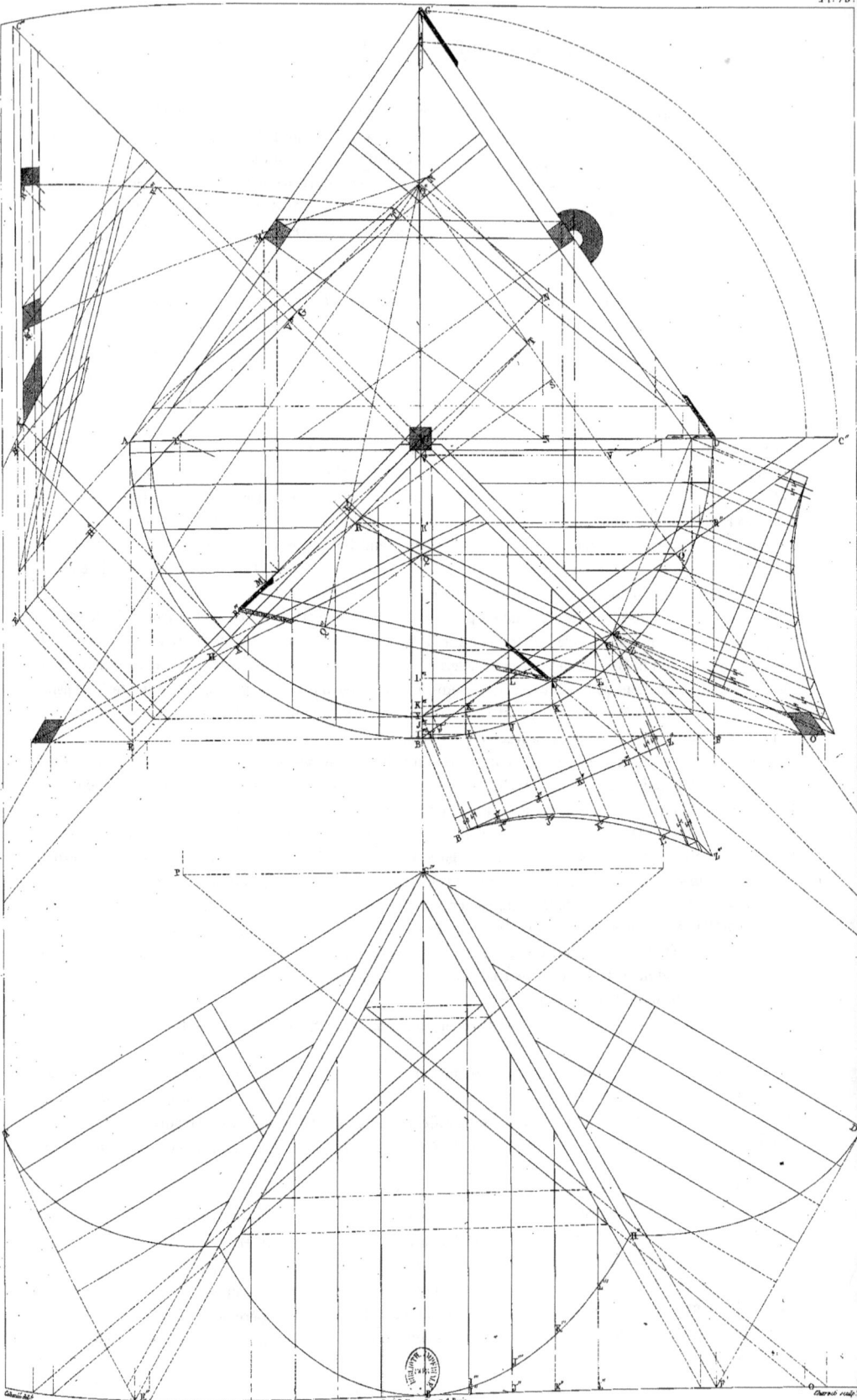

PAVILLON TOUR RONDE DANS UN BATIMENT CARRÉ.

On commence premièrement (planche 74e), sur un plan horizontal, de tracer le plan carré A B C D du bâtiment ; on joint A D, et on a la ferme. On divise cette ligne A D en deux parties égales en E, on mène E F d'équerre à A D, et on a l'arbalétrier de croupe. On joint B E, C E, et on a les deux arêtiers. Ensuite on se met au point E comme centre, avec une ouverture égale à C E ou B E ; on décrit la tour ronde G B C H. On élève E E' perpendiculaire à A D ; on fait E E' de la hauteur qu'on veut et on joint G E', H E'. On élève A A', D D' parallèles à E E' ; on joint A' D', et on a l'about du chevron ou arbalétrier. On figure une retombée, et on a le blochet sur lequel s'assemble l'arbalétrier. On figure sur la ferme l'entrait, les aisseliers et les contre-fiches. L'aisselier s'assemble dans la pièce de bois D D'. Après cela, on divise la circonférence G B C H en un certain nombre de parties égales, telles que 1, 2, 3, 4, 5, 6, 7, 8, 9, 10, 11, 12 et 13.

Pour faire la herse, on prolonge E F en F' ; on prend le rampant G E' ; on se met en E'' comme centre ; on décrit l'arc G' F' H'. Puis on prend le développement 7, 6, 5, B, 3 2 G et on le porte en F', 6', 5', B', 3', 2', G'; l'autre développement 7, 8, 9, C, 11, 12, H, on le porte en F', 8', 9', C', 11', 12', H'. (Plus on prend les parties petites, plus l'opération est précise.) On joint G' E'', 2' E'', 3' E'', B' E'', 5' E'', 6' E'', F' E''. 8' E'', 9' E'', C' E'', 11' E'', 12' E'' et H' E''. Après, on fait paraître en herse la courbure de la tour ronde coupée perpendiculairement au plan horizontal par les faces des murs A B, B C, C D, et pour y parvenir on opère de cette manière : on se met au point E comme centre ; on décrit les arcs I I', J J' ; on remonte I' I'', J' J'' parallèles à E E' ; on prend H D', et on le porte en H' D'', en F' F'' et en G' A''; on prend H J, et on le porte en 12' K, en 8' L, en 6' M et en 2' N ; on prend H I'', et on le porte en 11' O, en 9' P, en 5' Q et en 3' R ; on joint, par une règle flexible, A'' N R B', B' Q M F' L P C', C' O K D'', et l'about des chevrons de la tour ronde est tracé. On met ensuite les croix idéalement, comme on le voit sur l'épure.

Pour mettre les croix en plan par terre, on prend E'' S ; on le porte sur le rampant de la ferme en E' S'. De même pour l'arête plus haute. On mène ces deux points d'équerre à G E', et on a la case 1. On prend E'' T et on le porte en E' T'. De même pour l'autre arête. On mène ces deux points d'équerre au lattis, et on a la case 2. On opère de même, et on a les cases 3, 4, 5, 6, 7, 8, 9, 10, 11, 12 et 13, comme on le voit sur l'épure.

Ensuite on prend horizontalement, à partir de la ligne E E', les quatre arêtes de la case 1 et on les porte, à partir du point E, sur E G ; les quatre arêtes de la case 2, toujours prises horizontalement à partir de E E', on les porte, à partir du point E, sur E 2 ; les quatre arêtes de la case 3 sur E 3, les quatre arêtes de la case 4 sur E B, les quatre arêtes de la case 5 sur E 5, les quatre arêtes de la case 6 sur E 6, etc., jusqu'aux quatre arêtes de la case 13 sur E H. On joint ces points par une règle flexible, et la croix en plan est tracée. De même pour l'autre, comme on le voit sur l'épure.

Pour couper la croix sur le trait, on tire une ligne U V à volonté, pour éviter la confusion des lignes, mais parallèle à A D ; on mène perpendiculaires à cette ligne les quatre arêtes de la croix en plan qui croisent la ligne A E, et sur chacune des perpendiculaires on y met l'arête de la case 1, correspondant pris par point de hauteur à partir de A D, et on a la case 1 sur le trait. On mène également d'équerre à U V la jonction des quatre arêtes de la croix avec la ligne E 2, et sur ces quatre lignes on y met les hauteurs des arêtes de la case 2 figurée sur la ferme, et on a la case 2 du trait ou élévation. On opère de même pour les cases 3, 4, 5, 6, 7, 8, 9, 10, 11, 12 et 13 de l'élévation, comme on le voit en U' V'. L'élévation étant faite, on cherche une pièce de bois comme elle est figurée en U' V' et de la largeur X X' (en grand, on serait obligé de la faire en deux ou plusieurs pièces de bois en faisant deux ou plusieurs joints) ; on fait paraître une ligne de trave de manière qu'au levage cette ligne tombe sur A B ; on met la ligne de niveau les faces à plomb, et on la trace suivant la ligne la plus haute et la plus basse de U' V' ; on fait les deux levées ; on la remet sur ligne ; on rembarre ; on fait quartier, et on termine comme il a été démontré dans la planche 71e.

Pour remonter les sablières jusqu'à ce qu'elles coupent la tour ronde, on opère comme il suit : on tire une ligne D''' C''' parallèle à D C ; on remonte D D'V, J J'V, I I'V, C C'V d'équerre à D C ; on fait D''' D'V égal à D D'. J''' J'V égal à J' J', I''' I'V égal à I' I'' ; on joint, par une règle flexible, les points C'V I'V J'V D'V, et on a l'arête du dehors de la sablière. Voulant que la gorge de l'arbalétrier affleure avec le dedans de la sablière, on a joint E D', E J'' et E I'' ; de cette manière, le dessus de la sablière tendra au point E. Donc, en faisant tourner Y en Y', Z en Z' remonte en Y'' Z'' ; faisant Y''' Y'V égal à Y' Y', Z''' Z'V égal à Z' Z' et joindre ces points par une règle flexible, on a le dedans. On peut établir les trois autres sur la même épure. Pour les chevrons, on les met en herse ; on y fait paraître les lignes courbes et la face des croix. La sauterelle II sert pour les chevrons B' E'', C' E'', la sauterelle I'' pour les chevrons O E'', P E'', Q E'', R E'', et la sauterelle J'' pour K E'', L E'', M E'', N E''.

PARIS. — IMPRIMERIE DE MADAME VEUVE BOUCHARD-HUZARD, RUE DE L'ÉPERON, 5.

74.

Pl. 74.

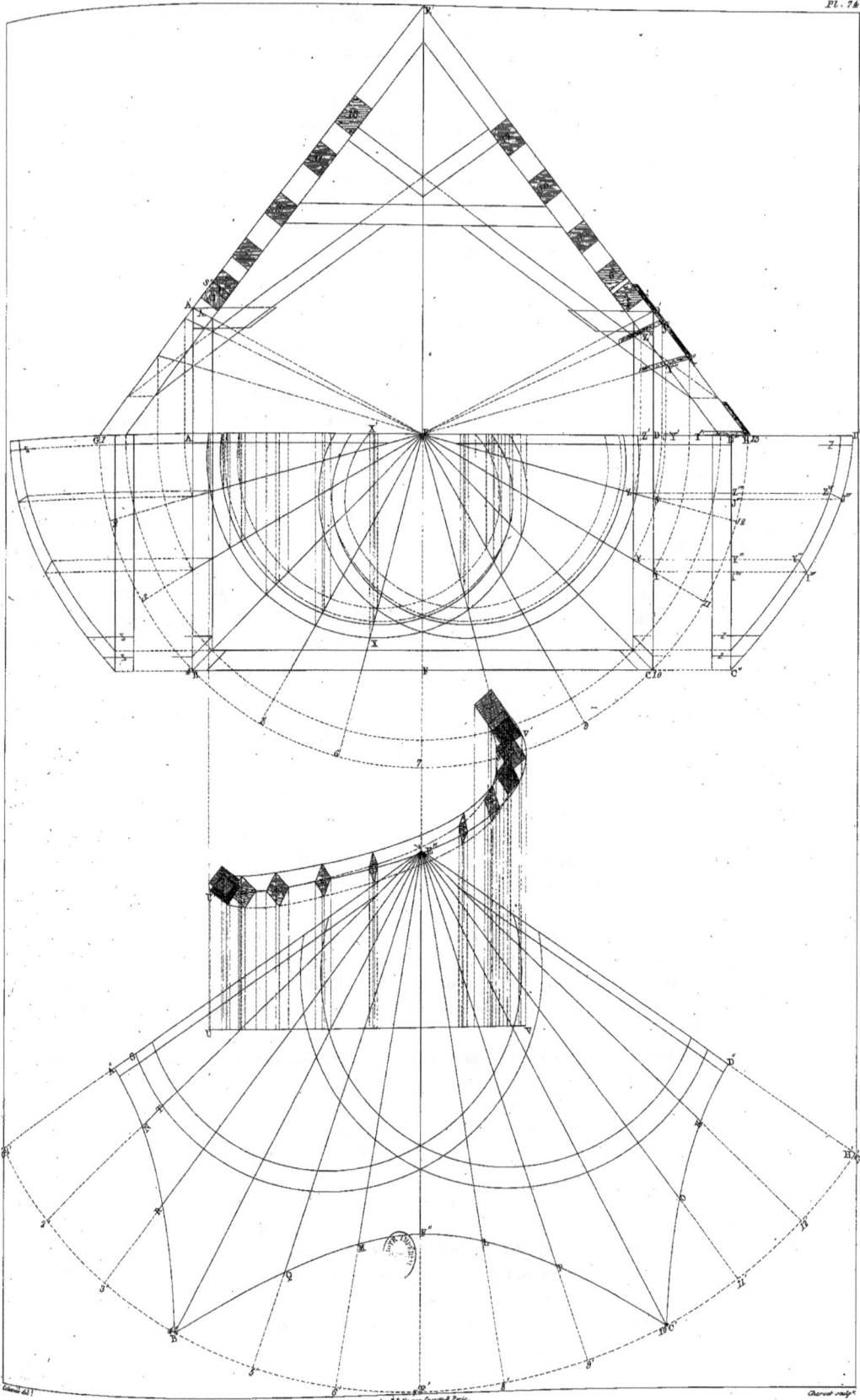

PAVILLON TOUR RONDE A DEUX ÉTAUX.

On commence, premièrement (planche 75ᵉ), de tracer, du centre A, le plan par terre B C D de la tour ronde; on figure les deux poinçons E, F à volonté, mais de manière que A E égale A F. Ensuite, sur un point vertical passant par la ligne B D, on remonte E E′, F F′ perpendiculaires à B D; on tire E′ F′, hauteur donnée du faîtage, parallèle à B D. Puis on figure l'entrait, les aisseliers, les croix entre les deux poinçons, les pannes et les lignes d'adoucissement, en les mettant de manière qu'elles se croisent sur le lattis et sur le dessous de l'arbalétrier, comme on le voit sur l'épure. Sur un autre plan vertical passant par A C, mais fait sur A′ C′, pour éviter la confusion des lignes, on élève A′ A″, C C′ d'équerre à A C; on fait A′ A″ égal à E E′ et A′ A‴ égal à E E″; on joint A″ C, on a le lattis, et A‴ parallèle donne le dessous. On y figure la panne et les lignes d'adoucissement prises par hauteur sur E E′. Il faut savoir que le rampant C′ A″, en se mouvant sur B D, tronquera la tour ronde obliquement, et c'est cette intersection de la tour ronde et du plan qu'il s'agit de projeter en plan par terre. Pour cela, on descend de la ferme B E′ les lignes d'adoucissement d'équerre à B D, on se met au point A comme centre, et on fait tourner ces lignes. Après, du rampant A″ C′ on descend les mêmes lignes d'adoucissement d'équerre à A C, et la jonction des lignes droites et des lignes courbes, chacune à chacune, donne l'arête des arêtiers. On joint ces points par une règle flexible; on y figure l'épaisseur en en mettant la moitié de chaque côté, car il est impossible de le dévoyer, et les arêtiers en plan sont déterminés.

Pour faire la herse de la partie plane E C F, on prolonge A C en C″; on mène E‴ A⁗ F″ à volonté, mais d'équerre à A C′; on prend A″ C′, et on le porte en A⁗ C″. On prend sur le rampant A″ C′ toutes les lignes d'adoucissement, et on les porte sur la ligne A⁗ C″. On mène ces lignes d'équerre à A⁗ C″. On descend E E‴, F F‴ parallèles à A C″, ainsi que la jonction des lignes d'adoucissement ou arête et face des arêtiers sur chacune de leurs lignes en herse; on joint ces points par une règle flexible, et la herse est faite. On y figure la panne en la prenant sur le rampant A″ C′, on met les croix à volonté et de la largeur qu'on veut. Une fois les croix en herse, on les met en plan par terre en opérant de cette manière: on mène par C″ une ligne d'équerre à A⁗ C″; on prolonge les croix sur cette ligne en G et en H; également on les prolonge en I et en J, faîtage en herse; on mène G G′, I I′, H H′, J J′ parallèles à A C″, on joint G′ J′, H′ I′, et on a les croix en plan. On remonte le croisillon K en K′ parallèle à A A″; on mène K′ K″ d'équerre à C′ A″; on mène K″ K‴ parallèle à G′ H′; on joint G′ K‴, H′ K‴. Une fois la case des croix figurée en plan en G′, H′, on mène les deux arêtes du dedans parallèles aux arêtes du lattis.

Pour faire la herse de la partie circulaire B C E ou D C F, on s'y prend de cette manière: on prolonge B E′, D F′ en L, on prend L B, on se met en un point quelconque M et N comme centres, et on décrit les arcs C″ B′, C″ D′. Ensuite on joint le point A avec chaque jonction des lignes d'adoucissement sur les arêtiers et on prolonge ces lignes jusqu'à la circonférence B C D, et les points de rencontre on les numérote 1, 2, 3, 4, 5, 6, 7, 8, 9, etc., jusqu'à D. On prend C 9, on le porte en C″ 9′, on joint N 9′; on prend sur la ferme L O, on se met au point N comme centre, on décrit l'arc O′ 9′, et la jonction 9″ est un premier point de la herse. On prend 9 8, on le porte en 9′ 8′; on joint 8′ N; on prend L P, on se porte en N comme centre, on décrit l'arc P′ 8′, et on a un deuxième point 8″. On prend 8 7, on le porte en 8′ 7′; on joint 7′ N; on prend L Q, on se met en N, on décrit l'arc Q′ 7″, et on a un troisième point 7″. On prend 7 6, on le porte en 7′ 6′; on opère de même, et on a un quatrième point 6″; ainsi de suite pour 5″, 4″, 3″, 2″, 1″ et E″. On joint avec une règle flexible les points C″, 9″, 8″, 7″, 6″, 5″, 4″, 3″, 2″, 1″ et E″, et l'arête de l'arêtier en herse est déterminée. On prend l'épaisseur de l'arêtier suivant les lignes d'adoucissement en plan, et on le porte en herse à partir de l'arête suivant les mêmes lignes, et par le moyen d'une règle flexible la face de l'arêtier en herse est déterminée. On figure la panne et les chevrons, comme on le voit sur l'épure. On opère de même pour l'autre herse C″ D′ M.

Pour faire l'élévation de l'arêtier, on tire une ligne C F, et une ligne C‴ F⁗, pour éviter la confusion des lignes, mais parallèle à C F; on prend la hauteur F F′, on la porte en F⁗ F‴; de même pour les lignes d'adoucissement, et, en remontant d'en plan par terre le croisillon de ces lignes jusqu'à la jonction de chacune de leurs lignes, on a l'arête du dessus et du dessous de l'arêtier par le moyen d'une règle flexible. On remonte également où les lignes d'adoucissement coupent les faces de l'arêtier, et on a le délardement et le rencreusement des deux faces de l'arêtier.

Pour avoir la mortaise des croix et de la panne dans la face gauche, on remonte R R′, S S′; de même pour le dessus; on joint R′ S′, et on a la mortaise du pied de la croix. Pour la panne, on remonte T T′, U U′, on joint T′ U′; de même pour le dessus. Pour l'autre croix, on remonte V V′ X X′, on joint V′ X′, etc. Pour la panne de la partie circulaire, on remonte Y Y′, Z Z′, on joint Y′ Z′, et les mortaises sont tracées. On figure l'aisselier et on établit l'autre arêtier sur la même élévation.

Comme on ne peut pas couper les croix sur le trait, on prend le démaigrissement en A″ et on le porte en herse sur des lignes parallèles à A⁗ C″ à partir de la face des arêtiers, on joint ces points par une règle flexible, et on a le démaigrissement et le rengraissement des croix en rembarrant, bien entendu, une ligne par l'autre. On met donc les croix sur ligne, on fait paraître sur le lattis la face des arêtiers et sur le dessous le démaigrissement, et on rembarre.

Pour les chevrons de la partie circulaire, on les met en herse, on fait paraître sur le lattis la face de l'arêtier et la sablière, et on a le démaigrissement en y plaçant les sauterelles D et F′ figurées sur la ferme.

Pl. 75.

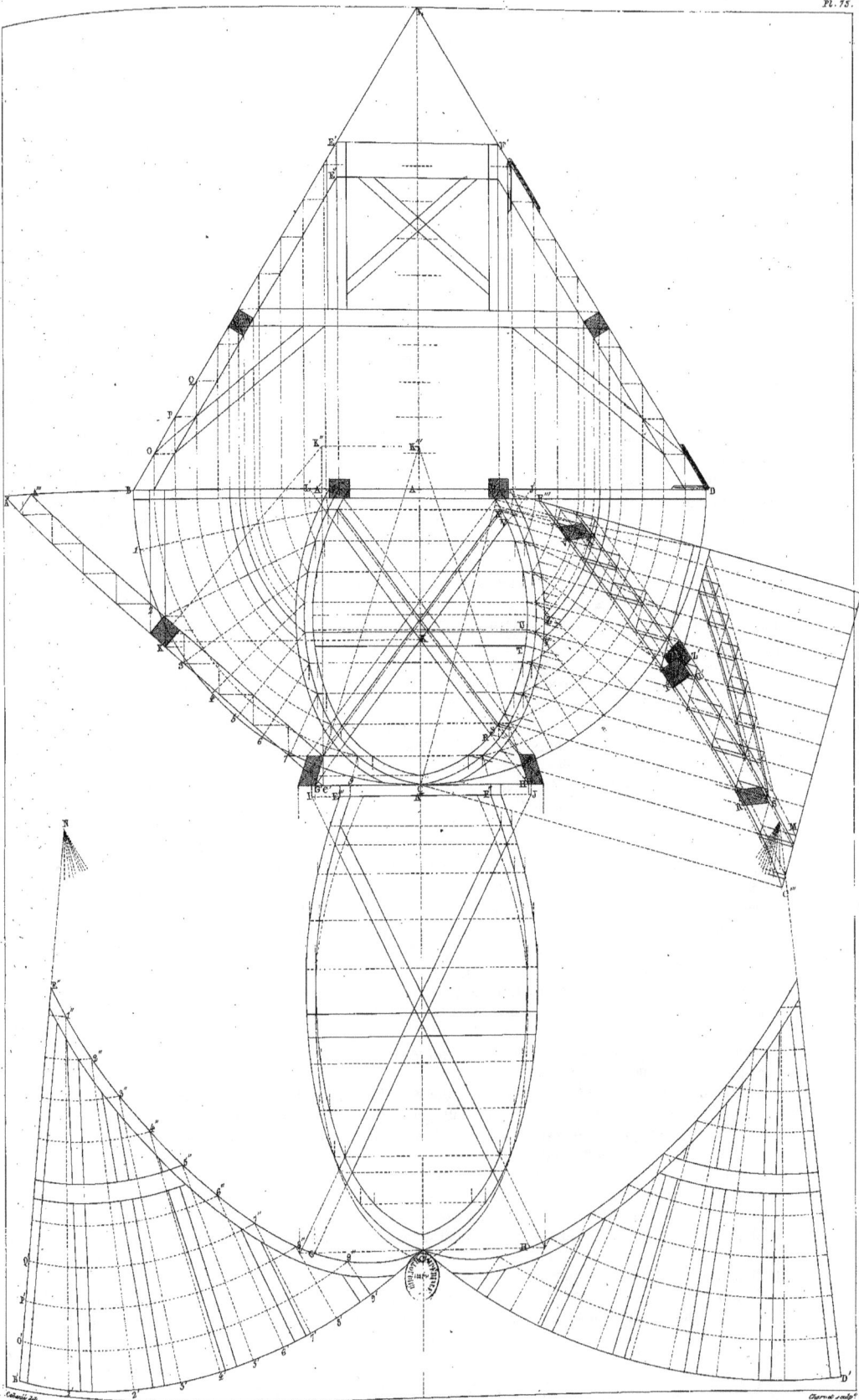

Imp. Bellaguer Cuir et Cⁱᵉ, Paris.

Cabanié del.

Charvet sculpᵗ.

PAVILLON TOUR RONDE A DEUX ÉTAUX SANS FAITAGE.

On commence, premièrement (planche 76ᵉ), de tracer, du centre A, sur un plan horizontal, la sablière B C D de la tour ronde. On figure sur la ferme B D les trois poinçons E, A, F, en faisant A E égal à A F. Sur un plan vertical passant par la ligne B D, on fait l'élévation B E'A'F'D ; on fait E'A', F'A' de la pente qu'on veut. On figure l'entrait, les aisseliers, les contre-fiches, les croix pour tenir le roulement des poinçons, les pannes vues de bout et les lignes d'adoucissement convenables. Après, on mène A C d'équerre à B D, et on a la noue en plan par terre. Ensuite on prolonge E'A' en G, F'A' en H ; on joint C G, C H, et les deux sablières auxiliaires des combles compris entre la noue et les arêtiers sont déterminées. On mène par le poinçon E une perpendiculaire E I à C G ; on remonte E E'', I I' d'équerre à E I. Puis on tire une ligne E'''I', pour éviter la confusion des lignes, mais parallèle à E I ; on fait E'''E'' égal à E E' ; on joint I'E''. On fait E'''E'ᵛ égal à E E'ᵛ ; on mène par E'ᵛ une ligne parallèle à I'E'', et le chevron d'emprunt est déterminé. On prend par point de hauteur les lignes d'adoucissement figurées sur l'arbalétrier D F', et on les porte par point de hauteur sur I'E''. On descend ces lignes d'adoucissement en plan par terre parallèles à C G ; du point A comme centre, on fait tourner les mêmes lignes d'adoucissement, descendues en plan sur F D, du rampant D F' ; la rencontre des lignes courbes parallèles à la sablière B C D et des lignes droites parallèles à C G, C H donne l'arête des deux arêtiers en joignant ces points par une règle flexible. On dévoie ensuite les arêtiers, comme on le voit sur l'épure à l'arêtier C F, en leur donnant, ainsi qu'à la noue, l'épaisseur qu'on veut.

Pour faire l'élévation de la noue, on tire une ligne A''C', pour éviter la confusion des lignes, mais parallèle à A C ; on mène A A'', C C' d'équerre à A C ; on fait A''A''' égal à A A' et A''A'ᵛ égal à A A'ᵛ ; on joint C'A''', on a la ligne de rencreusement de la noue ; on mène par A'ᵛ une ligne parallèle, et on a l'arête du délardement du dessous, On remonte du point C, endroit où les faces de la noue coupent les sablières auxiliaires, en C' également pour le délardement. On mène par ces deux points une ligne parallèle à C'A''', et on a le relèvement et le délardement de la noue.

Pour faire l'élévation de l'arêtier C F, on tire, en un endroit quelconque (figure 1ʳᵉ), deux lignes C''F', F''F'' d'équerre l'une à l'autre ; on fait F''C'' égal à C F, F''F'' égal à F F' ; on prend par point de hauteur et en reculement sur C F les lignes d'adoucissement ; leur jonction donne les arêtes par le moyen d'une règle flexible. On établit l'arêtier C E sur la même épure.

Pour faire la herse du comble comprise entre la noue et les deux arêtiers, on s'y prend de cette manière : on prolonge A C en C'' ; on prend C'A''', on le porte en C''A'ᵛ. On prend sur la ferme la distance A'E' ou A'F', on se met au point A'ᵛ comme centre, on décrit un arc ; on prend C E ou C F en reculement, on s'ouvre à la hauteur E E', et avec ce rampant on se met au point C'' comme centre, on décrit un autre arc : sa jonction J, K vous donne la tête des deux arêtiers. Puis on prend E'G sur la ferme, on se met aux points J, K comme centres, on décrit l'arc G' et H' ; on prend C G ou C H, on se met au point C'' comme centre, on décrit l'arc G' et H' ; on joint C''G', J G', C''H', K H'. On prend C I, on le porte en C''I' ; on joint I''J, de même pour l'autre, et on a les chevrons d'emprunt en herse. On prend sur le rampant I'E'' du chevron d'emprunt les lignes d'adoucissement 1, 2, 3, 4, 5, 6, 7, 8 et 9, on les porte en 1', 2', 3', 4', 5', 6', 7', 8' et 9', et on les mène parallèles à C''G'. On prend en plan par terre L L', on le porte en 1'1'', M M' en 2'2'', N N' en 3'3'', ainsi de suite. On joint C''1''2''3'', etc., et on a l'arête de l'arêtier en herse ; de même pour l'autre arêtier. On figure l'épaisseur en la prenant en plan par terre suivant les lignes d'adoucissement et la portant en herse sur les mêmes lignes. On figure les croix à volonté. On fait la herse des parties circulaires en opérant comme il a été dit à la planche précédente et comme on le voit sur l'épure.

Pour mettre les croix en plan par terre, on prend C''O, on le porte en C O' ; C''P en C P'. On prolonge Q R en R' ; on prend C''R', on le porte en C R'' ; on mène R''R'''Q' parallèle à G E ; on joint O'R'', P'Q', etc. Pour le dévers de pas, on remonte S S' parallèle à E E'' ; on mène S S'' d'équerre à I'E'' ; on descend S''S''' parallèle à E E'' jusqu'à la rencontre S S''' d'équerre à C G ; on joint O''S''', P''S''', etc.

Pour tracer les mortaises des croix dans la noue C A''', on remonte T en T', Y en Y', X en X' et R''' en R''. On remonte U, point où le dévers de pas de la croix coupe la face de la noue, en U' ; on joint U'T'. Pour avoir un troisième point, on prolonge S'''S en V, on remonte V V' parallèle à C G jusqu'à la rencontre S'S', on remonte V V'ᵛ d'équerre à A C ; on fait V'''V'ᵛ égal à S''V', ces trois points doivent s'aligner. On mène par Y' une ligne parallèle, et la mortaise du bas est tracée. Pour celle du haut, on joint V'ᵛX' et R'ᵛ parallèle, et, si l'opération est bien faite, cette ligne, en la prolongeant, doit se rencontrer à la jonction du dévers de pas S''' O'' avec la face de la noue remontée d'équerre sur A''C' prolongée.

Pour les mortaises des croix et de la panne dans l'arêtier (figure 1ʳᵉ), on prend les quatre arêtes en plan et on le remonte en élévation, et on rembarre l'une par l'autre. Si on voulait mettre des croix dans les parties circulaires, on opérerait comme il a été dit dans la tour ronde. Pour tracer les croix, on les met en herse, on fait paraître sur le lattis les lignes de face des arêtiers et de la noue, et les lignes du démaigrissement et du rengraissement en dessous, on rembarre l'une par l'autre, et les croix sont tracées.

PARIS. — IMPRIMERIE DE MADAME VEUVE BOUCHARD-HUZARD, RUE DE L'ÉPERON, 5.

76

Pl. 76

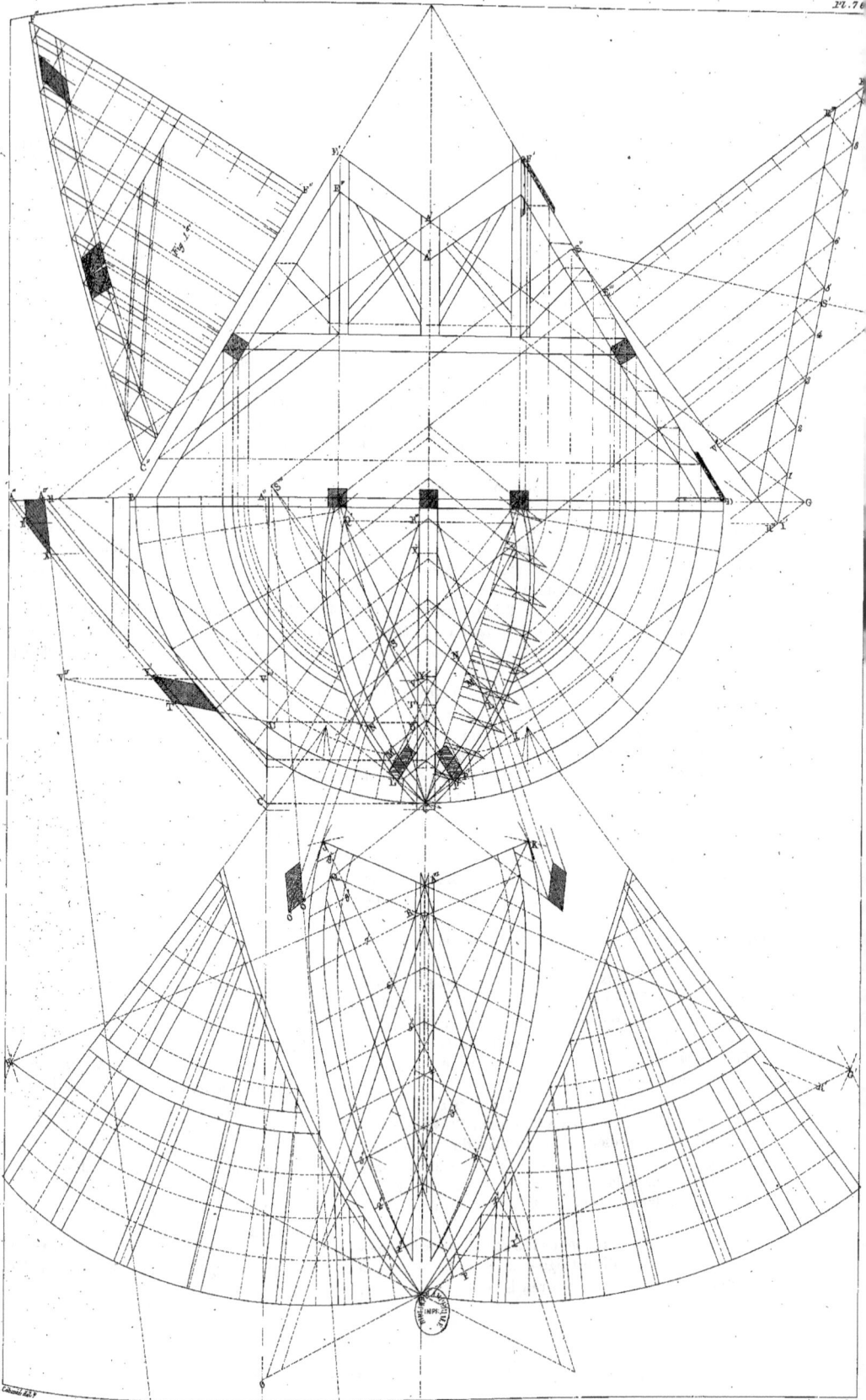

Imp.r Bertauts rue Cassette 9, Paris.

PAVILLON-IMPÉRIALE AVANT-CORPS TOUR RONDE.

On commence, premièrement (planche 77e), sur un plan horizontal, de tracer le plan par terre A B C D E F G. On divise la ligne A G, en deux parties égales, en H; on mène H D d'équerre à A G, et on figure les poinçons H, I. Ensuite, sur un plan vertical passant par A G, on fait paraître l'impériale A H' G, en y figurant l'entrait, les aisseliers, les contre-fiches, les pannes vues de bout et les lignes d'adoucissement convenables. Sur un autre plan vertical passant par H D, mais fait sur H'' D' parallèle à H D, on élève H H''', I I'', D D' perpendiculaires à H D. On fait H'' H''' égal à H H'; on joint I' H'''; puis on prend par points de hauteur, sur l'impériale G H', les lignes d'adoucissement, et on les porte, également par points de hauteur, sur H' H'''; la jonction de ces lignes d'adoucissement donne le dedans du comble; car il faut se rappeler que, pour raccorder en dedans le droit avec l'impériale, la même épaisseur parallèle au lattis dans l'un et dans l'autre ne peut exister. On y figure l'entrait et la panne vue de bout. Après, on figure l'impériale D' I'' J, de la hauteur qu'on veut, on y met les lignes d'adoucissement, et de la même hauteur que sur l'impériale G H'; la jonction de ces lignes vous donne le dedans du comble. On y figure l'entrait, l'aisselier, de manière qu'il se raccorde avec celui de la ferme.

Pour avoir les deux arêtiers en plan par terre, on descend les lignes d'adoucissement, figurées sur l'impériale A H' G en plan par terre, parallèles à H H'. On descend également les lignes d'adoucissement, figurées sur I' H''' en plan par terre, parallèles à H H'''; la rencontre de ces lignes donne l'arête des arêtiers en les joignant par une règle flexible. Quant à dévoyer ces arêtiers, on opère comme il suit : on joint B H par une ligne droite; à chaque rencontre des lignes d'adoucissement, on mène un trait carré d'équerre à B H. On met, de chaque côté de la jonction, sur chaque trait carré, l'épaisseur voulue de l'arêtier, et par ces nouveaux points on mène des lignes parallèles aux lignes d'adoucissement jusqu'à la rencontre des mêmes lignes, comme on le voit sur l'épure. On fait passer, par ces points, les faces de l'arêtier par le moyen d'une règle flexible. On opère de même pour dévoyer l'arêtier F H.

Pour avoir les deux noues en plan par terre, on descend du rampant de l'impériale D' I'' les lignes d'adoucissement parallèles à I'' I sur I D; on se met au point I comme centre, on fait tourner ces lignes jusqu'à la rencontre, chacune à chacune, des lignes d'adoucissement descendues de I' H'''; la jonction de ces lignes donne le rencreusement ou arête creuse des noues; on les dévoie comme il vient d'être dit et comme on le voit sur l'épure.

Pour établir les pannes des longs-pans, on les met en plan par terre de niveau, l'arête sur ligne, et déversées par une ligne à plomb figurée sur un niveau placé sur le lattis des pannes; puis on les trace sur la face des arêtiers. Les chevrons, on les figure en plan par terre; on les remonte sur l'impériale, et en rembarrant une face par l'autre on a la coupe contre la face de l'arêtier; inutile de dire que les chevrons devront être tracés sur l'impériale même.

Pour faire la herse de la partie de comble B H F E J C, on opère comme il suit : on prolonge H D en K; on mène, par le point K, une ligne parallèle à B F; on fait K D égal à I' H'''. On prend sur le rampant I' H'' les lignes d'adoucissement, et on les porte sur K D; on les mène parallèles à B F; on descend B B', C C', E E', F F', ainsi que les lignes d'adoucissement, comme L L', M M' N N', O O', etc., ainsi que les faces parallèles à H K; on joint par une règle flexible les points B' L' N', etc., C' M' O', etc., ainsi que les faces, et la herse est faite. On y figure la panne et les chevrons, et une fois les chevrons sur ligne, on y fait paraître sur le lattis la face des arêtiers et des noues; on a la coupe du démaigrissement et du rengraissement par le moyen des deux sauterelles figurées en H'. Quant à la panne, on la trace en plan par terre, comme à l'ordinaire.

Pour faire l'élévation de l'arêtier H' F'' H'ᵛ, on opère comme il a été dit, ainsi que pour les rampes des mortaises, en remontant les quatre arêtes et en rembarrant l'une par l'autre. Pour avoir les coupes des empanons compris entre les noues C J', E J' et le poinçon I, on prend où les faces des chevrons coupent la face de la noue en reculement du point I, on les porte à partir du point I' sur I' D', qu'on remonte parallèle à I' I'', et on rembarre l'une par l'autre. Puis on fait l'élévation de la noue C J' en la prenant en reculement et la portant en C'' J'ᵛ (figure 1ʳᵉ); on fait J'' J'ᵛ égal à J''' J et d'équerre à C'' J'', on prend aussi en reculement les lignes d'adoucissement ainsi que leur hauteur, et l'élévation est faite.

Pour mettre les croix dans la tour ronde impériale, on joint D' I'' par une ligne droite; on prend cette longueur, on se met au point I''' comme centre, on décrit un arc; on prend en plan par terre 1, 2, 3, 4, 5, 6, 7, 8 et 9, et on les porte en 1', 2', 3', 4', 5', 6', 7', 8' et 9'; on joint 1'I''', 2'I''', 3'I''', etc., jusqu'à 9'I'''; on y figure les croix à volonté. Puis on prend I'' P, I'' Q, on les porte sur la ligne I' D', puis on les mène d'équerre à cette ligne jusqu'au lattis en P'' Q''. Ensuite on joint ces deux points vers le centre qui a cintré l'impériale, et la jonction P' Q' termine la case 1; on prend I'' R, I'' S, on les porte sur I' D', on les mène d'équerre en R'' S'', puis de là en R'S', etc., et on a la case 2, 3, 4, 5, 6, 7, 8 et 9. On met les croix en plan par terre en prenant les quatre arêtes horizontalement à partir de la ligne I' I'' et les portant à partir de I sur I 1 si c'est la case 1, sur I 2 si c'est la case 2, sur I 3 si c'est la case 3, etc.; on joint ces quatre arêtes par une règle flexible, et on a les croix en plan. On coupe la croix T U V sur le trait comme il a été dit précédemment et comme on le voit (figure 2e).

PARIS. — IMPRIMERIE DE MADAME VEUVE BOUCHARD-HUZARD, RUE DE L'ÉPERON, 5.

77

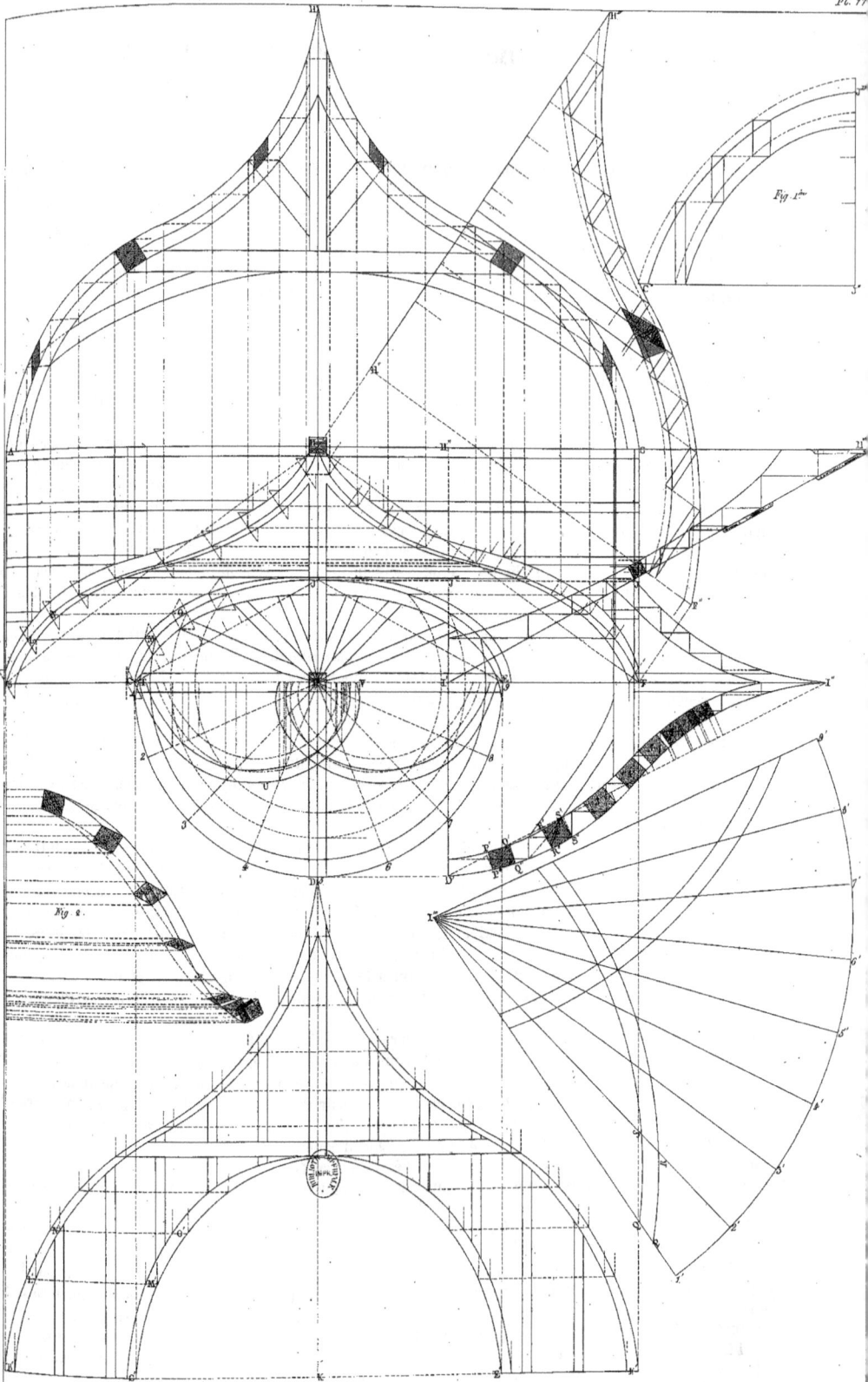

Pl. 77

Fig. 1.ère

Fig. 2.

CINQ-ÉPIS TOUR RONDE.

On commence, premièrement (planche 78e), de tracer, du centre A, sur un plan horizontal, la tour ronde B C D E; on mène A F d'équerre à B E. On divise l'arc B F et l'arc F E en deux parties égales en C, D; on joint A C, A D, et on a les noues en plan. On figure les poinçons G, A, H, I plus ou moins éloignés du point A, comme on le voit sur l'épure. Sur un plan vertical passant par la ferme B E, on élève G G', A A', H H' perpendiculaires à B E; on tire G' H', sommet du faîtage; on joint B G', E H', qu'on prolonge en A''; on a les arbalétriers de la tour ronde. On mène C C', D D' d'équerre à B E; on joint C' A', D' A', et on a les chevrons d'emprunt des parties du comble C A I, D A I. On figure l'entrait, les aisseliers, les pannes vues de bout et les lignes d'adoucissement convenables. Sur un plan vertical passant par la ligne A F, mais fait sur F' J, pour éviter la confusion des lignes, on élève A A''', I I'. F F' d'équerre à A F; on fait J A''' égal à A A'; on mène A''' I' parallèle à F' J; on joint F' I'. On mène D D'' parallèle à A A'''; on joint D'' A''', et on a le chevron d'emprunt des deux autres parties de noues C G A, D H A. On figure l'entrait, l'aisselier, les pannes vues de bout et les lignes d'adoucissement de la même hauteur de la ferme. Ensuite on descend les lignes d'adoucissement du rampant de la ferme E H', parallèles à H H', sur la ferme en plan H E; on les fait tourner du point A comme centre. On descend également du rampant du chevron d'emprunt D'' A''' les lignes d'adoucissement parallèles à A A'''; la jonction de ces lignes droites et de ces lignes courbes donne l'arête en plan des arêtiers C G, D H. On opère de même pour les arêtiers C I, D I. On dévoie les arêtiers en mettant l'épaisseur qu'on veut et comme il a été démontré à la planche précédente.

Pour faire l'élévation de la noue, on élève A A'v, D D''' d'équerre à A D; on mène D''' K à volonté, mais parallèle à A D; on fait K A'v égal à A A'; on joint D''' A'v; on remonte la gorge, son délardement et son rengraissement sur la ligne D''' K; on les mène parallèles à D''' A'v; on figure l'entrait, l'aisselier; on établit les deux noues sur la même épure. Quant à l'arêtier croche D I, on élève I I''', D D'v d'équerre à I D; on tire D'v I'' pour éviter la confusion des lignes, mais parallèle à D I; on fait I'' I' égal à I'v I; on y met par point de hauteur les lignes d'adoucissement; puis on remonte d'en plan par terre ces mêmes lignes, chacune à chacune, parallèles à I I'''; leurs jonctions avec les lignes de niveau donnent les arêtes de l'arêtier par le moyen d'une règle flexible; on établit les quatre arêtiers croches sur cette même épure.

Pour faire la herse des parties C G A, D H A, on tire une ligne C'' D'v pour éviter la confusion des lignes, mais parallèle à C D; on prend le rampant D'' A''' du chevron d'emprunt, et on le porte en L A'v. On prend également sur le rampant D'' A''' les lignes d'adoucissement, et on les porte sur la ligne L A'v. On mène ces lignes parallèles à C'' D'v; puis on remonte C C', D D'v parallèles à A A'v, on joint C'' A'v, D'v A'v, et on a les noues en herse. On remonte, toujours parallèles à A A'v, M M', N N', O O', P P', etc., jusqu'à H H''; on joint D'v M' N' O' P', etc.; on a l'arête de l'arêtier; de même pour la face et pour l'autre arêtier C'' G''. Ensuite on y met les pannes en les prenant sur le rampant de D'' A''' et en les portant sur L A'v. Après, on met les croix à volonté; on y figure le démaigrissement et le rengraissement en les prenant en A''', chevron d'emprunt. On descend les croix en plan en opérant comme il suit : on descend Q' Q, R' R parallèles à A A'v; on joint Q R, on a une croix; on descend S' S, T' T également parallèles à A A'v, et on joint S T; de même pour les autres, comme on le voit sur l'épure. Une fois en plan, on remonte U U' parallèle à A A'v; on mène U' U'' d'équerre à D'' A'''; on descend U'' U''', parallèle à A A''', jusqu'à la rencontre de U U''' d'équerre à C D, on joint Q U''', S U'', et on a le dévers de pas; on figure les quatre arêtes, et de cette manière on trace les mortaises des croix sur les arêtiers croches.

Pour faire la herse de la partie tour ronde C F D I, on prolonge F' I' jusqu'à la rencontre de A A''', on prend cette distance, et on se met en un point quelconque A'v comme centre, on décrit un arc, et on termine la herse comme il a été dit plusieurs fois et comme on le voit (figure 1re); on y met les croix à volonté; la panne, en la prenant sur F' I'. On espace ensuite la courbe C F D en un certain nombre de parties égales, comme 1, 2, 3, 4, 5; on les met en herse en 1' 2' 3' 4' 5'; on joint ces points avec A'v; on prend la jonction de ces lignes avec les croix, on les porte sur le rampant F' I', et on a les cases 1, 2, 3, 4, 5, 6, 7; on prend ces quatre arêtes horizontalement, case par case, à partir de la ligne J A''', et on les porte sur leur ligne en plan par terre à partir du point A, et on coupe les croix sur le trait, comme il a été démontré et comme on le voit (figure 2). Pour tracer les rampes des mortaises des croix dans la noue D'' A'v, on remonte V V', X X' parallèles à A A'v; on prolonge U''' U en Y, face de la noue; on remonte Y Y' parallèle à A A'v, et Y Y'' parallèle à A A'v; on fait Y' Y'' égal à Y'v Y'. On remonte Z Z' parallèle à A A'v; on joint Z' X' Y'', V' Y'', le dessus parallèle, et les mortaises sont tracées. Pour tracer les mortaises des croix et des pannes sur l'arêtier croche D'v I''', on remonte, d'en plan par terre, les arêtes du lattis sur le délardement, les arêtes du dessous sur le rengraissement, et on rembarre l'une par l'autre, comme on le voit sur l'épure.

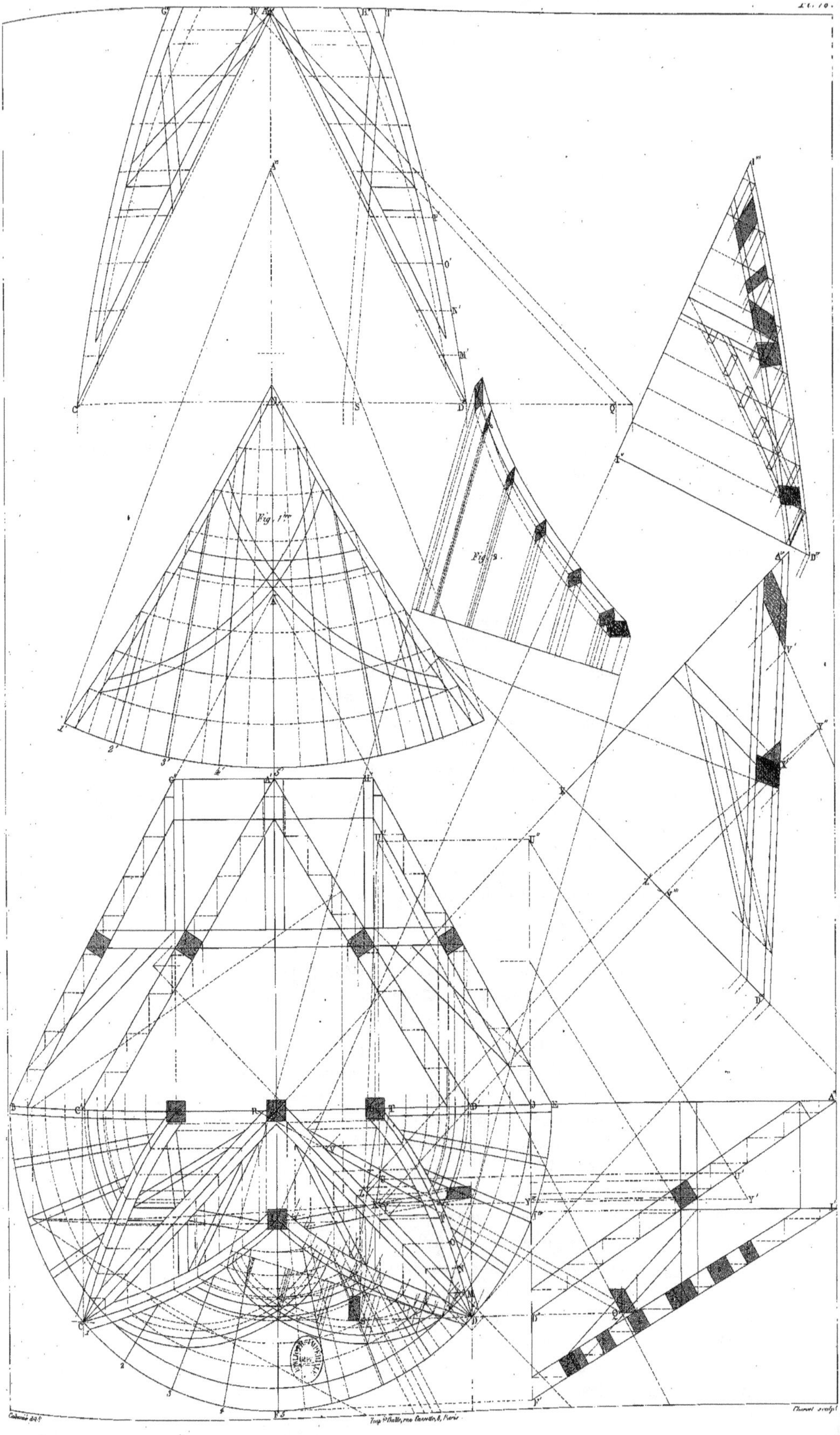

Cabanié del.

Imp. Ballé, rue Cassette, 8, Paris

Charvet sculp.

CINQ-ÉPIS CHINOIS SANS FAITAGE.

On commence, premièrement (planche 79e), sur un plan horizontal, de tracer le plan par terre ovale A B C D; on figure A D, ferme en plan du cinq-épis; on divise cette ligne A D en deux parties égales en E; on mène E F d'équerre à A D, on a la demi-ferme de croupe; on tire E B, E C, et on a les deux noues. On a voulu que le pied des noues et des arêtiers fût en B et en C; on peut mettre le pied où l'on veut, mais en faisant B F égal à F C. Sur un plan vertical passant par A D, on élève les trois poinçons G G', E E', H H' perpendiculaires à A D; on rapproche ces poinçons plus ou moins les uns des autres, mais en faisant G E égal à E H. On fait la hauteur G G' égale à H H'. On fait passer par les points D, H' une courbe creuse, ou appelée arbalétrier chinois, avec une ouverture de compas plus ou moins grande, comme on le juge convenable, et, sans déranger le compas, on fait passer la même courbe par les points A, G'. On tire une ligne G' E, H' E à volonté, c'est-à-dire de la pente qu'on veut; on prolonge ces deux lignes en I et en J; on joint C I, B J, et on a les deux sablières auxiliaires des deux parties du comble B G E, C H E. Sur un plan vertical passant par E F, on mène E E'', K K' perpendiculaires à E F; on fait K K' égal à G G', et E E'' égal à E E'; on joint K' E'', qu'on prolonge en L; on joint B L, C L, et on a les deux sablières auxiliaires des parties du comble B E K, C E K. On figure, tant sur la ferme que sur la croupe et de la même hauteur, l'entrait, les aisseliers, les pannes vues de bout, et les croix entre les poinçons, comme on le voit sur l'épure.

Pour déterminer les arêtiers croches en plan par terre, on opère comme il suit : on tire une ligne H M d'équerre à la sablière auxiliaire C I; on remonte H H'' d'équerre à H M, et, pour éviter la confusion des lignes, on tire H''' M' parallèle à H M; on fait H''' H'' égal à H H'; on joint M' H''; on y figure la retombée, l'entrait, la panne vue de bout et les lignes d'adoucissement, qu'on descend en plan parallèle à H'' H. Ensuite on prend par point de hauteur ces lignes d'adoucissement, et on les porte sur la ferme et à la croupe; le croisillon de ces lignes donne le dessous de l'arbalétrier : de cette manière, le dedans du comble se raccordera au lattis. Après, on descend les lignes d'adoucissement figurées sur le lattis de D H' en D H; on se met au point N comme centre de l'ovale, on fait tourner ces lignes jusqu'à la rencontre de O N. De O comme autre centre de l'ovale, on fait tourner ces mêmes lignes jusqu'à la rencontre des lignes droites du chevron d'emprunt; on joint ces jonctions par une règle flexible, et on a l'arêtier C H; de même pour l'arêtier B G. Pour l'arêtier C K, on tire K P d'équerre à C L, on remonte K K''', P P' d'équerre à K P; on tire K'' P', pour éviter la confusion des lignes, parallèle à K P; on fait K'' K''' égal à K K'; on joint P' K'''; on y met les lignes d'adoucissement prises par points de hauteur sur H''' H'', et on descend ces lignes parallèles à P P'. On descend également les lignes d'adoucissement figurées sur la courbe F K', parallèles à K K', sur K F; du point O comme centre, on les fait tourner jusqu'à la rencontre des lignes descendues de P' K'''. La jonction de ces lignes donne l'arêtier C K; de même pour l'arêtier B K. Puis on dévoie les arêtiers et les noues comme il a été dit et comme on le voit sur l'épure.

Pour faire l'élévation de la noue, on élève E E''', C C' perpendiculaires à C E; on tire E'' C parallèle à C E; on fait E'' E'' égal à E E', on joint C' E'''; puis on remonte d'en plan les arêtes, on les mène parallèles à C' E'''. On figure ensuite la mortaise de la panne en opérant comme il suit : on mène par le point Q, panne du chevron d'emprunt, une ligne K Q', d'équerre à M' H'', jusqu'à la rencontre de M' H'''; on mène par le point Q' une ligne parallèle à C I jusqu'à la rencontre de la face de la noue C E; cette jonction ou la même parallèle à E E'' en Q', prolongation de C' E''; puis on remonte R en R' parallèle à E E'''; ou joint R Q''. On peut encore opérer ainsi : on remonte S en S' parallèle à E E''', puis E T parallèle à H H''; on prend T' T, on le porte en E'' T''; on joint S T', on a la rampe dans le milieu de la noue, et, en menant par le point R' une parallèle, on a également la rampe. On établit la noue B E sur cette même épure. Pour l'élévation de l'arêtier B K, elle est faite en B' K'' K' (figure 1re), comme il a été démontré. On établit l'arêtier C K sur cette même épure; pour l'élévation de l'arêtier C H, elle est faite en C'' H''' H'' (figure 2e), en opérant également comme toujours : on établit l'arêtier B G sur cette épure. Pour les chevrons compris entre les arêtiers croches et la sablière, ceux compris entre A et B on les prend en reculement à partir de la sablière, ceux compris entre A et B, à partir du point A, sur A G, on remonte les deux faces parallèles à G G', on rembarre l'une par l'autre, on la coupe contre l'arêtier, on trace le lattis et le dedans suivant l'arbalétrier A G'; de même pour ceux compris entre B et C en se jugeant de l'arbalétrier F K', et ceux de C D en se jugeant de D H'.

Pour faire la herse des deux parties C H E, C E K, on opère comme il suit : on tire une ligne C''' E'' et égale à C' E''; on prend la sablière C L, on se met au point C''' comme centre, on décrit l'arc L'; on prend E'' L, on se met au point C''' comme centre, on décrit l'arc L', on joint C''' L, E' L'. On prend C P, on le porte en C''' P'; on prend E'' K', on le porte en E'' K''; on joint P' K'', qui est le chevron d'emprunt. Pour vérification, il doit être d'équerre à C''' L'. On prend donc sur le rampant P' K''' les lignes d'adoucissement, et on les porte sur P' K''', on les mène parallèles à C''' L'; puis on prend en plan U U, on le porte en U''' U', V V en V''' V'', X X' en X''' X'', Y Y' en Y''' Y'', etc. On joint par une règle flexible les points C''', U'', V'', X'' Y'', etc.; on a la ligne-milieu de l'arêtier; de même pour la face et pour l'autre partie C'' H'' E'. On y figure les pannes, les chevrons, le démaigrissement et le rengraissement en rembarrant l'une par l'autre, et on a la coupe des pannes et des chevrons. On peut avoir la coupe des chevrons à la sauterelle en se jugeant de chevrons d'emprunt, et les pannes en les déversant en plan par terre, en mettant le niveau sur le lattis des chevrons d'emprunt et une ligne à plomb sur le niveau.

Paris. — Imprimerie de madame veuve Bouchard-Huzard, rue de l'Éperon, 5.

79

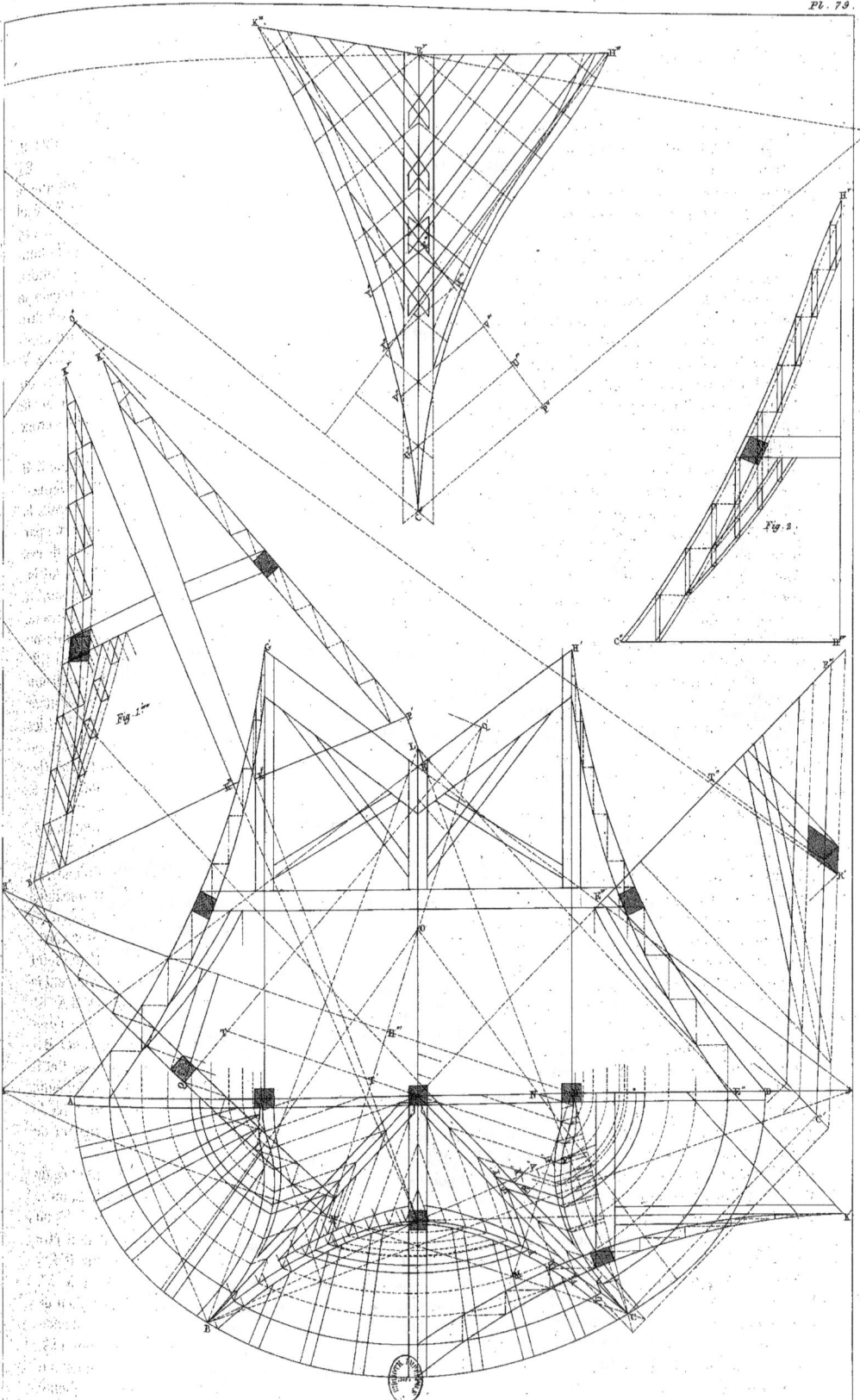

Pl. 79.

Fig. 1.

Fig. 2.

Fig. 3.

Imp. Bette, rue Cassette, 8, Paris.

NOULET DROIT FRONTON DANS UN COMBLE-IMPÉRIALE.

On commence, premièrement (planche 80e), de tracer, sur un plan horizontal, la sablière A B du vieux comble. Sur un plan vertical passant par E D, mais fait sur A C pour éviter la confusion des lignes, on y figure l'impériale A C′ D′ du vieux comble. On figure, en plan par terre, la largeur A B du noulet ou about des chevrons, en faisant E A égal à E B. Sur un plan vertical passant par A B, on élève A A′, E E′, B B′ perpendiculaires à A B. On tire A′ B′, dessus du chapeau de la lucarne; on fait E″ E′ d'une hauteur donnée; on joint A′ E′, B′ E′, on a le lattis de la fermette; et on y figure une retombée parallèle au lattis. Ensuite on figure, sur cette fermette, un certain nombre de lignes d'adoucissement, de manière que leur croisillon passe par le lattis et par le dessous. On mène ces lignes horizontalement, c'est-à-dire parallèles à A′ B′, telles que 1 en 1′, 2 en 2′, 3 en 3′, 4 en 4′, 5 en 5′, 6 en 6′, et E′ en E″. On prolonge B A, devant de la lucarne, en Eᵛ. On se met au point A comme centre, on fait tourner A′ en A″, 1′ en 1″, 2′ en 2″, 3′ en 3″, 4′ en 4″, 5′ en 5″, 6′ en 6″ et E‴ en Eⁱᵛ. Le faîtage étant de niveau, on mène Eⁱᵛ D′, 6″ F′, 5″ G′, 4″ H′, 3″ I′, 2″ J′, 1″ K′ et A″ C′ parallèles à A C. Après, on descend D′ D, F′ F, G′ G, H′ H, I′ I, J′ J, K′ K, C′ C parallèles à A Eⁱᵛ. On descend aussi 1 K, 2 J, 3 I, 4 H, 5 G, 6 F parallèles à E′ D; la rencontre de ces lignes donne l'arête de la noue ou about du chevron par le moyen d'une règle flexible. On opère de même pour les trois autres arêtes et pour l'autre noue, comme on le voit sur l'épure.

Pour faire la herse de la partie du comble A E D C, on tire une ligne A‴ Eᵛ à volonté; on fait A‴ Eᵛ égal à A′ E′ de la fermette; on prend sur le lattis de A′ E′ les lignes d'adoucissement 1, 2, 3, 4, 5, 6, et on les porte en 1‴, 2‴, 3‴, 4‴, 5‴, 6‴; on mène ces lignes d'équerre à A‴ Eᵛ. On prend A C, on le porte en A‴ C″; K″ K, on le porte en 1‴ K‴; J″ J, on le porte en 2‴ J‴; I″ I en 3‴ I‴, H″ H en 4‴ H‴, G″ G en 5‴ G‴, F″ F en 6‴ F‴ et E D en Eᵛ D″. On joint par une règle flexible C″ K‴ J‴ I‴ H‴ G‴ F‴ D″, et on a l'arête du lattis ou about des chevrons. On opère de même pour l'autre arête du lattis. Pour les deux arêtes du dessous, on prend le démaigrissement en A′, pied de la fermette, et on le porte en A‴, en 1‴, en 2‴, en 3‴, en 4‴, en 5‴, et on a les cases. On joint les arêtes par le moyen d'une règle flexible; seulement, pour les différencier, on fait les lignes du lattis pleines, et les lignes du dessous ponctuées. Puis on prend le démaigrissement de la tête de la fermette, et on le porte en Eᵛ, qu'on mène parallèle à Eᵛ D″. On met ensuite les croix à volonté, et on figure les chevrons pour les couper contre les croix.

Pour établir la noue, on prend une pièce de bois de l'épaisseur ou retombée de la fermette A′ E′, on la met sur la noue en herse de niveau et de dévers. On fera bien attention que la pièce de bois couvre exactement les quatre arêtes figurées en herse. On fait paraître sur le lattis les deux lignes pleines et sur le dessous les deux lignes ponctuées; on délarde de l'une à l'autre, et la noue suivra parfaitement le dessus et le dessous de la fermette, le dessus et le dessous de l'impériale. Pour la coupe du pied sur la sablière, on fait paraître A‴ C″ sur le lattis et le démaigrissement L L′ dessous, on rembarre l'une par l'autre. Pour la coupe de la tête, on fait paraître sur le lattis la ligne Eᵛ D″, sur le dessous M M′; on rembarre l'une par l'autre, et on a la coupe. Pour établir les croix, on met la noue sur ligne en herse toute délardée; on met aussi la fermette. On met ensuite les croix sur ligne de niveau et de dévers, et on les pique dans la fermette et dans le délardement de la noue. De cette manière, le joint et la mortaise sont tracés en même temps. On peut, si l'on veut, sans rien déranger, y mettre les chevrons et les piquer. Dans le cas contraire, on les mettra tous sur ligne; on fera paraître sur le lattis la ligne A‴ C″, la ligne courbe C″ K‴ J‴ I‴ H‴ G‴ F‴ D″ et le faîtage Eᵛ D″. La coupe du pied étant de niveau, on prendra la sauterelle B′, et pour la coupe à plomb du faîtage on prendra la sauterelle E′.

Pour faire la herse de l'autre partie, on prend B E′ et on le porte en B″ N; puis on prend les lignes d'adoucissement figurées sur B′ E′, et on les porte sur B″ N. On mène toutes ces lignes d'équerre à B″ N. Ensuite on descend O O′, P P′, Q Q′, R R′, S S′, T T′, U U′, V V′, X X″, X′ X‴, Y Y′, Y′ Y″, D D‴, Z Z′, on joint O′ Q′ S′ U′ X″ Y″ D″, P′ R′ T′ V′ X‴ Y‴ Z′ par une règle flexible, et on a les deux lignes du lattis. On prend le démaigrissement en B′, et on le porte en O′ O″, en Q′ Q″, etc., et on a les cases; on joint par une cerce les deux nouvelles arêtes, et le délardement de la noue est figuré; on y met les croix, les chevrons, comme on le voit sur l'épure. Si l'on ne voulait pas piquer les croix avec la noue, on les mettrait sur ligne comme à l'ordinaire, on rembarrerait le lattis par le démaigrissement, comme on le voit échassé en herse. Quant à tracer les mortaises dans la noue, on mettrait la noue sur ligne en herse, on ferait paraître la croix sur son délardement, et la mortaise serait tracée.

Paris. — Imprimerie de madame veuve Bouchard-Huzard, rue de l'Éperon, 5.

80

Pl. 86.

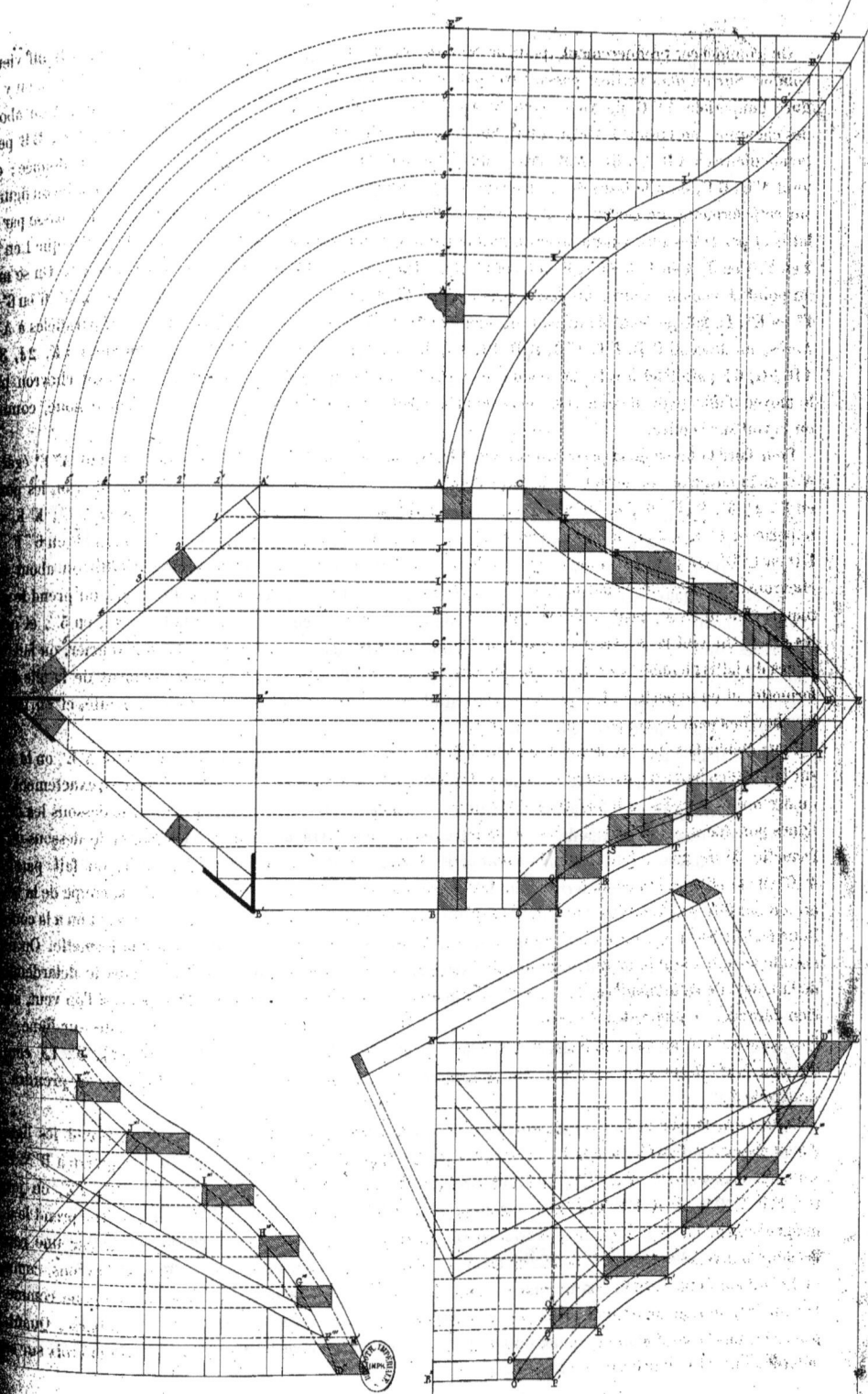

NOULET CHINOIS SUR UN DOME.

On commence, premièrement (planche 81e), de tracer, sur un plan horizontal, la sablière A B du vieux comble ; la ligne-milieu CD de la lucarne et les deux sablières A E, B F parallèles à C D et d'équerre, bien entendu, à A B : il est clair aussi que le faîtage C D se trouve dans le milieu de A B. Sur un plan vertical passant par le faîtage C D, mais fait sur B F, pour éviter la confusion des lignes, on figure le lattis du dôme B G'D' du vieux comble, de même que le dedans. Sur un plan vertical passant par A B, on élève A A', C C', B B' perpendiculaires à A B ; on tire A'B', dessus du chapeau, et on fait C''C' d'une hauteur donnée. On fait passer, par le point A' et par le point C', une courbe creuse quelconque, ainsi que par le point B' et C' ; on y mène une épaisseur de chevron parallèle au lattis. Ensuite on met sur cette fermette chinoise un certain nombre de lignes d'adoucissement, mais en s'arrangeant de manière que le croisillon de ces lignes prenne le lattis et le dessous de la fermette. On numérote ces lignes d'adoucissement en commençant par 1, 2, 3, 4, 5, 6, 7, 8 ; puis on mène 1 en 1', 2 en 2', 3 en 3', 4 en 4', 5 en 5', 6 en 6', 7 en 7', 8 en 8' et C' en C''' parallèles à A'B'. On se met au point B comme centre, on fait tourner B' en B'', 1' en 1'', 2' en 2'', 3' en 3'', 4' en 4'', 5' en 5'', 6' en 6'', 7' en 7'', 8' en 8'' et C''' en C''. Le faîtage étant de niveau, on mène C'' D'H'', 8'' I'J', 7'' K'L', 6'' M'N', 5'' O'P', 4'' Q'R', 3'' S'T', 2'' U'V', 1'' X'Y' et B'' G'F' parallèles à B F. On descend ensuite G'G G'', F en F F'' parallèle à B C'' : on descend de la fermette B' G F, 1 G'' F'' parallèles à C C', et on a la première case. On descend X' en X X'', Y' en Y Y'' parallèles à B C'', et de la fermette on descend 1 en X Y, 2 en X'' Y'' parallèles à CC', et on a la deuxième case. On descend U' en U U'', V' en V V'' parallèles à C C', et on a la troisième case. On descend S' en S S'', T' en T T'' parallèles à B C'', et 3 en S T, 4 en S'' T'' parallèles à CC', et on a la quatrième case. On descend Q' en Q Q'', R' en R R'' parallèles à B C'' ; et 4 en Q R, 5 en Q'' R'', parallèles à CC', vous donnent la cinquième. On descend O' en O O'', P' en P P'' parallèles à B C'' ; 5 en O P, 6 en O'' P'', parallèles à CC', donnent la sixième. On descend M' en M M'', N' en N N'', 6 en M N, 7 en M'' N'', on a la septième. Puis on descend K' en K, L' en L, 7 en K L ; on descend, toujours parallèles à B C'', I' en I, J' en J et 8 en I J. On descend H'H, D' D. Pour le couronnement du dessous de la fermette, on mène Z en Z', en Z'', en Z'''Z'' ; on descend Z''' Z' Z'' Z''. On joint par une règle flexible G X U S Q O M K I D, on a l'about en plan des chevrons du noulet et du vieux comble ; on joint F Y V T R P N L J H, on a l'arête du dedans ou gorge des chevrons du vieux comble : ces deux lignes sont figurées pleines pour différencier le lattis de la noue. On joint G'' X'' U'' S'' Q'' O'' M'' Z'', on a la gorge des chevrons du noulet ; on joint F'' Y'' V'' T'' R'' P'' N'' Z'', on a l'arête saillante en dedans. On opère de même pour trouver en plan les quatre arêtes de l'autre noue E H, comme on le voit sur l'épure.

Pour faire l'élévation de la noue, on tire une ligne F H, et, d'équerre à cette ligne, on élève F F''' H H'' ; on tire F'''H'' parallèle à F H. On prend, sur la fermette et par point de hauteur, les lignes d'adoucissement figurées sur la ligne B' C''',et on les porte, à partir de F''' H'', sur F''' F ; on mène ces lignes parallèles à F'''H''. Ensuite on descend G G'', G'' G'', F'' F'', parallèles à F F''', sur la ligne F''' H'' ; on a les quatre arêtes de niveau. On descend X X''', X'' X'', Y Y''' Y'' Y'', parallèles à F F''', sur la ligne d'adoucissement ; on a donc les quatre arêtes également sur cette ligne. On descend U U''', U'' U'', V V''. V'' V'' sur la deuxième ligne d'adoucissement ; ainsi de suite pour les autres jusqu'en D D'', H H''', c'est-à-dire que les quatre arêtes de la même case sur sa ligne d'adoucissement correspondante. On joint G'''X'''U''', etc., D'', G'' X'' U'', etc., F''' Y''' V''', etc., H'' et F'' Y'' V'', etc., et on a les quatre arêtes. L'élévation étant faite, on prend une pièce de bois telle qu'elle est figurée dans l'élévation G''' D'' et de l'épaisseur M'' M''. On fait paraître une ligne de trave de manière que cette ligne, la noue étant au levage, tombe sur F H en plan. Une fois lignée, on la met sur ligne de niveau et de dévers, suivant la ligne de trave. Une fois sur ligne, on fait paraître dessus et dessous la pièce de bois, les lignes G'''X''' U''', etc., D'', F'''Y''' V'''H''', et on fait faire ces deux levées ; on la remet sur ligne comme la première fois : il est clair que le dessus du sciage suivra la courbe G''' X''' U''', etc., D'', et le dessous suivra celle F''' V''V''H'''. On plombe dessus les lignes G''' H'', X'''X'', U'' V'', etc., jusqu'à D''H'' ; on rembarre ces lignes : la première G''' H'' donne la coupe du pied. Ensuite on fait paraître sur la face G''' X''' D'' les trois arêtes de chaque case : celle du dessus Q''', celle du dehors Q'' et celle du dedans R'''. Sur la face du dessous F'''Y''V''', on fait paraître l'arête du dessous P''', celle du dehors O''' et celle de dedans P''. Il est bien entendu qu'il faut différencier chacune des lignes, ainsi que les lignes de niveau, pour les reconnaître plus tard. Ces lignes étant plombées et rembarrées, on fait quartier à la pièce de bois, comme on le voit (figure 1re). On fait paraître sur le dessus la ligne d'arête en prenant G G'' et le portant en G'' G'', X X'' en X'' X''', U U'' en U'' U'', S S'' en S'' S''', etc., jusqu'à D D''', en D'' D'' ; de même pour l'arête du dessous et pour le dehors et le dedans, en supposant que la noue a l'épaisseur Q'' R en plan. On la fait scier ; puis on rembarre les lignes qui ont été effacées. La jonction des lignes de niveau et de celles des arêtes à plomb, en dedans et en dehors, jointes par une règle flexible, donne l'arête du dedans et du dehors. Les quatre arêtes étant figurées, on n'a qu'à délarder de l'une à l'autre. D'ailleurs on n'a qu'à regarder (figure 1re), toutes les arêtes sont figurées, ainsi que les joints. A la planche qui suit, je tracerai la noue d'une autre manière, et le lecteur verra laquelle est préférable.

Pour établir les chevrons, on les met premièrement en plan par terre, en en figurant la largeur ; car on doit savoir qu'on ne peut pas les couper en herse comme à l'ordinaire. Une fois en plan, on remonte où chaque face coupe l'arête de la noue en plan et la gorge. D'ailleurs la coupe est de niveau, et en rembarrant l'une par l'autre on a la coupe du pied, bien entendu ; pour celles de la tête, on les coupe suivant C''C'. On peut regarder sur la fermette ; les joints sont figurés par des hachures.

Paris. — Imprimerie de madame veuve Bouchard-Huzard, rue de l'Éperon, 5.

81

Pl. 81.

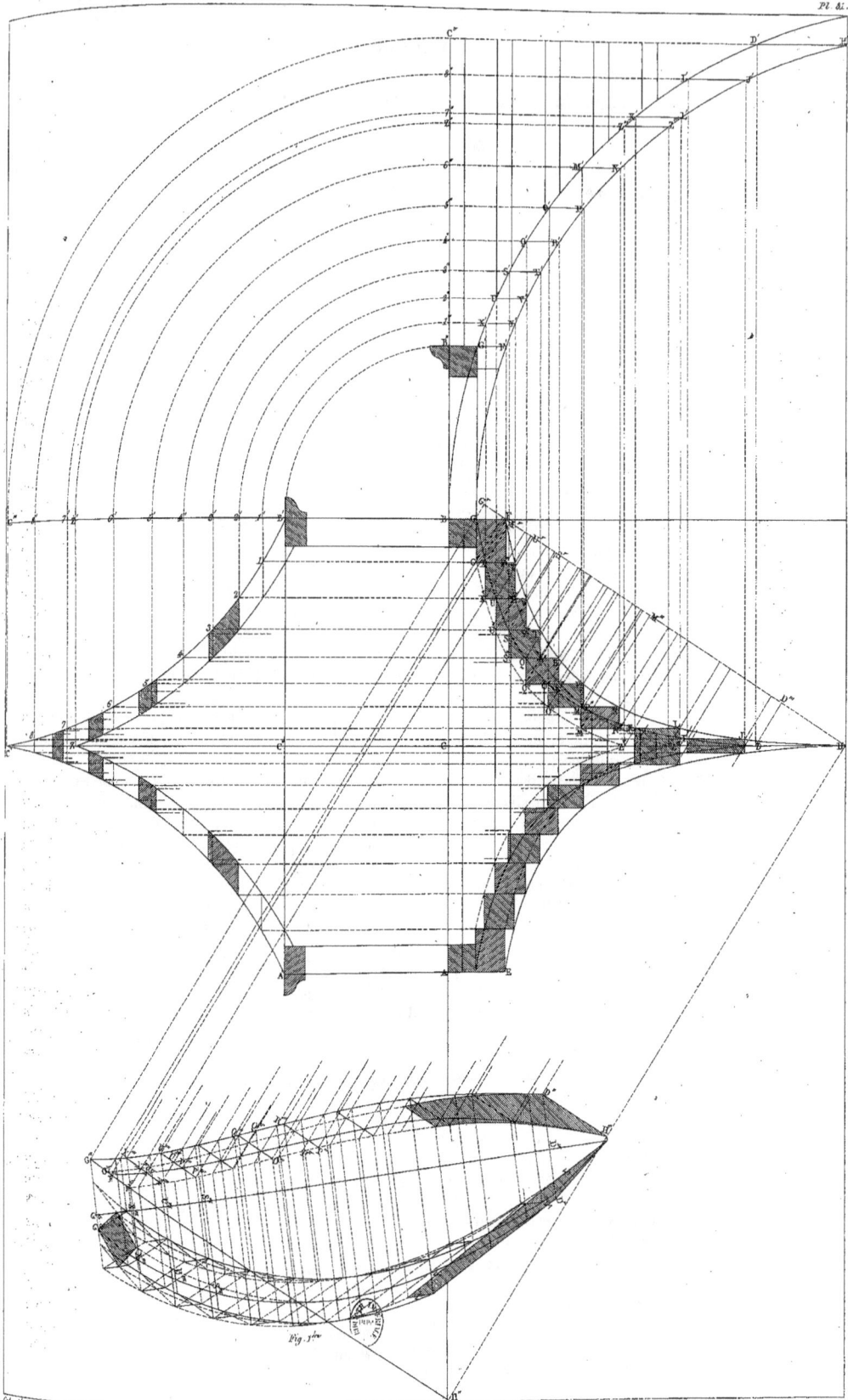

Fig. 1.re

Imp.rie Walhere rue Gaencelle, 3, Paris.

Galmois delin.t

Charret sculp.t

NOULET-IMPÉRIALE SUR UNE TOUR RONDE.

On commence, premièrement (planche 82ᵉ), de tracer, sur un plan horizontal du centre A, la sablière B C D. On tire A C, faîtage du noulet; on mène les deux sablières E G, F H parallèles à A C. Sur un plan vertical passant par A C, mais fait sur F H pour éviter la confusion des lignes, on élève A A', C C'; on joint C' A', tour ronde du vieux comble. On joint E F, devant du chapeau, qui doit être perpendiculaire à A C. On prolonge la ligne E F en F'. Sur un plan vertical passant par E F, on élève E E', C C', F F' d'équerre à E F; on tire E' F", dessus du chapeau, et parallèle à E F. On fait C" C' d'une hauteur donnée, et on figure l'impériale de la fermette. Après, on met un certain nombre de lignes d'adoucissement, de manière que le croisillon de ces lignes touche le lattis et le dedans de l'impériale. On mène ensuite ces lignes d'adoucissement, parallèles à E' F", jusqu'à la rencontre de F F" prolongée. On se met au point F comme centre, on fait tourner F" en F"', ainsi que les lignes d'adoucissement, et le sommet C"' en F'. Le faîtage étant de niveau, on mène F' I' J' parallèle à F H, ainsi que les lignes d'adoucissement, 1', 2', 3', 4', 5', 6', 7', et le dessus de la sablière ou chapeau F"' H'. On descend ensuite H' en H", 1' en 1, 2' en 2, 3' en 3, 4' en 4, etc., ainsi que le dedans du comble, parallèles à F F'. On se met au point A comme centre, on fait tourner H" en G et en H, 1 en M, 2 en P, 3 en S, 4 en V, etc.; puis on descend de la fermette impériale les mêmes lignes d'adoucissement, chacune à chacune, parallèles à A C'. La jonction de ces lignes donne les cases; on joint les arêtes par une règle flexible, on a les noues en plan par terre, comme on le voit sur l'épure.

Pour faire l'élévation de la noue H I, il faut d'abord supposer que l'épaisseur de la fermette impériale F" C' est une courbe d'escalier en plan; les lignes d'adoucissement prises horizontalement depuis la fermette en plan E F jusqu'aux cases de la noue, son élévation : de cette manière on travaillera pour ne plus y revenir, la face du lattis et le dessous de la noue s'alignant avec le lattis et le dessous de la fermette impériale, puis on débillardera la noue comme une courbe d'escalier. Supposant donc que la fermette est une courbe en plan, on tire F" C', et, d'équerre à cette ligne, on élève F" F"', C' C"'; on tire F"' C"' parallèle à F" C'. On mène, par le croisillon des lignes d'adoucissement sur le lattis et le dedans de l'impériale F" C', des lignes parallèles à F" F"' jusqu'à C"' F"'. Après, on prend F H, F K en plan, on les porte en F"' H"', F"' K'; on prend L M, L N, on les porte en L' M', L' N'; on prend O P, O Q, on les porte en O' P', O' Q'; on prend R S, R T, on les porte en R' S', R' T ; on prend U V, U X, on les porte en U' V', U' X', etc., jusqu'à C'I, C'J, qu'on porte en C"' I", C"' J". On joint K' N' Q' T' X', etc., J" par une règle flexible, on a l'arête du lattis du noulet et du dedans de la tour ronde. On joint H"' M' P' S' V', etc., I", et on a l'arête du lattis du noulet et de la tour ronde. On opère de même pour les deux autres lignes en prenant les deux arêtes du dedans des cases, et l'élévation est faite. On prend une pièce de bois comme elle est figurée en élévation et de l'épaisseur en contre-haut et en contre-bas de la ligne de trave C' F" figurée sur la fermette. Une fois la ligne de trave tracée sur la pièce de bois et trégauchée comme on le voit sur la fermette, on là met sur ligne de niveau et de dévers suivant la ligne de trave. On fera bien attention, en la mettant sur ligne, que ladite pièce couvre exactement les quatre arêtes figurées sur son élévation. On fait paraître dessus la ligne F" F"' et toutes les lignes parallèles à celle-ci; on rembarre à plomb, seulement on différencie celles du lattis de la fermette d'avec celles du dessous. Après, on fait paraître, par chaque angle de case en élévation, une ligne de niveau ou parallèle à C"' F"'; seulement il faudra aussi différencier ces lignes en indiquant si c'est de la première ou de la deuxième case, le lattis ou le dedans. Ceci étant fait, on fait quartier à la pièce de bois, comme on le voit (figure 1ʳᵉ). On trace la courbe, on la fait scier et blanchir définitivement, la partie sciée, bien entendu; on rembarre les lignes sur les deux faces travaillées, et leur croisillon donne les quatre arêtes, qu'on débillarde comme une courbe. Pour les joints, on rembarre comme on le voit (figure 1ʳᵉ).

Pour mettre les croix, on commence de faire le développement de la herse (figure 2ᵉ), c'est-à-dire que, si on coupait une feuille de zinc de cette dimension, elle couvrirait parfaitement la moitié du noulet E G I C'. Après, on y figure les croix à volonté, et on les met en plan comme il est indiqué. Comme le dessus et le dessous des croix doivent être d'équerre à la courbe, c'est-à-dire tendre au centre qui a cintré l'impériale, on mène, sur son lattis E' et C' et où les lignes d'adoucissement le coupent, des lignes d'équerre à la courbe. Où ces traits coupent le dedans de l'impériale, on les descend en plan par terre parallèles à A C', et on a les cases comme on le voit en plan. On fait les élévations des croix comme il vient d'être dit pour la noue et comme on le voit (figure 3ᵉ). Quant aux chevrons, on les figurera en plan par terre. La coupe du pied n'étant pas de niveau comme la planche précédente à cause du circulaire de la tour ronde, on remontera d'en plan par terre, où la face des chevrons coupe l'arête du lattis de la noue sur le lattis de l'impériale, et où la même face en plan coupe l'arête du dedans on le remontera sur la ligne du dedans de l'impériale, et en rembarrant l'une par l'autre on a la coupe du pied des chevrons. Pour la tête, on les coupera suivant C' C".

Pl. 22.

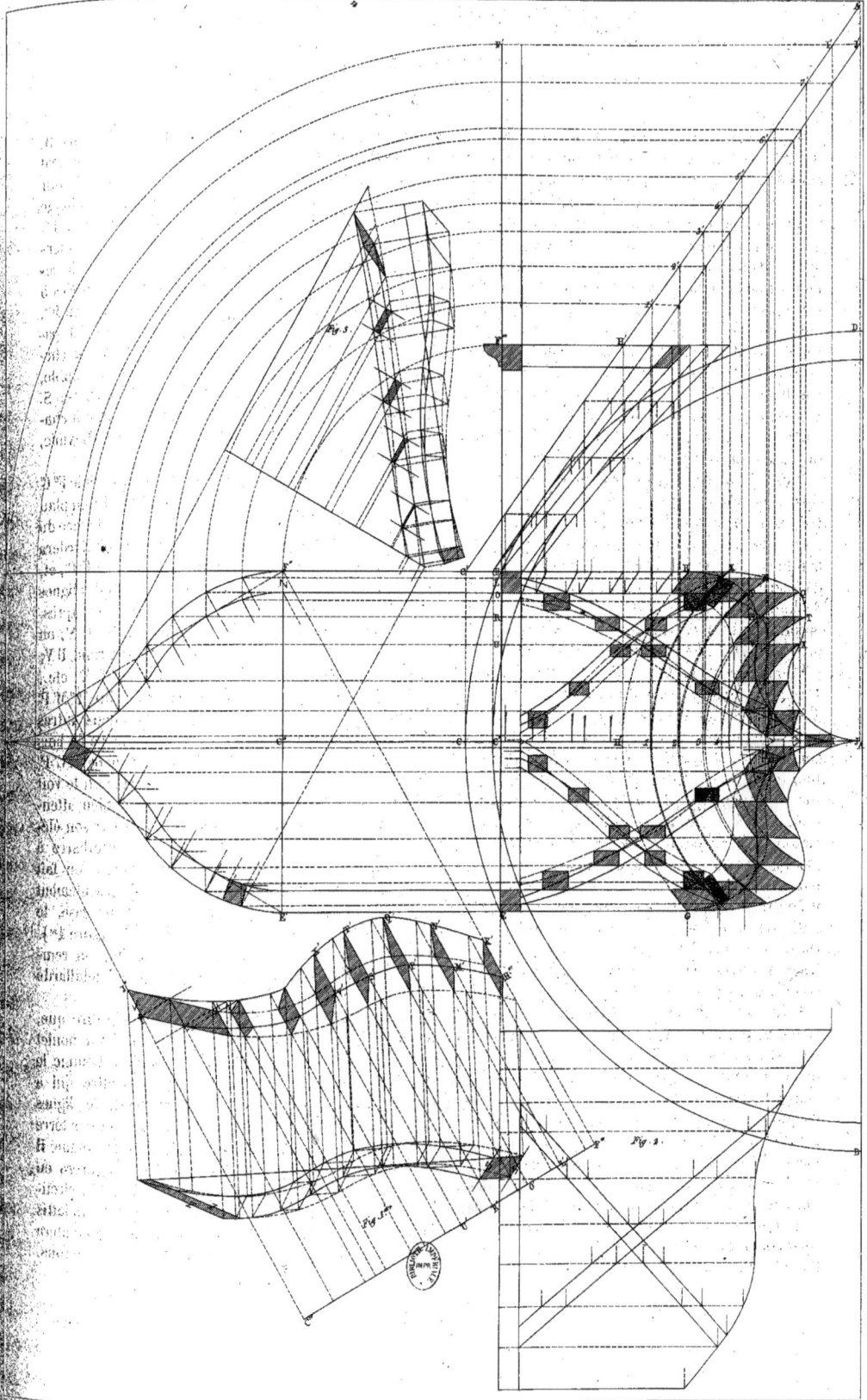

Fig. 5.

Fig. 1.

Fig. 2.

Fig. 4.

QUATRIÈME PARTIE.

CAPUCINE A FAITAGE DE NIVEAU.

On commence, premièrement, sur un plan horizontal (planche 83e), de tracer le plan par terre A B C D ; on divise A D en deux parties égales en E ; on mène E F perpendiculaire à A D ; on joint A F, D F, et on a les deux arêtiers. On dévoie ces deux arêtiers comme à l'ordinaire, on y figure une épaisseur voulue ; on figure également en plan par terre les empanons, ainsi que leur épaisseur, la largeur des sablières, et les poteaux vus de bout. Sur un plan vertical passant en A D, on élève A A′, E E″, D D′ perpendiculaires à A D. On tire une ligne A″ D″, à bout des liens, parallèle à A D. On se met au point E′ comme centre, avec une ouverture de compas égale à E′ A″ ou E′ D″ ; on décrit le demi-cercle A″ E″ D″ ; car on veut que le berceau soit plein cintre ; on peut lui donner une courbure quelconque. Puis on tire par E″ une ligne parallèle à A D ; on fait paraître la hauteur de la sablière ; on y figure, de chaque bout, une moulure quelconque, comme on le voit figuré. On espace ensuite l'arc E″ D″ en un certain nombre de lignes d'adoucissement, telles que G′, H′, I′, J′, K′, L′, M′, N′. On descend G′G, H′H, I′I, J′J, K′K, L′L, M′M, N′N parallèles à E E″. On mène, par G′, H′, I′, etc., des lignes de niveau jusqu'à la rencontre de O O′ ; et du point O, comme centre, on fait tourner ces lignes jusqu'à la rencontre de O O″ ; puis de là on les mène de niveau, ou horizontalement, jusqu'à la rencontre de G G″, H H″, I I″, J J″, K K″, L L″, M M″, N N″, F F″, remontées parallèles à E D ou d'équerre à E F. On joint D″ G″ H″ I″ J″ K″ L″ M″ N″ F″ par une règle flexible, et on a la courbe des deux parties A B F, D C F, car la partie A F D est cintrée par le demi-cercle A″ E″ D″. On figure les poteaux, ainsi que la sablière O″ F″ et son quart de rond dans le bout, comme on le voit sur l'épure.

Pour faire l'élévation de l'arêtier D F, on tire une ligne P Q à volonté, pour éviter la confusion des lignes ; on fait P Q égal à D F ; on prend D G, on le porte en P R ; on prend D H, on le porte en P S ; on prend D I, on le porte en P T ; ainsi de suite pour J, K, etc. ; et, pour le délardement, comme on le voit sur la ligne P Q. On mène ensuite P P′P″, R R′, S S′, T T′, etc., d'équerre à P Q. On prend les hauteurs des lignes d'adoucissement sur O O′, on les porte sur P P″ ; on les mène de niveau, c'est-à-dire parallèles à P Q ; les jonctions P′, R′, S′, T′, etc., jointes par une règle flexible, donnent l'arête saillante du lien d'arête ou arêtier. De même, pour le délardement, on fait paraître le joint dans le poteau D et le joint dans la sablière B C, ainsi que les mortaises des empanons, comme on le voit sur l'épure.

Pour faire l'élévation sur l'autre arêtier A F, on tire une ligne U V à volonté, et égale à A F ; on prend A X, on le porte en U X′ ; on prend A Y, on le porte en U Y′ ; on prend A Z, on le porte en U Z′ ; ainsi de suite jusqu'à A F, qu'on porte en U V ; on mène U U′U″, X′X″, Y′Y″, Z′Z″, etc., jusqu'à V V′, perpendiculaires à U V. On prend les lignes d'adoucissement sur la ligne O O′, on les porte sur U U″ ; on les mène parallèles à U V : leurs jonctions U′ X″ Y″ Z″, etc., jointes par une règle flexible, donnent l'arête de l'arêtier ; on fait paraître également le délardement, les joints dans le poteau A et dans la sablière B C, et la mortaise d'un chevron de chaque face, car il est bien visible qu'on opérerait de même pour les autres.

Pour établir les vitraux, on prend les deux poteaux corroyés d'avance, comme ils sont figurés vus de bout en plan, et on les met sur les lignes A A′, D D′ de niveau et de dévers. On prend la sablière, corroyée également d'avance, de la largeur qu'elle est figurée en plan et de la hauteur en élévation ; on la met sur A′ D′ de niveau et de dévers. Puis on prend deux pièces de bois de l'épaisseur figurée en plan, et assez larges, de manière qu'après avoir fait paraître la courbe D″ G′H′I′J′, etc., les deux autres côtés occupent la partie comprise entre le chapeau et le poteau, s'il est possible, sans qu'on y mette un écoinson. Ensuite on remet les poteaux sur O O′ ; la face qui était dessus regardant l'assemblage de niveau et de dévers. On met la sablière sur O″ F″ et on met un lien de l'épaisseur figurée en plan ; on fait paraître sur le lien la courbe D″ G″ H″ I″ J″ N″, etc. ; on fait paraître le trait ramèneret sur la face du chapeau. On établit également le poteau A sur la même épure, en y mettant une nouvelle sablière et un nouveau lien. Pour établir les arêtiers, on les met sur ligne comme un arêtier ordinaire, on fait paraître la courbe d'arête et le délardement, ainsi qu'il a été démontré, dans les combles. Pour les joints des empanons, on remonte les deux faces parallèles au poteau, et on a les joints, comme on le voit sur l'épure.

Paris — Imprimerie de madame veuve Bouchard Huzard, rue de l'Éperon, 5.

83

Pl. 83.

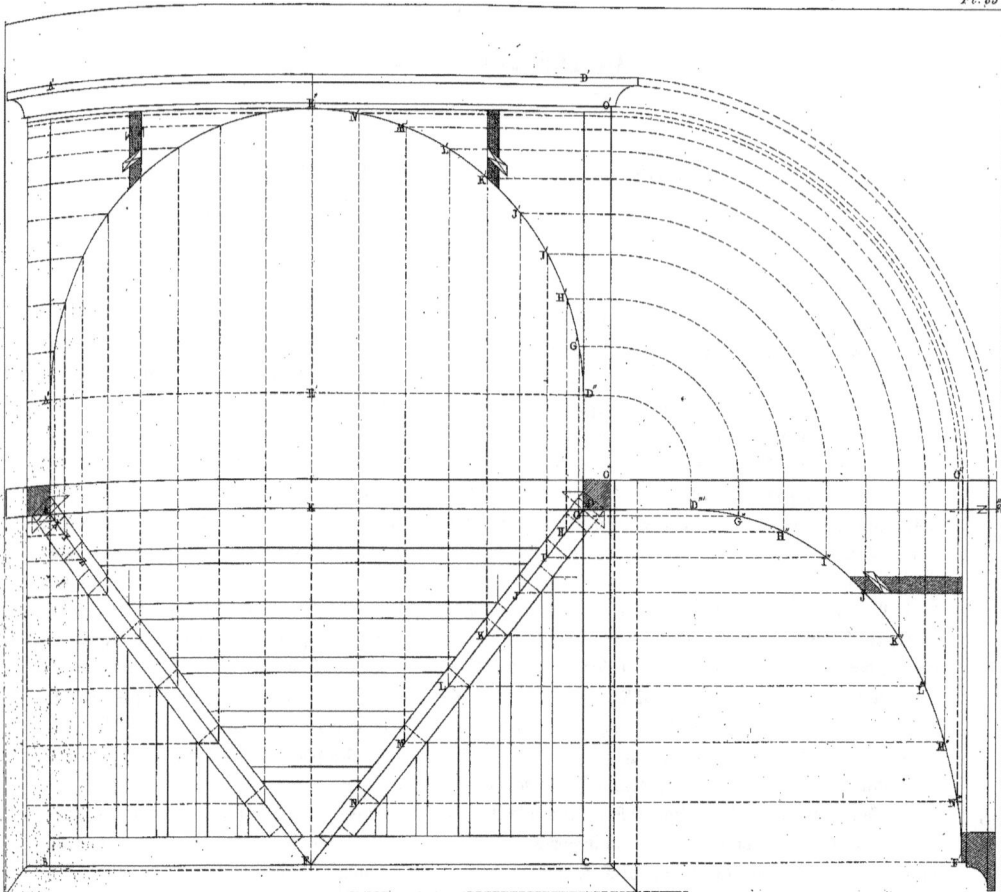

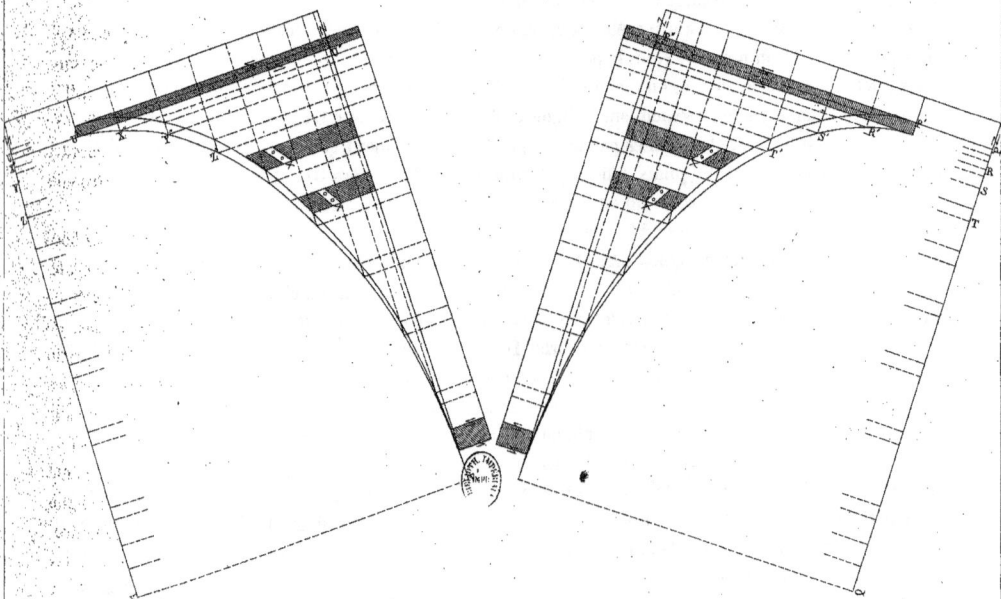

CAPUCINE A FAITAGE RELEVÉ.

On commence, premièrement (planche 84ᵉ), de tracer, sur un plan horizontal, le plan par terre A B C D ; on figure la largeur des sablières et les poteaux vus de bout. Sur un plan vertical passant par la face A'D' des poteaux, on élève A' A″, D'D″ perpendiculaires à A'D' ; on divise A' D' en deux parties égales en E ; on élève E E' d'équerre à A' D' ; puis du point E comme centre, avec une ouverture de compas égale à E A', on décrit le demi-cercle A' E' D'. Vitraux de la capucine : il est bien entendu qu'on a voulu que cette courbe fût plein cintre, mais on pourrait faire une courbe quelconque, et l'opération en serait la même. Puis on fait E' E″ d'un relevé donné, et on mène par E″ le dessus du chapeau A″ E″ D″. On espace ensuite en un certain nombre de lignes d'adoucissement l'arc D'E', telles que G', H', I', J', K', L', M'. On mène ces lignes horizontalement, c'est-à-dire parallèles à A'D', jusqu'à la rencontre de O O', ainsi que E' E″' ; du point O, comme centre, on fait tourner le dessus et le dessous du chapeau, puis E″' en E⁴, et les lignes d'adoucissement. Sur un plan vertical passant par la face O du poteau D, on élève O O' d'équerre à E F. Voulant que le lien d'arête passe en N, on remonte N N' d'équerre à E F, puis E⁴ N' ; le dessus et le dessous du chapeau et les lignes d'adoucissement parallèles à E F et on remonte Q en Q'. Maintenant il s'agit de faire passer un cercle par les trois points D″', N', Q', et pour y parvenir on s'y prend de cette manière : on joint D″' N' par une ligne droite et on élève par le milieu de cette ligne une perpendiculaire ; on joint également N'Q' par une ligne droite, et par le milieu de cette ligne on élève une perpendiculaire ; la rencontre des deux perpendiculaires donne le centre, et on décrit l'arc D″'N'Q'. Puis, de la rencontre G″H″I″J″K″L″M″ de cette courbe avec les lignes d'adoucissement, on descend des parallèles à O O″. On descend également G'G, H'H, I'I, J'J, K'K, L'L et M'M, rencontre de ces parallèles, et on a l'arête des liens d'arête en plan en les joignant par une règle flexible ; on les dévoie, comme il a été démontré et comme on le voit sur l'épure. On prolonge ce lien d'arête en le faisant tourner du point F comme centre. On met ensuite les remplissages idéalement de manière que l'œil soit satisfait et en faisant en sorte, autant que possible, que les cinq assemblages viennent se déjouter ensemble et correspondre au même about A'D'. Après, on espace le relevé N'Q' en un certain nombre de lignes d'adoucissement et on les descend en plan par terre. Pour faire l'élévation du lien d'arête D N, on joint D N par une ligne droite et on élève D D⁴, R R' perpendiculaires à D N ; on tire D⁴ R' à volonté, mais parallèle à D N. On prend, par point de hauteur sur la ligne O O″, les lignes d'adoucissement, ainsi que le dessus du chapeau, et on le porte sur la ligne D⁴ O″ ; on mène ces lignes parallèles à D⁴ R'. Puis du plan par terre on mène G en G″', H en H″', I en I″', J en J″', K en K″', L en L″', M en M″', N en N″', S en S', T en T', U en U', V en V', X en X' et R en R″ parallèles à D D⁴ ou d'équerre à D N ; on joint, par une cerce ou règle flexible, D⁴ G″' H″' I″' J″' K″' L″' M″' N″' S'T'U'V'X'R″, et on a l'arête du lien et la face N S T U V X R ; de même pour le délardement et pour l'autre face, comme on le voit sur l'épure. Puis on fait paraître ces joints dans le poteau D et dans la sablière B C ; on figure également par quatre traits ramènerets les joints d'un lien-tenaille dans l'autre. On n'a pas figuré le bois qui reste ni celui qui s'ôte, attendu que le bois n'a pas besoin d'arriver en O″'R″', et ce n'est que d'après la retombée plus ou moins haute qu'on opérera, en divisant cette retombée en deux parties égales, en levant cette moitié à l'un et la laissant à l'autre. On n'a pas non plus fait paraître l'occupation des remplissages dans le lien d'arête, mais on l'obtient en remontant les faces d'en plan sur son élévation.

Pour faire l'élévation du remplissage D Y, on opère comme à l'ordinaire et comme on le voit (figure 1ʳᵉ), en se jugeant du berceau A'E'D' pour la partie comprise dans A N D A et de la courbe D″'N Q' pour la partie comprise entre A N D C B A. Pour faire l'élévation de l'autre remplissage A Z, on opère comme on le voit en élévation (figure 2ᵉ). Pour établir les vitraux, on met les deux poteaux sur ligne et le chapeau de niveau et de dévers ; on met une traverse en contre-haut de A″' E″' ; on met les deux liens et on y fait paraître dessus la courbe A'E'D', et entre la traverse A″' E″' et le chapeau A″ D″ on y met un encadrement, si on le juge nécessaire. Ensuite on prend le poteau A et D, et on les met, l'un après l'autre, bien entendu, sur O O', la face qui était tout à l'heure dessus regardant l'assemblage. On met une sablière sur O'Q' et un lien sur D″' Q'. Une fois sur ligne, on fait paraître sur le lien la courbe D″'G″H″I″, etc. ; on trace un trait ramèneret à la sablière qui servira pour l'assembler en plan par terre dans le chapeau. Pour établir le lien-tenaille ou lien d'arête, on prendra une pièce de bois assez épaisse, de manière qu'il puisse suivre la courbe D G H I J K L M N S T U V X R, et d'une hauteur assez haute, de manière qu'on puisse faire paraître la courbe D⁴ G″' H″' I″' K″', etc. ; en un mot, qu'on puisse faire paraître les deux lignes en élévation et qu'il reste en contre-haut une certaine hauteur. On y fait paraître une ligne de trave de manière qu'au levage cette ligne tombe sur D N ; on met cette ligne de trave de niveau et de dévers, et on termine comme une courbe d'escalier. On opère de même pour les autres.

Paris.—Imprimerie de madame veuve Bouchard-Huzard, rue de l'Éperon, 5.

84

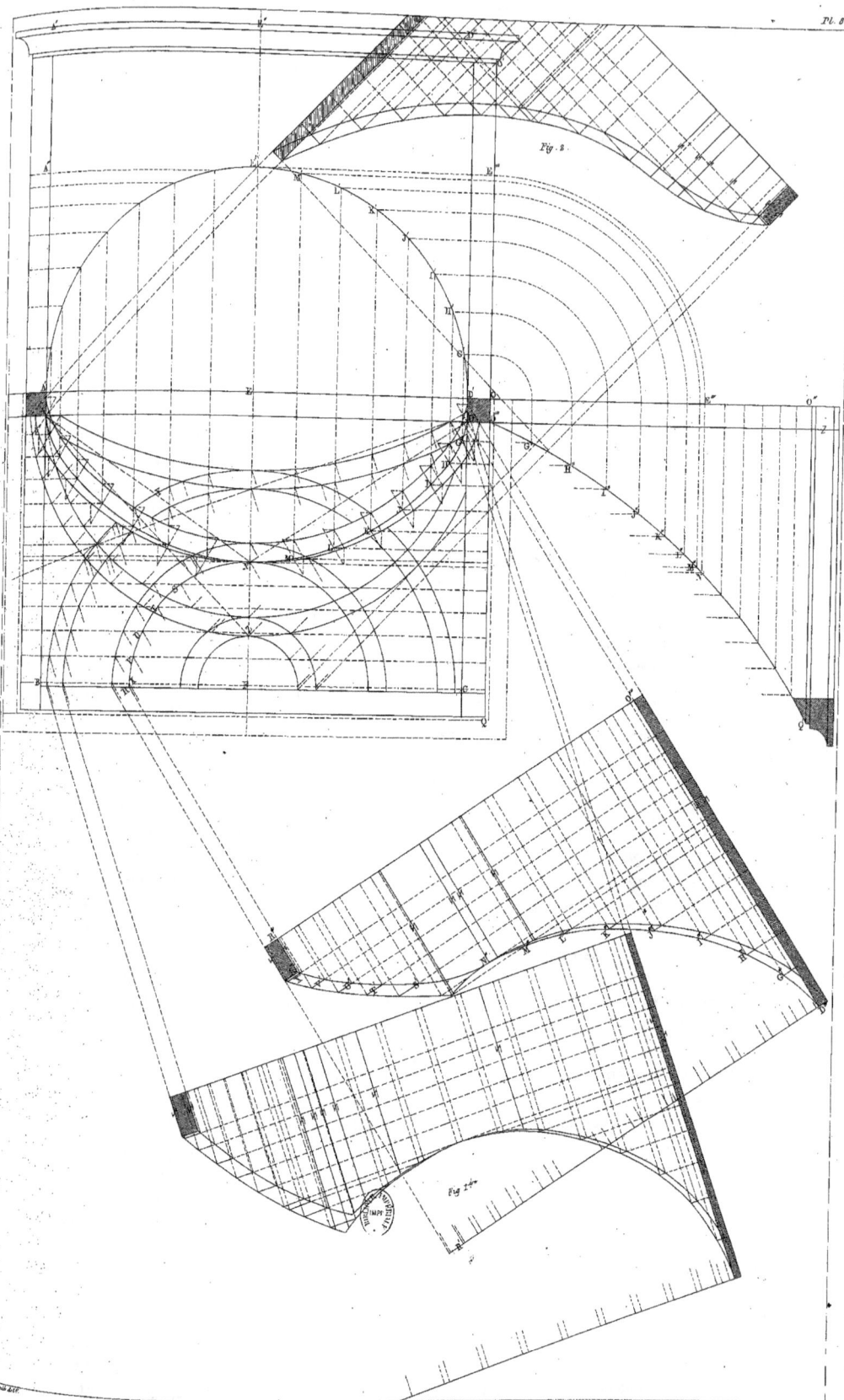

Pl. 84.

Fig. 2.

Fig. 1.

Charuel del.

Charuel sculp.

CAPUCINE BIAISE A FAITAGE RELEVÉ.

On commence, premièrement (planche 85ᵉ), de tracer, sur un plan horizontal, la capucine biaise A B C D, la largeur des sablières, des vitraux et des poteaux vus de bout. Sur un plan vertical perpendiculaire à A B ou C D, on tire A' D'; on divise A' D' en deux parties égales en E; on mène, par le point E, une ligne parallèle à A A'. On se met au point E comme centre, avec une ouverture égale à E A' on décrit le demi-cercle A E″ D'. On fait E″ E' du relevé qu'on veut, et on mène le dessus du chapeau A″ D″ parallèle à A' D'. On figure de chaque bout du chevron carré ou chapeau la moulure qu'on veut, et on descend cette moulure en plan par terre. On espace ensuite le demi-cercle en un certain nombre de lignes d'adoucissement, et l'éléva-tion carrée est faite. Sur un plan vertical d'équerre à A D, on fait l'élévation carrée D‴ Dⁱᵛ G en faisant la courbe D‴ H G, de manière que le point H, rencontre de la courbe et du sommet du berceau E″, descende en plan en H'; la distance H' F égale E‴ Eⁱᵛ. On prend sur D' D″ (figure 1ʳᵉ) les lignes d'adoucissement, et on les porte sur D″ Dⁱᵛ (figure 2ᵉ); on les mène de niveau jusqu'à la rencontre de la courbe D‴ H G; puis on met également un certain nombre de lignes d'adoucissement dans le relevé H G; on descend la jonction de ces lignes avec la courbe en plan par terre parallèles à A Dⁱᵛ. On descend également (figure 1ʳᵉ) la jonction des mêmes lignes d'adoucissement avec la courbe A' E″ D' parallèles à E″ F. Le croisillon des mêmes lignes en plan donne les deux arêtes des liens-tenailles ou liens d'arête. On dévoie ces liens ou arêtiers, comme on le voit sur l'épure. Ensuite on prolonge ces liens jusqu'à la face de la sablière B C en opérant comme il suit : on se met au point F comme centre, avec une ouverture de compas égale à F H' on décrit l'arc I; puis, avec la même ouverture et se mettant en H' comme centre, on décrit un autre arc I; on joint I, rencontre des deux arcs, avec F, H', et on a un triangle équilatéral ayant ses côtés égaux à F H'. Ensuite on prolonge I F en J; on fait F J égal à F I et on joint J H'. Avec la base J H', on fait un autre triangle équilatéral J K H'. On se met au point K comme centre, avec une ouverture de compas égale à K H' on décrit l'arc H' J, Eⁱᵛ O. On divise I H' en deux parties égales en L, on joint F L. On se met au point M, rencontre de K H' comme centre, on décrit l'arc H' I, de même pour la largeur, et on a les liens d'arête en plan par terre. On met les remplissages en plan, de manière que les cinq assemblages, dans les poteaux, ne forment qu'un seul about en les déjoutant, bien en-tendu, le mieux possible. On fait en sorte que, quand ces remplissages coupent la ligne E‴ F, les vides soient à peu près les mêmes, et, pour les prolonger depuis cette ligne jusqu'à la face de la sablière B C, on suit la même marche comme aux liens d'arête et comme on le voit sur l'épure. Pour faire l'élévation des vitraux (figure 3ᵉ), on tire une ligne A‴ Dᵛ parallèle à A D, et on élève sur ce plan vertical et perpendiculaires à A‴ Dᵛ les quatre arêtes des poteaux et la jonction où les lignes d'adoucissement coupent les deux faces des vitraux en plan. Ensuite on prend sur D' D″ (figure 1ʳᵉ) les lignes d'adoucissement, et on les porte sur D' D″; on les mène parallèles à A‴ Dᵛ, et la jonction des lignes donne le rengraissement et le démaigrissement des vitraux en joignant ces points par une règle flexible. On met ensuite les poteaux sur ligne, après les avoir travaillés suivant le biais; on les met de niveau et de dévers suivant la face A D; l'arête D sur Dᵛ Dᵛⁱ, et le chapeau de niveau et de dévers travaillé d'avance suivant la largeur et la retombée figurées. On y fait paraître un trait ramèneret, pour qu'il puisse revenir sur ligne en plan par terre et s'assembler avec les sablières, et en même temps pour y faire paraître la forme biaise. On met une traverse de niveau dont le dessous affleure avec E', et on met un encadrement entre le chapeau et la traverse. On met les liens-vitraux, on les pique dans la tra-verse et dans les poteaux, et on fait paraître dessus et dessous la ligne courbe qui leur correspond, puis on délarde de l'une à l'autre. Pour assembler le lien dans le poteau A et la sablière A B, on en fait l'élévation (figure 4ᵉ); on a le joint du lien dans le poteau en rembarrant un trait ramèneret par l'autre; on délarde le lien par le moyen des deux lignes courbes figurées. On établit l'autre lien dans le poteau D et la sablière D C sur la même épure.

Pour faire l'élévation du lien d'arête ou tenaille D H', on élève D N, O O', P P perpendiculaires à D H'; on tire O' N, pour éviter la confusion des lignes, parallèle à D H'. On prend sur D' D″ (figure 1ʳᵉ) les lignes d'adoucissement, et on les porte sur N N'; on les mène parallèles à N P'. On mène Q Q', R R', S S', T T', U U', V V', H' H″, X X', Y Y', Z Z', etc., P P″ parallèles à D N; on joint N Q' R' S' T' U' V' H″ X' Y' Z', etc., P″ par une règle flexible, et on a l'arête et une face depuis H' en P; de même pour le délardement, comme on le voit figuré. On met le lien ou arêtier sur une ligne de niveau et de dévers suivant une ligne de trave, qui, étant au levage, doit tomber sur D H'. On fait paraître les lignes de niveau et les lignes à plomb, on les rembarre; on fait quartier et on trace la courbure en partant de la ligne de trave en plan et rap-portant les points, depuis la ligne de trave sur la pièce, sur les lignes rembarrées, et en opérant, d'ail-leurs, comme pour une courbe d'escalier. On obtient l'enfourchement dans le poteau D en rembarrant un trait ramèneret par l'autre, et la coupe contre la sablière B C en rembarrant le trait ramèneret O O' par P P'. Pour l'entaille des liens l'un dans l'autre, on fait paraître les quatre traits ramènerets, on prend leur hauteur en cet endroit après qu'ils sont délardés, bien entendu, et on la divise en deux; si on enlève la partie de dessus à l'un, on la laisse à l'autre. On opère de même pour les liens de remplissage.

Paris. — Imprimerie de madame veuve Bouchard-Huzard, rue de l'Éperon, 5.

85

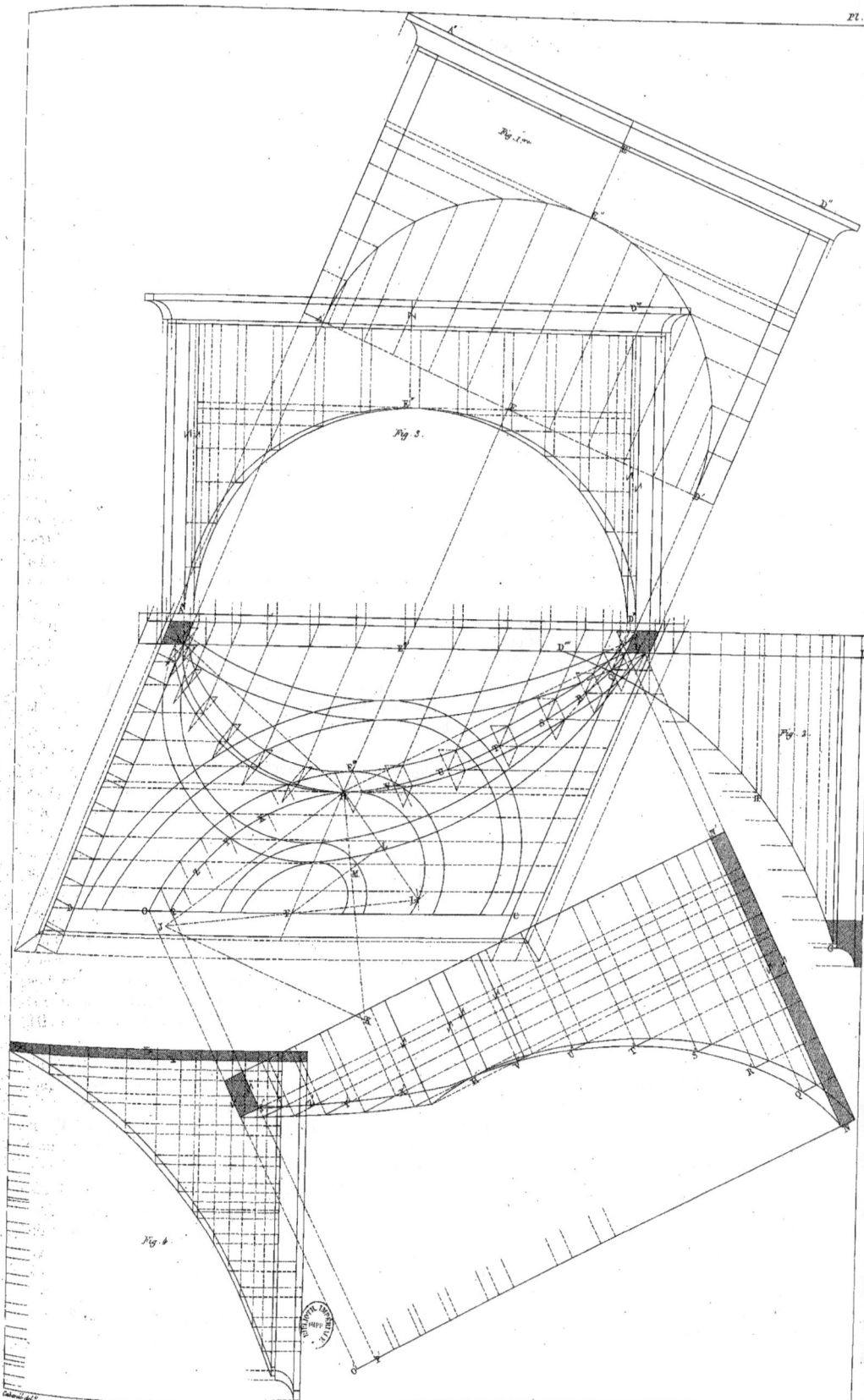

Fig. 1.

Fig. 2.

Fig. 3.

Fig. 4.

Cabardel del.t   Imp.rie Bertauts, rue Cassette, 5, Paris   Charvet sculp.t

GUITARDE A FAITAGE RELEVÉ.

On commence, premièrement (planche 86e), de tracer, du centre A, sur un plan horizontal, le plan par terre B C D et l'épaisseur du lien-guitarde. On figure l'épaisseur des poteaux par une ligne B' A D' parallèle à B D, on figure également une épaisseur des vitraux et les poteaux vus de bout. Ensuite, sur un plan vertical passant par B' B'', on élève B' B'', E E', A' A'', F F', D' D'' d'équerre à B' D'. On se met au point A' comme centre, on décrit les vitraux E A'' F. On tire E' F' d'un relevé quelconque, et B'' D'' dessus du chapeau, parallèles à B' D'. On divise l'arc F A'' en un certain nombre de lignes d'adoucissement, telles que 1, 2, 3, 4, 5, 6, 7, 8; on mène ces lignes parallèles à B' D', jusqu'à la rencontre de D' D'', comme 1 en 1', 2 en 2', 3 en 3', 4 en 4', 5 en 5', 6 en 6', 7 en 7', 8 en 8', et A'' en A'''. Sur un plan vertical passant par D C', on élève le poteau D' D''' d'équerre à D C'. On se met au point D' comme centre, on fait tourner 1' en 1'' 2' en 2'', 3' en 3''', 4' en 4'', 5' en 5'', 6' en 6'', 7' en 7'', 8' en 8'', A''' en A'', le dessous et le dessus du chapeau D'' en D'''; on mène le dessus du chapeau D''', le dessous et les lignes d'adoucissement parallèles à D C' ou de niveau. On fixe en plan la tête du lien d'arête en G, point voulu; on remonte G en G', C en C'' parallèles à D' D'''; on fait passer un cercle par les trois points D G' C'', comme il a été dit. On descend H' H, I' I, J' J, K' K, L' L, M' M, N' N, O' O, jonctions de la courbe et des lignes d'adoucissement parallèles à D' D''', jusqu'à la rencontre de 1 H, 2 I, 3 J, 4 K, 5 L, 6 M, 7 N, 8 O parallèles à A' A''; on joint X H I J K L M N O G par une règle flexible; de même pour l'autre arêtier. On les prolonge du point C, comme centre, jusqu'à la face des liens-guitardes, après les avoir dévoyés, comme on le voit sur l'épure. On y met ensuite les remplissages comme on les juge nécessaires, et de manière, autant que possible, que ces remplissages partagent le vide en deux parties égales et qu'ils viennent se déjouter ensemble au pied des poteaux, comme on le voit sur l'épure.

Pour faire l'élévation du lien-guitarde B C, on tire une ligne P Q, extrémité des faces, puis on élève B B''', P P'', Q Q'', C C''' d'équerre à P Q; on tire P' Q', pour éviter la confusion des lignes, parallèle à P Q. On prend sur la ligne D' D''' les lignes d'adoucissement, et on les porte sur P' P''. On mène ces lignes parallèles à P' Q', c'est-à-dire de niveau. On remonte d'en plan par terre R R', S S', T T', U U', etc., parallèles à P P''; on joint avec une cerce B'v R' T', etc., et P' S' U', etc., et on a les deux lignes du délardement, et l'élévation du lien-guitarde est faite. On cherche donc une pièce de bois de la largeur qu'elle est figurée en élévation et de l'épaisseur V V' en plan. On fait paraître sur ladite pièce de bois une ligne de trave presque sur le bord d'une des faces, de manière qu'au levage elle tombe sur P Q. On met donc le lien sur son élévation de niveau et de dévers suivant la ligne de trave; une fois ce lien sur ligne, on y fait paraître les lignes d'adoucissement, ainsi que les traits ramènerets. Ces lignes étant parues et rembarrées, on fait quartier à la pièce de bois, et on trace dessus et dessous comme si le lien B V' C en plan était une courbe. Une fois le lien scié et travaillé, on fait reparaître en dehors et en dedans les lignes d'adoucissement et les traits ramènerets. Le croisillon des lignes d'adoucissement en dehors et en dedans, joint par une règle flexible, donne le délardement en enlevant le bois d'une ligne courbe à l'autre. En rembarrant le trait ramèneret B'v B''' du dehors par P' P'' du dedans, on a la coupe du pied dans le poteau; en rembarrant le trait ramèneret C C'' par Q' Q'', on a le déjoutement d'un lien-guitarde contre l'autre : la hauteur hachée en plus de P'' Q'' est l'embrèvement dans la sablière. On peut donc couper le lien carrément sur B''' C'''. On opère de même pour l'autre lien D C.

Pour faire l'élévation du lien d'arête X G Y, on joint G X par une ligne droite; on élève X X' Y Y' d'équerre à X G; on tire X' Y', pour éviter la confusion des lignes, parallèle à X G. On prend sur D' D''' les lignes d'adoucissement, et on les porte sur X' X'', on les mène parallèles à X' Y'; puis on remonte d'en plan par terre H H''. I I'', J J'', K K'', L L'', M M'', N N'', O O'', G G'', de même que les lignes d'adoucissement et le joint Y Y''; on joint par une règle flexible X' H'' I'' J'' K'' L'' M'' N'' O'' G'', etc., Y'', et on a l'arête du lien d'arête ou lien-tenaille (on dit tenaille à cause de la forme). On opère de même pour le délardement en le redescendant d'en plan sur son élévation, comme on le voit sur l'épure. Les traits ramènerets du pied et de la tête indiquent, les deux premiers, l'enfourchement dans le poteau; les deux derniers, la coupe à plomb dans la sablière. Les quatre traits ramènerets, dans le milieu, indiquent pour entailler les deux liens d'arête l'un dans l'autre; en enlevant entre les quatre traits ramènerets la moitié de la force du bois ôté à l'un pour la laisser à l'autre, de manière que les deux liens affleurent en dessous et en dessus, comme on le voit figuré. On peut établir l'autre lien d'arête sur la même épure.

Pour faire l'élévation du lien de remplissage E Z, on opère comme à l'ordinaire, comme on le voit figuré (figure 1re); de même pour le petit remplissage, comme on le voit (figure 2e), en se rappelant seulement que les remplissages compris depuis l'arête des arêtiers aux liens X G P jusqu'à E F se cintrent et se délardent suivant la courbe E A'' F, et que ceux compris depuis la même arête des liens X G P jusqu'à B C D se cintrent et se délardent suivant la courbe D G' C''.

PARIS. — IMPRIMERIE DE MADAME VEUVE BOUCHARD-HUZARD, RUE DE L'ÉPERON, 5.

86

Pl. 86.

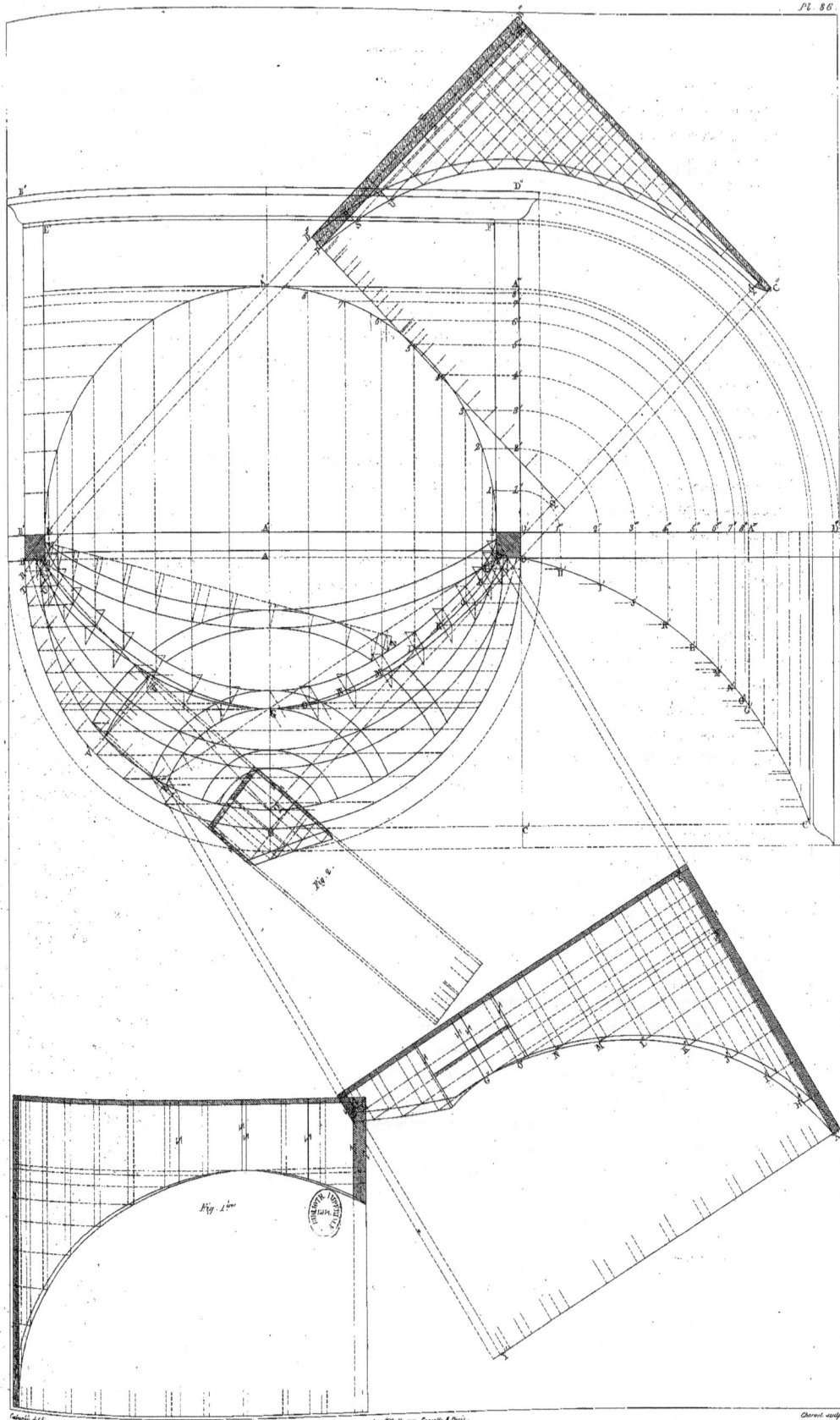

Fig. 2.

Fig. 1.ʳᵉ

Imp. Nelle, rue Cassette, 9, Paris.

GUITARDE CONIQUE A FAITAGE RELEVÉ.

On commence, premièrement (planche 87e), de tracer, sur un plan horizontal du centre A, la sablière B C D de la guitarde. On mène A C perpendiculaire à B D, qu'on prolonge en E, sommet horizontal du cône; on joint E F, E G. On mène B′ D′, épaisseur des vitraux, et on figure les poteaux vus de bout. Sur un plan vertical passant par B′ D′, on élève B′ B″, A′ A″, D′ D″ perpendiculaires à B′ D′. On se met au point A′ comme centre, avec une ouverture de compas égale à A′ H on décrit le demi-cercle H A″ I, et on a les vitraux sur la face B′ D′. On mène F F′, G G′ d'équerre à B′ D′, et du même centre A′ on décrit le demi-cercle F′ A‴ G′, et on a la courbe sur la face B D; en délardant d'une courbe à l'autre, ledit délardement correspondra au sommet E du cône. On mène le dessus du chapeau B″ D″ d'une hauteur donnée; on figure la retombée A‴ et la moulure de chaque bout, comme on le voit sur l'épure. Sur un plan vertical passant par C E, mais fait sur C′ E′, pour éviter la confusion des lignes, on élève E E′, D′ D‴, C C″ perpendiculaires à C E. On divise les vitraux I A″ en un certain nombre de lignes d'adoucissement, telles que 1, 2, 3, 4, 5, 6; on les mène parallèles à B D en 1′, 2′, 3′, 4′, 5′, 6′, A‴. On se met au point D′ comme centre, on fait tourner 1′ en 1″, 2′ en 2″, 3′ en 3″, 4′ en 4″, 5′ en 5″, 6′ en 6″, A‴ en A‴ et D′ en D″. On joint E′ A″, qu'on prolonge jusqu'à la rencontre de J J′, milieu du lien d'arête fixé d'avance en plan par terre. On fait passer par les trois points D J′ C″ un cercle en en cherchant le centre comme il a été dit. On joint ensuite E′ 1″, E′ 2″, E′ 3″, E′ 4″, E′ 5″ et E′ 6″, qu'on prolonge jusqu'à la courbe en 1‴, 2‴, 3‴, 4‴, 5‴, 6‴, et on descend ces intersections parallèles à B′ D‴. On descend ensuite des vitraux ces mêmes lignes d'adoucissement, parallèles à A′ A″, en K, L, M, N, O, P. On joint E K, E L, E M, E N, E G, E P, qu'on prolonge jusqu'à la rencontre des lignes d'adoucissement descendues P′ O′ N′ M′ L′ K′; on joint par une règle flexible les points G P′ O′ N′ M′ L′ K′ J, et on a en plan l'arête des arêtiers ou liens d'arête, c'est-à-dire l'intersection du cône avec la courbe D J′ C″. On met entre J′ C″ un certain nombre de lignes d'adoucissement, et on les descend en plan; on ne peut pas dévoyer les arêtiers, attendu que les lignes d'adoucissement coniques ne sont pas de niveau dans l'espace. On met donc une certaine épaisseur d'arêtier de chaque côté de la ligne d'arête, comme on le voit sur l'épure. On prolonge les faces des arêtiers en les faisant tourner du centre C jusqu'à la face des liens-guitardes. On met les croix Saint-André de remplissage, de manière qu'elles ne forment qu'un même about dans les poteaux et partageant l'espace dans le sommet en deux parties égales.

Pour faire l'élévation du lien d'arête G L′ J Q, on tire une ligne G J, puis, d'équerre à cette ligne, on élève G G′, P′ P″, O′ O″, N′ N″, M′ M″, L′ L″, K′ K″, J J″, etc., Q Q′; on tire une ligne G′ Q′ à une distance quelconque, mais d'équerre à G G′; on fait G′ G″ égal à D′ I, et on mène G″ Q″ parallèle à G′ Q′. On fait ensuite P‴ P″ égal à R 1‴, O′ O″ égal à S 2‴, N′ N″ égal à T 3‴, ainsi de suite jusqu'à J″ J″ égal à J‴ J′; on joint G′ P″ O″ N″ M″ L″ K″ J″ par une règle flexible, et on a l'arête de l'arêtier. Pour avoir le délardement de la face regardant le lien-guitarde, on remonte la jonction de cette même face avec les lignes d'adoucissement coniques, sur ces mêmes lignes en projection, comme on le voit figuré par une ligne ponctuée près de la courbe D J′ C″; on prend donc ces hauteurs à partir de C′ D′, et on les porte, à partir de G′ Q′, sur ces mêmes jonctions menées parallèles à G G′. D'ailleurs tout est indiqué comme on le voit sur l'épure.

Pour faire l'élévation de la croix Saint-André U V X, on tire une ligne U V, et, d'équerre à cette ligne, on élève U U′, V V′, X X′; on tire U′ X′, pour éviter la confusion des lignes, parallèle à U V. On fait U′ U″ égal à D′ I, et on mène U″ X″ parallèle à U′ X′. Après, on mène la jonction de la croix avec les lignes coniques parallèles à U U′ et parallèles à B′ D‴, et on détermine la croix en projection, comme on le voit indiqué par deux lignes ponctuées sur les projections verticales des lignes d'adoucissement coniques. On prend donc ces hauteurs à partir de C′ D′, et on les porte, chacune à chacune, à partir de U′ X′; on joint ces points par une règle flexible, et l'élévation est faite.

Pour faire l'élévation du lien-guitarde, on tire une ligne Y Z, extrémité du lien; on mène, sur cette ligne et d'équerre, la jonction des lignes d'adoucissement avec les faces. On prend toutes ces lignes sur Y Z, et on les porte sur une ligne Y′ X′, mise à volonté, pour éviter la confusion des lignes. On mène toutes ces lignes d'équerre à Y′ Z′; on fait R′ R″ égal à R 1‴, S′ S″ égal à S 2‴, T′ T″ égal à T 3‴, ainsi de suite jusqu'à Z′ Z″ égal à D′ I; on joint Y′ R″ S″ T″, etc., Z″, on a la face du dedans. On opère de même pour le dehors. On mène Z‴ Y‴ parallèle à Y′ Z′, et on laisse un embrèvement dans la sablière, comme on le voit sur l'épure. On opère de même pour l'autre lien-guitarde ou en établissant les deux sur la même épure; de même pour les autres croix de remplissage, en se jugeant, bien entendu, des lignes d'adoucissement coniques en projection pour la partie comprise entre l'arête des arêtiers et les vitraux, et de la courbe D J′ C″ pour la partie comprise entre l'arête de l'arêtier et les liens-guitardes B C D.

PARIS. — IMPRIMERIE DE MADAME VEUVE BOUCHARD-HUZARD, RUE DE L'ÉPERON, 5.

Pl. 87.

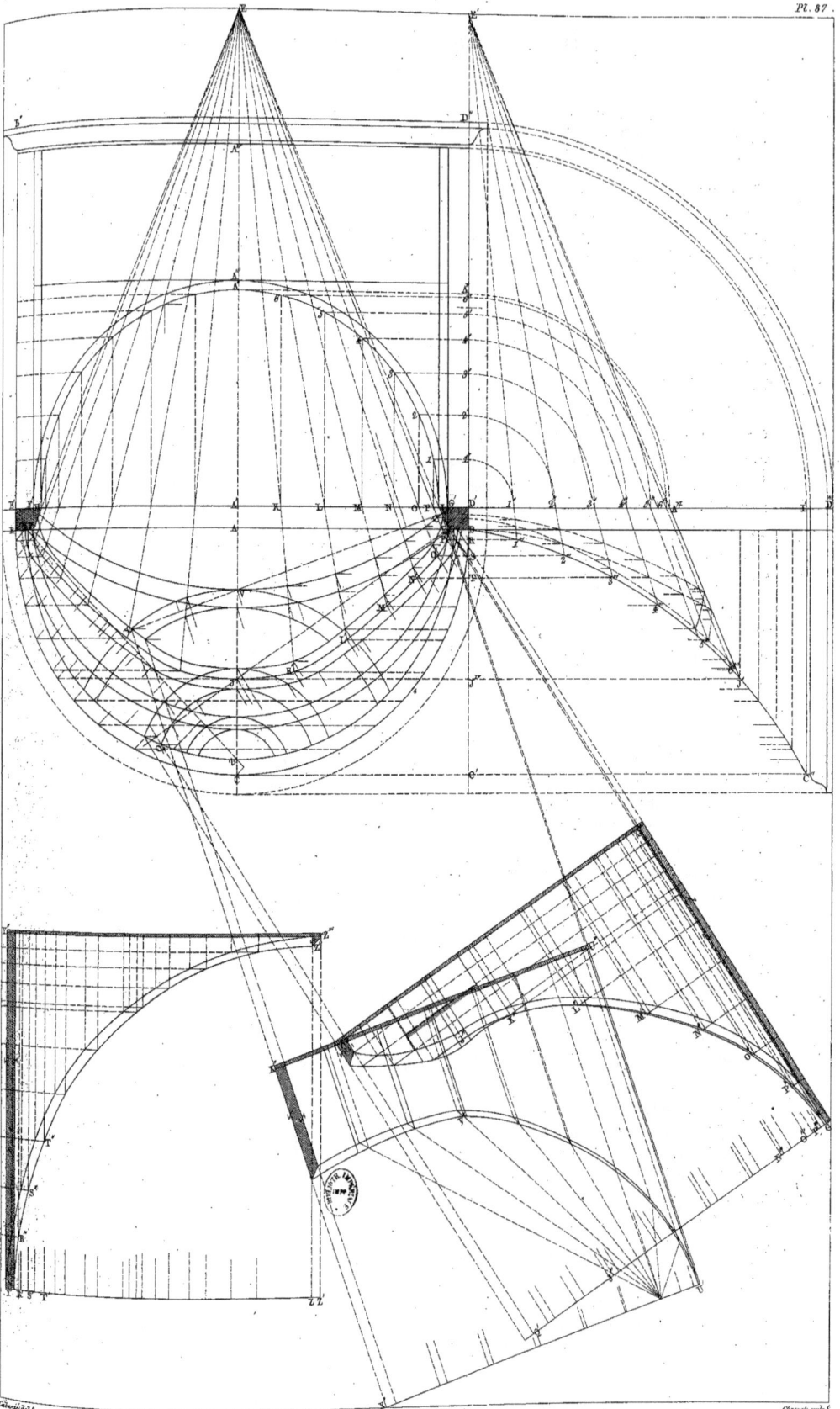

GUITARDE BIAISE A FAITAGE RELEVÉ.

On commence, premièrement (planche 88ᵉ), de tracer, sur un plan horizontal, la ligne A B de face des poteaux et la ligne-milieu C D du biais qu'on veut. On fait C D égal à A C ou C B, et on joint A D, B D; on partage B D en deux parties égales en E, et on élève E F perpendiculaire à B D, jusqu'à la rencontre de B F perpendiculaire à D C. On se met au point F comme centre, on décrit l'arc B D. On divise également la ligne A D en deux parties égales en H, et on mène H G perpendiculaire à A D jusqu'à la rencontre de A G perpendiculaire à C D. On se met au point G comme centre, on décrit l'arc A D, et le dehors de la guitarde biaise est tracé. Des mêmes centres, on figure une épaisseur des liens-guitardes; on figure aussi une épaisseur de vitraux, comme on le voit sur l'épure. Après, on prolonge D C en C', et on mène, sur un plan vertical passant par I' J' et d'équerre à D C', A A', B B', I I', J J', et on a les poteaux vus de bout. On se met au point milieu C" comme centre, on décrit le demi-cercle I' C'' J', et on a le vitraux carré. On fait C'' Cᴵⱽ d'un relevé qu'on veut, et on mène le dessous du chapeau Cᴵⱽ et le dessus A' C' B' parallèles à I' J'. On espace ensuite le quart de cercle J' C'' en un certain nombre de lignes d'adoucissement 1, 2, 3, 4, 5, 6, 7, et on les descend, en plan par terre, prallèles à D C'. On mène 1 en 1', 2 en 2', 3 en 3', 4 en 4', 5 en 5', 6 en 6', 7 en 7' horizontalement jusqu'à la ligne C'' C'. On se met au point K comme centre; on fait tourner C'' en K', 1 en 1'', 2 en 2'', 3 en 3'', 4 en 4'', 5 en 5'', 6 en 6'', 7 en 7'', C'' en K'', et le dessous et le dessus du chapeau C' en K'''. On mène K''' D', K'' L', K' M et les lignes d'adoucissement perpendiculaires à A B. On fixe l'arêtier L en plan; on remonte L L', D D'' parallèles à A B. On fait passer un cercle par les trois points M L' D''. On descend les jonctions N', O', P', Q', R', S', T' de cette nouvelle courbe M L' D'' avec les lignes d'adoucissement parallèles à A B, jusqu'à la rencontre des mêmes lignes d'adoucissement descendues du vitraux J' C'' parallèles à D C', et on a l'arêtier J N O P Q R S T L en plan par terre; on les dévoie en y mettant une certaine épaisseur, comme on le voit figuré. Ensuite on prolonge les faces des liens d'arête ou arêtiers jusqu'à la rencontre des liens-guitardes, comme il a été démontré à la capucine biaise. On espace les deux vides qui restent entre l'arêtier et le vitraux, et l'arêtier et le lien-guitarde en deux parties égales, on y fait passer les croix comme on le voit sur l'épure.

Pour faire l'élévation du vitraux, on élève A A'', I I'' I''', C C'', J J'' J''', B B', ainsi que la jonction des lignes d'adoucissement avec le vitraux en plan, comme on le voit indiqué, perpendiculaires à A B; on prend sur la ligne-milieu C'' C' du vitraux carré toutes les lignes d'adoucissement 1', 2', 3', 4', etc., ainsi que le dessous et le dessus du chapeau, et on les porte, à partir de I'' J'', sur I'' I''', et on les mène parallèles à I'' J''. La jonction de ces lignes d'adoucissement avec celles d'en plan remontées, jointes par une règle flexible, donne le dedans et le dehors du vitraux, et en délardant d'une courbe à l'autre, avec une épaisseur figurée en plan, on a un délardement qui suivra le biais de la guitarde. L'élévation étant faite, on met le chapeau sur ligne après l'avoir travaillé d'échantillon et avoir figuré le biais en plan si l'on veut. On met les poteaux sur ligne, après les avoir travaillés suivant le biais, c'est-à-dire comme ils sont figurés vus de bout; on les met de niveau et de dévers suivant la face A B. On met une traverse parallèle au chapeau A'' B'', et que le dessous tombe sur Cᵛ. On met les deux liens après les avoir travaillés de même épaisseur que le vitraux. Une fois le tout sur ligne de niveau et de dévers, on fait paraître dessus et dessous les liens-vitraux, les deux lignes courbes figurées en faisant paraître, bien entendu, dessus, la courbe I'' Cᵛ J'', et l'autre dessous, et on pique le tout.

Pour faire l'élévation du lien d'arête J L, on élève J Jᴵⱽ, N N'', O O'', P P'', Q Q'', R R'', S S'', T T'', L L'' et U U'' perpendiculaires à J L. On tire Jᴵⱽ U', pour éviter la confusion des lignes, parallèle à J L. On prend sur K' K''', chevron carré à A B, toutes les lignes d'adoucissement, et on les porte sur Jᴵⱽ Jᵛ; on les mène parallèles à Jᴵⱽ U', et la jonction avec les lignes à plomb donne l'arête du milieu Jᴵⱽ N'' O'' P'' Q'' R'' S'' T'' L'' et X'', ainsi que le délardement des deux faces, comme on le voit figuré. On mène Jᵛ U'' parallèle à Jᴵⱽ U', et on a le dessous de la sablière; on y figure un embrèvement en plus si l'on veut, comme on le voit sur l'épure.

Pour faire l'élévation de la croix V X, on tire une ligne aux deux extrémités de la croix en plan, et d'équerre à cette ligne on élève V V', X X' (figure 1ʳᵉ). On tire V' X', pour éviter la confusion des lignes, parallèle à V X en plan; puis on prend, sur C'' C', les lignes d'adoucissement, et on les porte sur V' V''; on les mène horizontalement, c'est-à-dire parallèles à V' X'. On remonte, d'en plan et parallèles à V V', les jonctions des faces de la croix avec les lignes d'adoucissement, et on a le délardement, comme on le voit figuré par deux lignes (figure 1ʳᵉ):

Pour faire l'élévation du lien-guitarde A D, on tire Y Z, extrémité du lien; on mène, sur cette ligne et d'équerre, les jonctions des lignes d'adoucissement avec les faces du lien, comme on le voit indiqué. On prend sur Y Z tous ces points, et on les porte sur Y' Z' (figure 2ᵉ), pour éviter la confusion des lignes, et on les remonte d'équerre à Y' Z'. On prend sur K' K''' les lignes d'adoucissement, et on les porte sur Y' Y''; on mène ces lignes parallèles à Y' Z', et la jonction de ces lignes vous donne les deux lignes courbes du délardement, comme on le voit sur l'épure. On opère de même pour les élévations qui restent à faire.

PARIS. — IMPRIMERIE DE MADAME VEUVE BOUCHARD-HUZARD, RUE DE L'ÉPERON, 5.

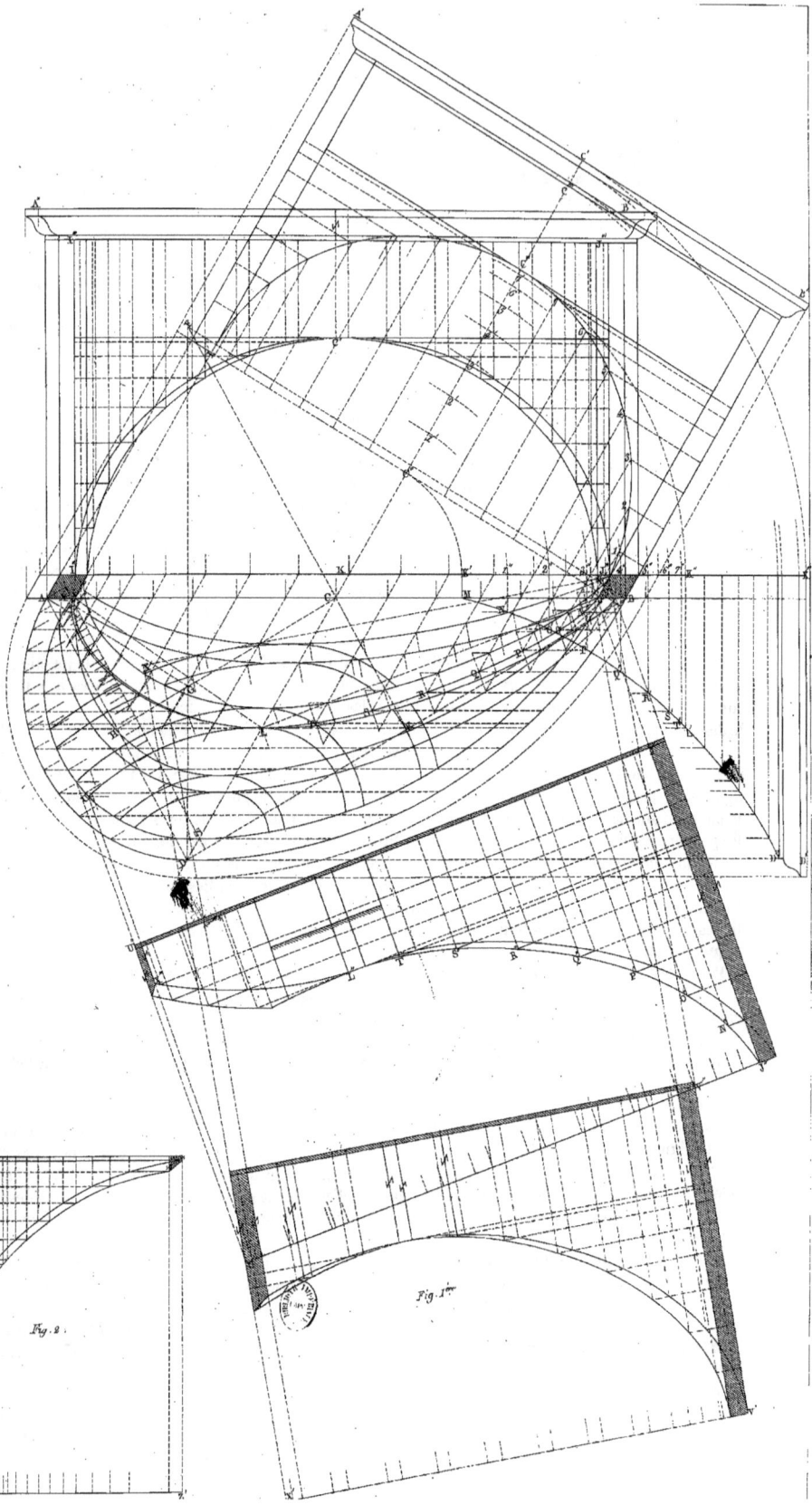

Fig. 1.er

Fig. 2.

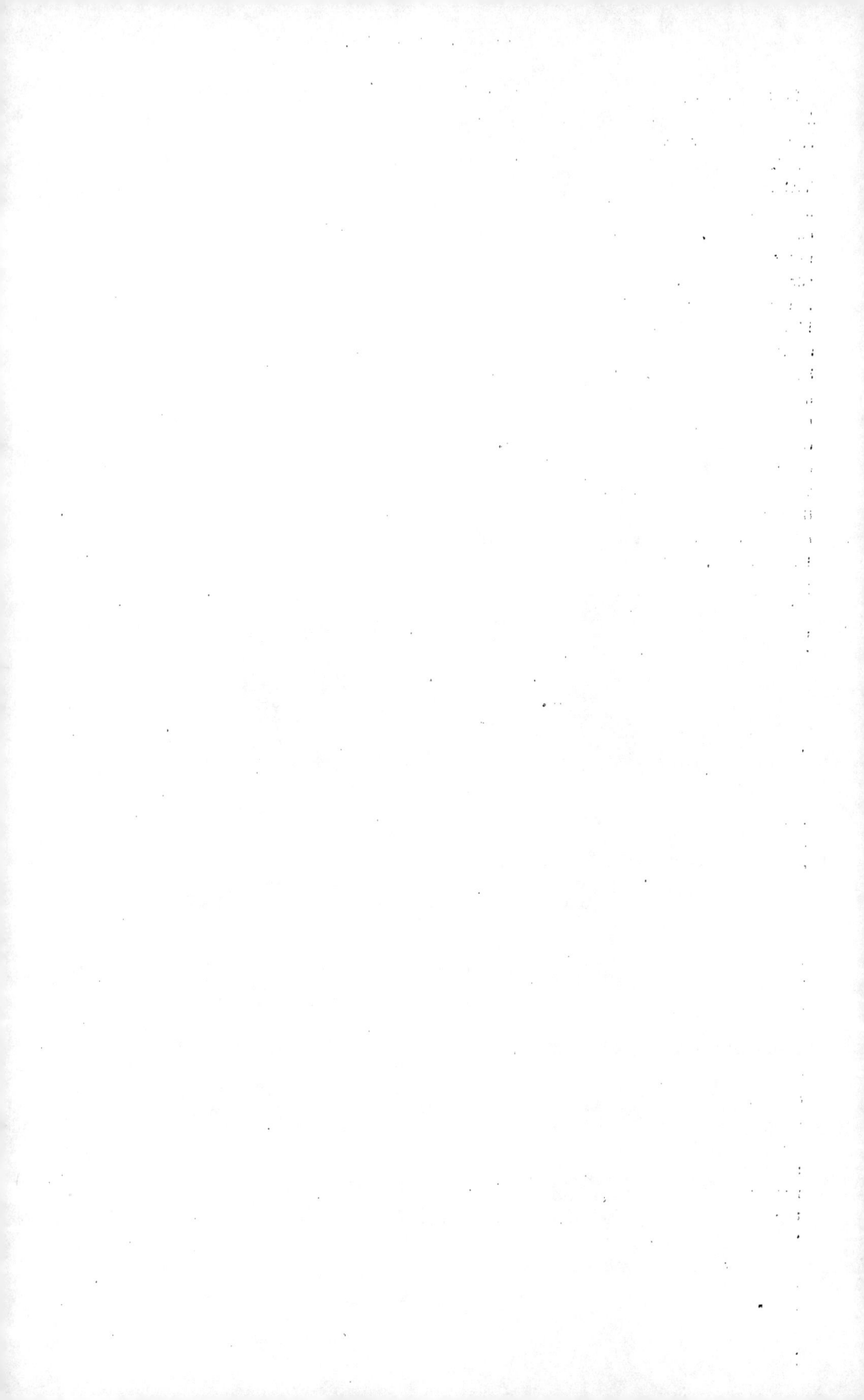

GUITARDE AVANT-CORPS.

On commence, premièrement (planche 89ᵉ), de tracer, sur un plan horizontal, les deux avant-corps A B C, D E F, comme on le juge convenable, c'est-à-dire des avant-corps plus ou moins grands; on y figure l'épaisseur des vitraux et les deux sablières d'équerre à ces vitraux, comme on le voit par les poteaux figurés vus de bout. On divise C D ou B E en deux parties égales en G, et on mène G H perpendiculaire à C D. On joint A F, par le milieu I, comme centre, on décrit le demi-cercle A' H F' ou dehors des liens-guitardes. Du même centre, on en figure une épaisseur, comme on le voit sur l'épure. Sur un plan vertical passant par B' E', on élève les quatre poteaux B' B", C" C', D" D', E' E" et la ligne du milieu G" G' perpendiculaire à B' E'. On se met au point G" comme centre; avec une ouverture de compas egale à G" C", on décrit le demi-cercle ou vitraux C" G" D". Du même point G" comme centre, avec une ouverture de compas égale à G" B', on décrit l'autre demi-cercle B' Gᴵⱽ E'; puis on fait Gᴵⱽ G' du relevé qu'on veut, et on mène C' D' dessous du chapeau et B" E" dessus parallèles à B' E'. On espace le quart de cercle D' G" en un certain nombre de lignes d'adoucissement, comme 1, 2, 3, 4, 5, 6; on mène ces lignes horizontalement, c'est-à-dire 1 en 1', 1", 2 en 2', 2", 3 en 3', 3", 4 en 4', 4", 5 en 5', 5", 6 en 6', 6", G" en 7, 7'. On espace la partie d'arc 7 Gᴵⱽ en un certain nombre de lignes d'adoucissement comme 8, 9, 10, 11; on mène 8 en 8', 9 en 9', 10 en 10', 11 en 11' et Gᴵⱽ en Gⱽ également de niveau, c'est-à-dire parallèles à B' E'. Sur un plan vertical passant par G H, mais fait sur E'" H', pour éviter la confusion des lignes, on élève les deux poteaux E'" Éᴵⱽ, F' F" perpendiculaires à E'" H'. On se met au point E'" comme centre, on fait tourner 1" en J, 2" en K, 3" en L, 4" en M, 5" en N, 6" en O, 7' en P, 8' en Q, 9' en R, 10' en S, 11' en T, Gⱽ en U, le dessous et le dessus du chapeau. Ensuite on espace en plan par terre, sur la ligne G H du milieu, l'arêtier P', la noue U' et l'autre arêtier U", de manière que les trois assemblages laissent les quatre vides à peu près égaux. Une fois ces lignes d'arêtes figurées en plan, on remonte ces mêmes arêtes P' P", U' U"', U" Uᴵⱽ, H H" perpendiculaires à G H. On mène ensuite P P", U U"' Uᴵⱽ, le dessous et le dessus du chapeau, parallèles à E'" H'. On fait passer un cercle par les trois points Eⱽ P" U"'. La partie de niveau P P" est le faîtage du premier berceau depuis le dehors G" des vitraux jusqu'à l'arêtier P', et la courbe P" U"' est le relevé depuis l'arêtier P' à U' de la noue. On fait passer également, par les trois points F' Uᴵⱽ H", un cercle; la partie U"' Uᴵⱽ est le faîtage du niveau depuis la noue U' à l'arêtier U", et la courbe Uᴵⱽ H" est le nouveau relevé depuis l'arêtier U" au dehors du lien-guitarde H. Ceci étant fait, on mène J J' J", K K' K", L L' L", M M' M", N N' N', O O' O", P P" P"', Q Q' Q", R R' R", S S' S", T T' T" parallèles à E'" H'. On descend les lignes d'adoucissement 1, 2, 3, 4, 5, 6 de l'arc D' G" parallèles à G G'. On descend J', K', L', M', N', O' d'équerre à G H, et leur jonction D J"' K"' L"' N"' O"' P' donne l'arête du premier arêtier D P'. On descend également 1', 2', 3', 4', etc., du second quart de cercle E' Gᴵⱽ, parallèles à G G', jusqu'à la rencontre des lignes J', K', L', etc., déjà descendues, et leur jonction donne la noue E Jⱽ Kᴵⱽ Lⱽ Mⱽ Nⱽ Oⱽ Pⱽ Q"' R"' S"' T"' U'. On descend J", K", L", M", N", O", P"', Q", R", S", T", d'équerre à G H, jusqu'à la jonction de 1', 2', 3', 4', etc., déjà descendues, et on a l'autre arêtier F Jⱽ Kⱽ Lⱽ Mⱽ Nⱽ Oⱽ Pⱽ Qᴵⱽ Rᴵⱽ Sⱽ Tⱽ U". On dévoie les arêtiers et les noues comme à l'ordinaire et comme on le voit indiqué. On met une croix dans les vides en leur donnant la forme qu'on veut, et comme on le voit en plan par terre.

Pour faire l'élévation de l'arêtier F U" V, on mène F F"', V V' d'équerre à F U"; on prend sur E"' E" les lignes d'adoucissement, et on les porte sur F"' Fᴵⱽ; on mène F"' V' ainsi que les lignes d'adoucissement parallèles à F U"; puis on remonte d'en plan par terre l'arête de l'arêtier F, Jⱽ Kⱽ, etc., et les faces, comme on le voit indiqué; la jonction de ces lignes avec les lignes de niveau donne l'arête et le délardement, comme on le voit figuré (figure 1ʳᵉ).

Pour faire l'élévation de la noue, on élève E Eⱽⁱ, X X' perpendiculaires à E U'; on mène Eⱽⁱ X' (figure 2ᵉ) parallèle à E U'. Ensuite on prend sur E"' Eⱽ les lignes d'adoucissement, et on les porte sur Eⱽⁱ Eⱽ" toujours (figure 2ᵉ), on les mène parallèles à Eⱽⁱ X'; puis, d'en plan par terre, on remonte l'arête et le rengraissement, comme il est indiqué, perpendiculaires à E U', et leur jonction donne les courbes, comme on le voit sur l'épure (figure 2ᵉ).

Pour faire l'élévation du remplissage qui forme croix avec la tête de la noue prolongée, on tire Y Z, extrémité de la croix ou ligne de trave; on mène sur cette ligne la jonction des faces avec les lignes d'adoucissement, comme on le voit indiqué. On prend toutes ces lignes, et on les porte sur une ligne Y' Z' (figure 3ᵉ); on les mène perpendiculaires à Y' Z'; on prend sur E"' Gⱽ les lignes d'adoucissement, et on les porte sur Y' Y"; on les mène parallèles à Y' Z', et leur jonction donne les deux courbes du délardement. On opère de même pour les autres croix et pour les élévations qui restent à faire, en sachant que l'assemblage compris depuis C D jusqu'à l'arêtier C P' D se cintre suivant le demi-cercle C" G" D", que la partie comprise entre l'arêtier C P' D et la noue B U' E se cintre suivant la courbe Eⱽ P" U"', que la partie comprise entre la noue B U' E et l'arêtier A U" F se cintre suivant le demi-cercle B' Gᴵⱽ E', et que la partie comprise entre l'arêtier A U" F et le lien-guitarde A' H F' se cintre suivant l'autre courbe F' Uᴵⱽ H", comme il est aisé de s'en rendre compte en vérifiant les opérations.

PARIS. — IMPRIMERIE DE NAPADE TESTU BOUCHARD-HUZARD, RUE DE L'ÉPERON, 5.

89

Pl. 88

Fig. 2.

Fig. 3.

Fig. 1re

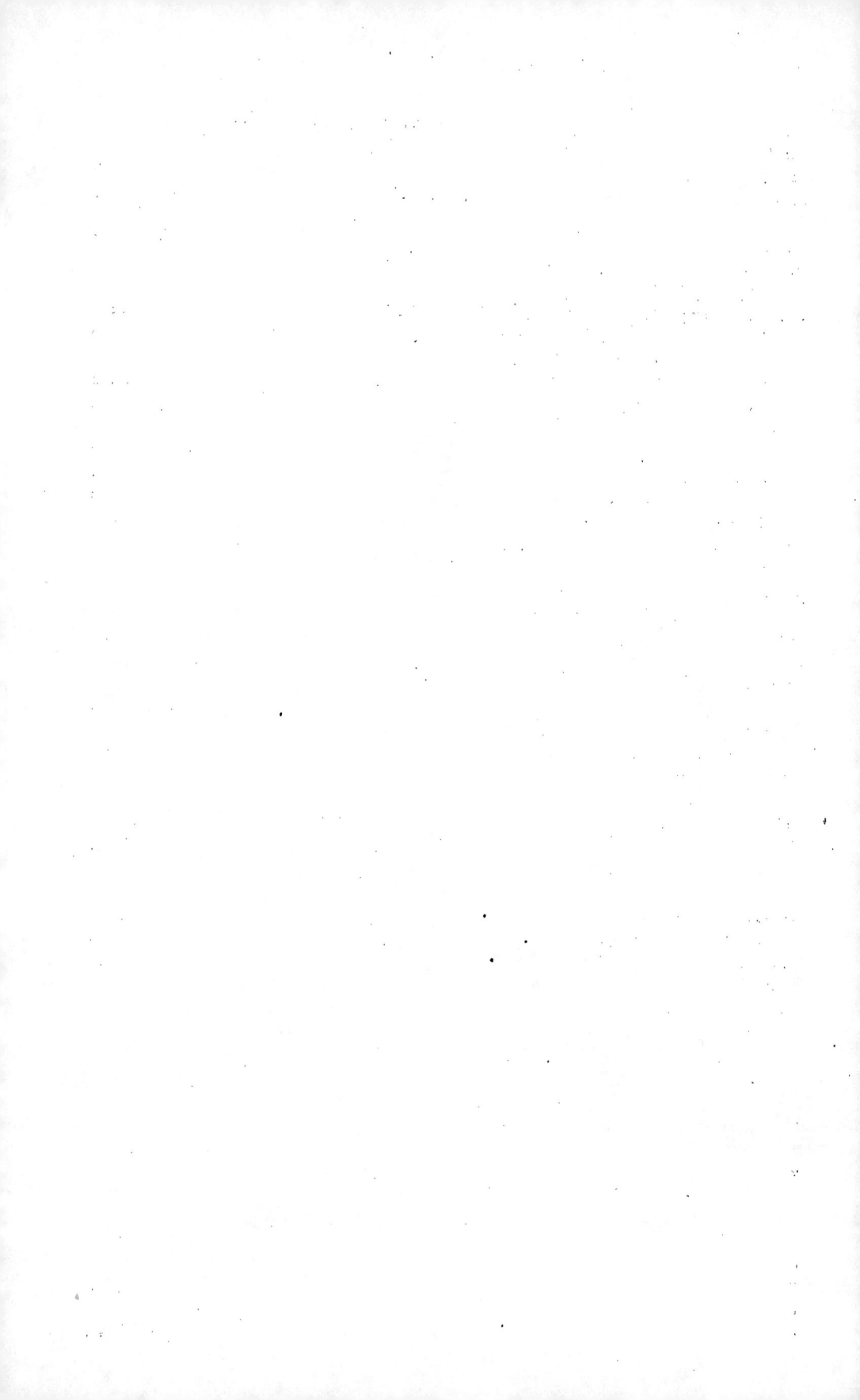

On commence, premièrement (planche 90e), de tracer, sur un plan horizontal, l'épaisseur du vitraux A B, A′ B′; on divise A B en deux parties égales en C; on mène C D perpendiculaire à A B, et du point C, comme centre, on décrit le demi-cercle A D B; on figure l'épaisseur des liens-guitardes et les poteaux vus de bout. Sur un plan vertical passant par A′ B′, on élève A′ A″, E E′, C C′, F F′, B′ B″ perpendiculaires à A′ B′. On tire B′ E″ d'une pente quelconque ou donnée. On fait C′ C″ égal à F″ C″ ou C″ E″ son égal; on joint F″ C‴; on mène par le milieu de F″ C‴ une perpendiculaire à cette ligne jusqu'à la rencontre de F″ G d'équerre à C C′. On se met au point G comme centre, on décrit l'arc F″ C‴. On joint également E″ C‴, on divise cette ligne en deux parties égales et par le point de milieu on y élève une perpendiculaire jusqu'à la rencontre de E″ H d'équerre à C C′; on se met au point H comme centre, on décrit l'arc E″ C‴. Après, on fait C‴ C′ du relevé qu'on veut; on mène E′ C′ F′ A″ B″ parallèles à B′ E″, et on a le dessous et le dessus du chapeau; on y figure une moulure de chaque bout, comme on le voit sur l'épure. Ensuite on divise l'arc F″ C‴ en un certain nombre de lignes d'adoucissement; on les mène parallèles à la pente B′ E″. Puis, pour éviter l'encombrement des lignes, on mène D′ Cᵛ J parallèle à C C′. On mène horizontalement sur cette ligne la jonction des lignes d'adoucissement figurées sur Cᵛ C′, comme on le voit indiqué par des lignes ponctuées. Sur un plan vertical passant par C D, mais fait sur D′ Cᵛ, on élève le poteau B′ Cᵛᴵ perpendiculaire à C′ D′. Du point Cᵛ comme centre, on fait tourner I en I′, J en J′, le dessous et le dessus du chapeau, et les lignes d'adoucissement, comme on le voit indiqué. Puis on mène I′ I″, J′ J″, Cᵛ D″ et les lignes d'adoucissement parallèles à Cᵛ D′. On fixe la tête des arêtiers en K, ligne du milieu de faîtage, en s'arrangeant de manière que les vides soient égaux si l'on veut; on remonte K J″, D D″ perpendiculaires à C D, et on fait passer un cercle par les trois points I″ J″ D″. On espace J″ D″ en autant de lignes d'adoucissement qu'on veut, on les mène parallèles à Cᵛ D′ jusqu'à la rencontre de Cᵛ Cᵛᴵ; on les fait tourner du point Cᵛ jusqu'à la rencontre de Cᵛ J prolongé; on les mène de niveau jusqu'à la rencontre de C C′, et de là on les mène parallèles à la pente B′ E″. On descend ensuite la jonction des lignes d'adoucissement de pente avec le vitraux F″ C″ E″ parallèles à C C′; on descend également la jonction des mêmes lignes d'adoucissement avec la courbe I″ J″ D″ parallèles à A B, et les jonctions, chacune à chacune, de ces lignes d'adoucissement en plan donnent les arêtiers E K, K F; on dévoie lesdits arêtiers comme on le voit indiqué; seulement, les lignes d'adoucissement parallèles à A B n'étant pas de niveau, il s'ensuivra que, en faisant l'élévation des arêtiers, il y aura trois lignes, une pour l'arête et une pour chaque face. On met les croix Saint-André de manière que les cinq assemblages viennent se déjouter au même about B′ E″ des poteaux et partagent le vide au faîtage en parties égales, comme on le voit sur l'épure.

Pour faire l'élévation F K L, on commence, premièrement, de le projeter sur les vitraux en F″ C″ L′, comme on le voit indiqué par des petits traits remontés d'en plan parallèles à C C′. Ces petits traits sur les lignes d'adoucissement de pente donnent les hauteurs, en les portant sur ces mêmes lignes menées d'équerre à F K, comme on le voit (figure 1ʳᵉ). On prend les points de hauteur à partir de A′ B′, et on les porte à partir de F‴ L′ parallèle à F K. On opère le plus juste possible, on fait paraître, jusqu'au faîtage K, trois lignes, une pour l'arête, une pour le délardement d'une face et une pour l'autre; et, depuis le faîtage jusqu'à la face du lien-guitarde, on ne fait paraître que deux lignes, une pour chaque face, pour délarder le bois de l'une à l'autre. On fait paraître le dessous de la sablière en y laissant un petit embrèvement si l'on veut, comme on le voit (figure 1ʳᵉ).

Pour faire l'élévation de la croix F O M N, on en fait premièrement la projection F″ O′ M′ N′ sur les lignes d'adoucissement de pente des vitraux en élévation, comme on le voit indiqué par des petits traits joints par deux lignes ponctuées, remontés d'en plan par terre, parallèles à C C′. Après, on élève F Fᴵⱽ, N N′, etc., c'est-à-dire tous les points où les lignes d'adoucissement coupent les faces, comme on le voit indiqué par des petits traits perpendiculaires à la ligne de trave F N″ en plan. On tire Fᴵⱽ N′ (figure 2ᵉ); on prend par point de hauteur, à partir de A′ B′, les points F″, O′, M′, N′, etc., et on les porte, à partir de Fᴵⱽ, en Fᵛ, O″, M″, N″, etc.; on joint tous ces points par une règle flexible, et on a les deux lignes de délardement. On figure aussi le dessous de la sablière suivant les deux faces, comme on le voit indiqué par deux lignes courbes, et en délardant de l'une à l'autre les deux faces de la croix joindraient avec le dessus de la sablière.

Pour faire l'élévation de l'autre arêtier E K P Q, on en fait la projection E″ C‴ P′ Q′. Puis on mène sur la ligne E K, et d'équerre, toutes les lignes d'adoucissement, et on les porte sur E″ Q‴ (figure 3ᵉ); on mène toutes ces lignes d'équerre à E″ Q‴; on prend E″ E″, on le porte en E″ Eᵛ, R R′ en R″ R‴, S S′ en S″ S‴, T T′ en T″ T‴, U U′ en U″ U‴, V V′ en V″ V‴, X X′ en X″ X‴, Y Y′ en Y″ Y‴, Z Z′ en Z″ Z‴, Cᵛ C″ en K′ K″, P″ P′ en P″ Pᴵⱽ, etc., Q″ Q′ en Q″ Qᴵⱽ, ainsi de suite pour les deux faces; on joint Eᵛ R‴ S‴ T‴ U‴ V‴ X‴ Y‴ Z‴ K″ Pᴵⱽ, etc., Qᴵⱽ, et on a l'arête et la face K P Q. De même pour le délardement, comme on le voit figuré par deux lignes. On opère de même pour les liens-guitardes et pour les croix dont les élévations restent à faire.

Pl. 90.

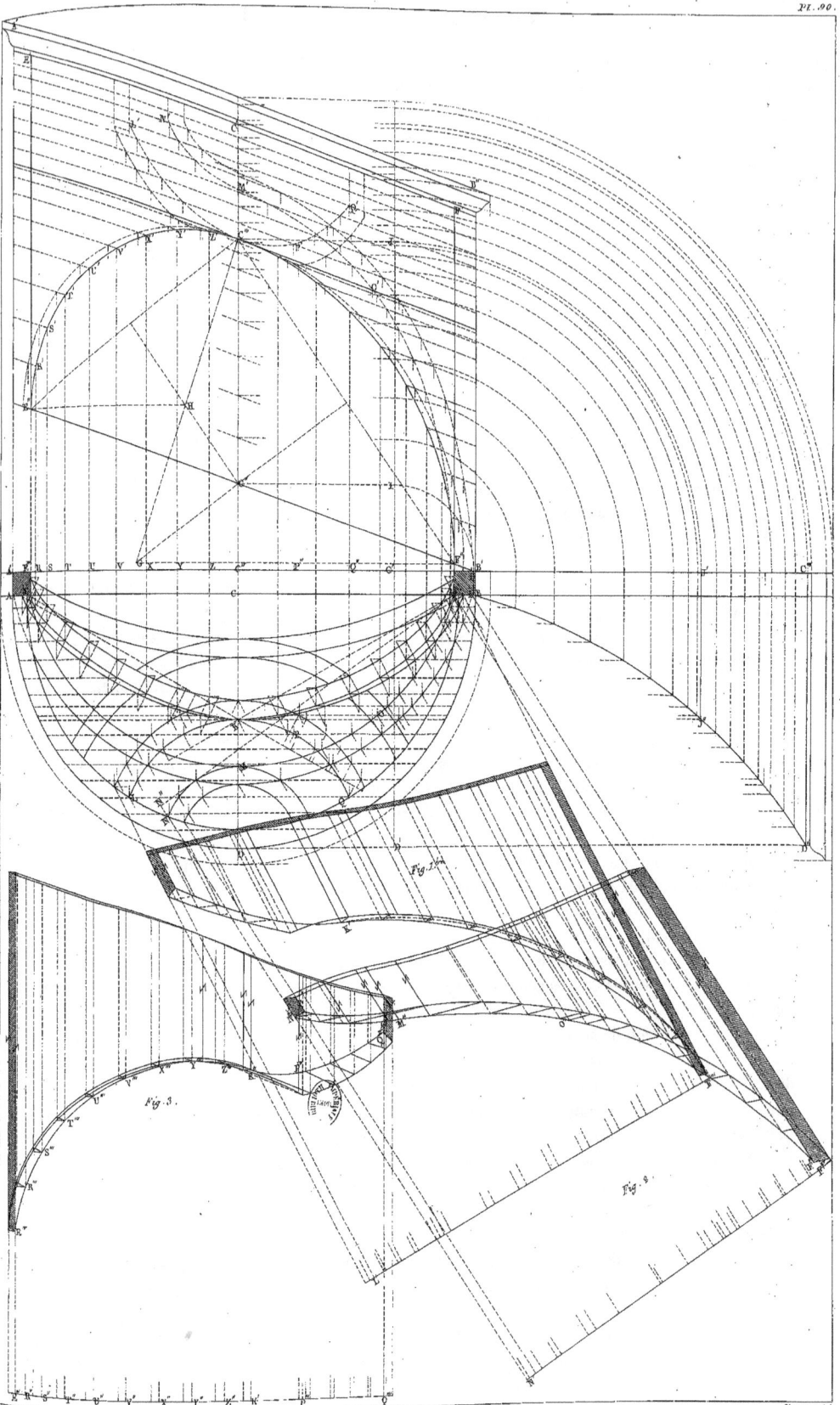

Fig. 1.

Fig. 2.

Fig. 3.

Imp.te Bette, rue Crozette, 8, Paris.

Cadrant del.

Choret sculp.

GUITARDE DE PENTE ET RAMPANTE.

On commence, premièrement (planche 91ᵉ), sur un plan horizontal, de tracer l'épaisseur du vitraux A B, A' B'. On divise A B en deux parties égales en C; on mène C D perpendiculaire à A B. On se met au point C comme centre, on décrit le demi-cercle A D B, face du dehors des liens-guitardes; on figure l'épaisseur de ces liens et les poteaux vus de bout. Sur un plan vertical passant par A' B', on élève A' A″, E E′, C C′, F F′, B' B″ perpendiculaires à A' B'. On tire B' E″ de la pente qu'on veut, et on décrit le vitraux E″ C″ F″ comme il a été démontré (planche 90ᵉ). On fait C″ C′ du relevé voulu, et on mène E′ C′ F′, dessous du chapeau, parallèle à la pente B' E″. On figure une hauteur de chapeau, et on mène A″ B″ parallèle à E' F′; on espace ensuite l'arc rampant F″ C″ E″ en un certain nombre de lignes d'adoucissement; on les mène parallèles à B' E″, comme on le voit sur l'épure.

Sur un plan vertical passant par C D on élève G G′, C C‴ perpendiculaires à G D; on se met au point G comme centre, on fait tourner C⁴ en G″, C″ en G‴, C′ en G⁴, le dessus du chapeau en G′, et les lignes d'adoucissement comme on le voit indiqué. On mène G′ D″, G⁴ D′, G‴ H″, G″ C‴ et les lignes d'adoucissement de la pente qu'on veut. On remonte l'arête H des deux liens d'arête, fixée d'avance en plan, en H′, D en D′ parallèles à G G′, et on fait passer un cercle par les trois points C‴, H″, D′. On descend, en plan par terre et parallèles à G G′, les jonctions de cette courbe avec les lignes d'adoucissement de double pente. On descend également les jonctions des lignes d'adoucissement de pente avec l'arc rampant F″ C″ E″ parallèles à C C′; leur croisillon en plan donne l'arête E H F des liens-tenailles. On dévoie des liens ou arêtiers comme il est indiqué, et on met les croix dans les deux vides comme on le voit sur l'épure.

La sablière, l'about des liens et les lignes d'adoucissement étant de deux inclinaisons ou de double pente, on ne peut prendre ni sur l'arc rampant F″ C″ E″ ni sur la courbe C‴ H′ D′ les hauteurs; il faut donc avoir recours à un chevron carré d'équerre à la sablière auxiliaire de double pente. On fera paraître sur ce chevron carré l'about des liens, les lignes d'adoucissement et le dessous de la sablière; pour y parvenir, on opère comme il suit : c'est par le point B' que l'on fait passer le plan auxiliaire de niveau; on prolonge C‴ G″ jusqu'en I, plan de niveau. Le point B' et le point I sont dans le même plan auxiliaire de niveau; on joint donc B' I par une ligne droite, et on a une sur ce plan la sablière auxiliaire de pente et rampante. Ceci étant fait, on mène J G K perpendiculaire à I B′; on élève G G⁴, K K′ perpendiculaires à J K ou parallèles à I B′. Pour éviter la confusion des lignes, on tire J′ L K″ parallèle à J K; on fait L L′ égal à G G′, et on tire J′ L′ qu'on prolonge en K‴ : cette ligne est l'about des liens. On prend également G C″, on le porte en L L′′; G C′ on le porte en L G⁴; ainsi de suite pour les lignes d'adoucissement. On mène G⁴ K′ et les lignes d'adoucissement parallèles à J′ K‴, et le chevron d'emprunt carré à la sablière de double pente est déterminé.

Pour faire l'élévation de l'arêtier F H U, on le projette premièrement sur le chevron d'emprunt en F‴ M′ N′ O′ P′ Q′ R′ S′ T′ H″, etc., U′ pour la ligne d'arête, et les faces comme on le voit indiqué par des traits remontés d'en plan, parallèles à J B′. Ensuite on mène les lignes d'adoucissement sur la ligne de trave F H en plan. On prend tous ces points, pour éviter la confusion des lignes, et on les porte sur F⁴ U″ (figure 1ʳᵉ); on mène tous ces points d'équerre à F⁴ U″. On fait F⁴ F′ égal à F⁴ F‴, M″ M‴ égal à M⁴ M′, N″ N‴ égal à N⁴ N′, O″ O‴ égal à O⁴ O′, ainsi de suite jusqu'à U″ U‴ égal à U⁴ U′; on continue de même pour les deux faces en prenant les points de hauteur sur leurs lignes ponctuées respectives du chevron d'emprunt. On joint ces points par une règle flexible et on a l'arête et le délardement des deux faces jusqu'au faîtage, et deux lignes de délardement depuis le faîtage jusqu'à la face du lien-guitarde. On fait paraître également le dessous de la sablière suivant les deux faces, comme on le voit indiqué par deux lignes courbes; on délarde de l'une à l'autre, et les deux faces de l'arêtier joindront avec le dessous de la sablière.

Pour faire l'élévation de l'autre arêtier E H V, on le projette également en E‴ H″ V′, comme on le voit indiqué par les trois lignes jusqu'à H″, et par deux jusqu'en V′. Ceci étant fait, on élève E E‴, H H″, V V″ perpendiculaires à E H; on prend les hauteurs sur le chevron carré à partir de J′ K′, et on les porte sur chacune d'elles à partir de E⁴ V‴ (figure 2ᵉ); on y figure les trois lignes jusqu'au faîtage, et deux depuis le faîtage jusqu'au joint contre le lien-guitarde, ainsi que les deux lignes de délardement sous la sablière.

Pour faire l'élévation du lien-guitarde B D, on le projette sur le chevron d'emprunt comme on le voit indiqué par deux lignes ponctuées; on tire ensuite une ligne de trave X Y, on y mène les lignes d'adoucissement d'équerre; on prend ensuite X Y et toutes ces lignes, et on le porte en X′ Y′ (figure 3ᵉ); on mène d'équerre à X′ Y′ toutes les lignes d'adoucissement. On prend sur le chevron carré les points de hauteur, et on les porte sur leurs lignes respectives; on joint ces points par une règle flexible, et on a les deux lignes de délardement : on y figure le dessous de la sablière comme on le voit figuré.

Pour faire les élévations qui restent, on les projette également sur le chevron d'emprunt, et on opère de même; seulement, comme c'est un ouvrage difficile à exécuter, on doit y apporter toute la précision possible. On délarde aussi le vitraux suivant la double pente, comme on le voit figuré.

PARIS. — IMPRIMERIE DE MADAME VEUVE BOUCHARD-HUZARD, RUE DE L'ÉPERON, 5

Pl. 91.

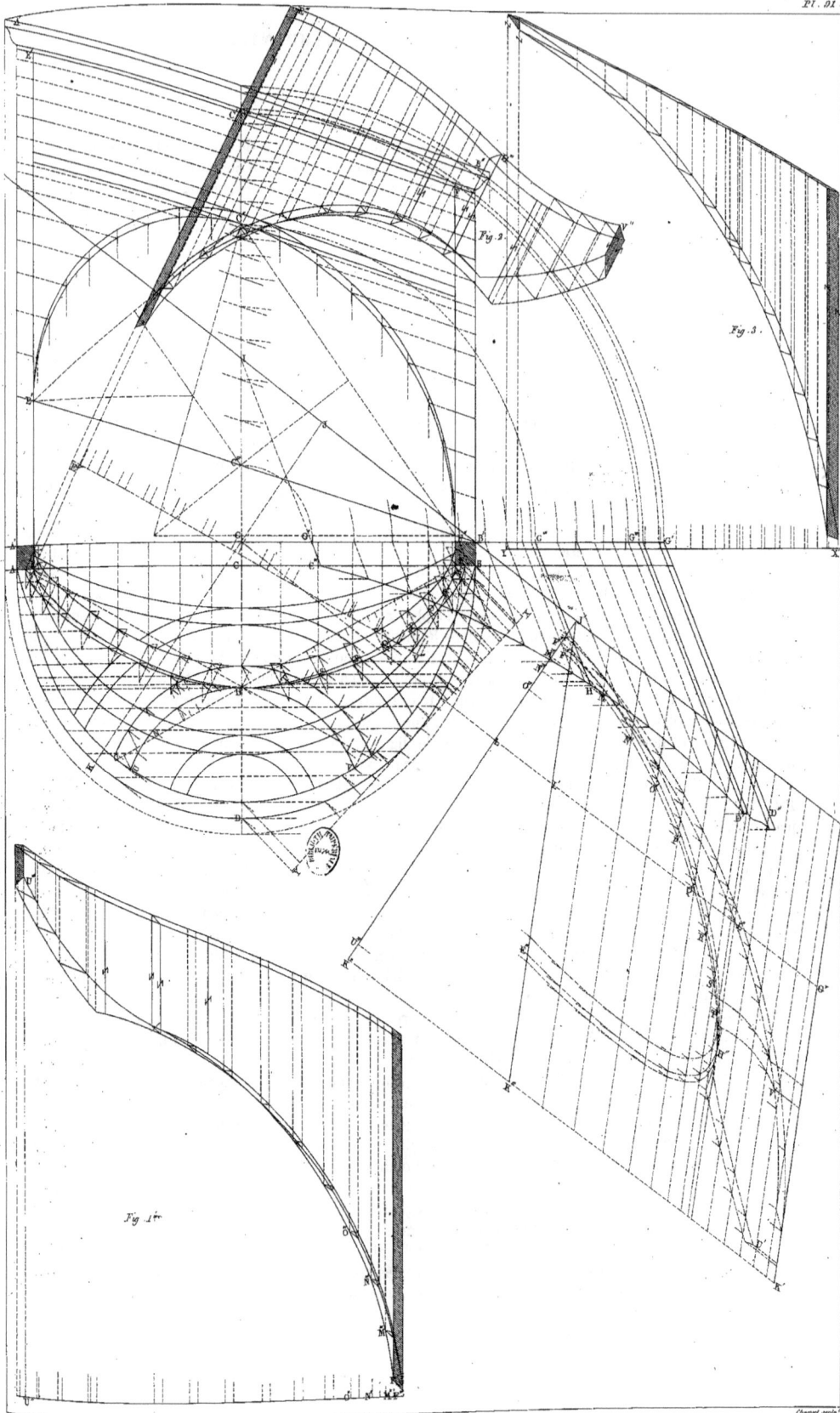

Fig. 2.

Fig. 3.

Fig. 1ᵉʳ

Charvet sculp.

LUNETTE A FAITAGE DE NIVEAU DANS UNE OGIVE TOUR RONDE.

On commence, premièrement (planche 92e), de tracer, sur un plan horizontal, du centre A, le lattis B C D de la sablière de la tour ronde, de même pour le dedans. Sur un plan vertical passant par A C, mais fait sur A' H, pour éviter la confusion des lignes, on fait paraître l'ogive H E' A'' d'une courbure quelconque, ainsi que l'épaisseur, mais passant par H, dehors de la sablière, et par A'', sommet du comble. Ensuite on mène, par le point C, une ligne F C H perpendiculaire à A C. On fait F, H, dehors de la lunette, d'égale distance du milieu C. Après, on fait passer sur cette ligne un plan vertical, et sur ce plan on élève F F', C C', H H' perpendiculaires à F H. On tire une ligne F' C' H', naissance du berceau, parallèle à F H. On se met au point C' comme centre, et on décrit le lattis F' C'' H' du berceau, ainsi que le dedans. On espace ensuite ledit berceau en un certain nombre de lignes d'adoucissement, comme 1, 2, 3, 4, etc.; on joint ces points au centre du cercle. Ceci étant fait, on mène les jonctions des lignes d'adoucissement avec le berceau horizontalement, comme 1 en 1', 2 en 2', 3 en 3', 4 en 4', C'' en H'', ainsi de suite pour le dedans jusqu'à la rencontre de H H'. On se met au point H comme centre, on fait tourner H' en H''', 1' en 1'', 2' en 2'', 3' en 3'', 4' en 4'', H'' en H^IV, ainsi de suite pour le dedans et les deux lignes entre H et H'. Le faîtage étant de niveau, on mène toutes ces lignes parallèles à H A' jusqu'à la rencontre du lattis H E' A'' et du dedans de l'ogive.

Pour avoir l'intersection des deux courbes en plan, c'est-à-dire les quatre arêtes de la noue, on descend les jonctions des lignes d'adoucissement avec le berceau F' C' H' parallèles à C'' A; on descend ensuite les jonctions des mêmes lignes d'adoucissement avec l'ogive, telles que I' en I, J' en J, K' en K, L' en L, M' en M et E' en E, etc., parallèles à H H^IV. On se met au centre A de la tour ronde en plan, on fait tourner I en I', J en J'', K en K'', L en L'', M en M''. On joint par une règle flexible I' J'' K'' L'' M'' E, et on a une arête; on opère de même pour les trois autres, comme on le voit figuré par des cases, et on figure les poteaux vus de bout et les croix à volonté comme on le voit sur l'épure.

Pour établir les vitraux ou berceau circulaire de la lunette, on tire une ligne N O en plan; on remonte N N', les trois autres arêtes du poteau N, les jonctions en plan des lignes d'adoucissement avec le vitraux comme on le voit indiqué par des petits traits et O O', C C''', le tout perpendiculaire à N O. On prend par points de hauteur sur le berceau carré F' C' H', à partir de F H, les jonctions des lignes d'adoucissement avec le berceau, et on les porte chacune à chacune à partir de N O, et on a les quatre arêtes, qu'on joint par une règle flexible, comme on le voit sur l'épure. On opère de même pour l'autre moitié.

Pour faire l'élévation de la noue ou branche de lunette, on tire une ligne P Q; on remonte, perpendiculaires à cette ligne, les quatre arêtes de chaque case figurées en plan; on met, à partir de P Q, sur chaque arête, sa hauteur correspondante. On figure lesdites cases en élévation, on joint ces arêtes par une règle flexible, et l'élévation est faite. Pour établir ladite noue, on prend une pièce de bois comme elle est figurée en élévation et de l'épaisseur R S en plan; on la met sur ligne après avoir fait paraître une ligne de trave qui, en élévation, doit tomber sur P Q, de niveau et de dévers, suivant cette ligne de trave; on la trace à plomb suivant les deux lignes extrêmes en faisant paraître, bien entendu, une ligne de niveau à chaque arête de case, les lignes remontées à plomb et les traits ramènerets. On fait quartier et on la trace suivant les deux arêtes extrêmes figurées en plan. Le bois étant enlevé sur les quatre faces par le moyen du rembarrement des lignes, on aura, sur les deux faces à plomb, des croisillons qui, étant joints par une règle flexible, donneront deux arêtes. On fera paraître dessus et dessous, comme il vient d'être dit pour les deux arêtes extrêmes, et les quatre arêtes seront figurées; on délardera d'une ligne à l'autre, et la noue sera tracée. En rembarrant les traits ramènerets du bas l'un par l'autre on aura la coupe contre la face Q V du poteau, et en rembarrant les deux de la tête on aura la coupe à plomb du faîtage.

Pour établir, par un procédé plus simple, la même branche de lunette, on tire une ligne T U comme si la moitié du vitraux H H' C'' était une courbe d'escalier en plan; on élève donc H H^IV, T T', etc., comme on le voit indiqué, jusqu'à U U', C'' C^IV, perpendiculaires à T U. On tire T' U', pour éviter la confusion des lignes, mais parallèle à T U; on prend H V, on le porte en H^v V', T Q en T' Q', ainsi de suite pour les quatre arêtes de chaque case jusqu'à C E, qu'on porte en C^IV C^v, et on a les quatre arêtes comme on le voit (figure 1re). On mène par le point V' et par le point Q' une ligne parallèle à U' T'; en rembarrant ces deux traits ramènerets l'un par l'autre on a la coupe à plomb contre la face Q V du poteau; on rembarre U U' par C'' C^v, et on a la coupe de la tête.

L'élévation étant faite, on prend une pièce de bois comme elle est (figure 1re) et de l'épaisseur X 1 sur le berceau; on y fait paraître une ligne de trave T U; on met la pièce de bois sur ligne (figure 1re) de niveau et de dévers suivant la ligne de trave. On fait paraître dessus H^v V', T' Q', ainsi de suite, traits ramènerets, etc.; on fait quartier à la pièce de bois, et on la trace comme si le demi-vitraux C'' H' H était une courbe en plan.

Pour établir la croix Y Z, on opère comme pour une croix dans une guitarde entre le vitraux et le lien d'arête, et tel qu'on le voit figuré (figure 2e). Les deux traits ramènerets à plomb donnent, en les rembarrant, la coupe contre le vitraux, et la case hachée de l'autre bout donne, en rembarrant, bien entendu, la coupe contre la face de la branche de lunette.

PARIS. — IMPRIMERIE DE MADAME VEUVE BOUCHARD-HUZARD, RUE DE L'ÉPERON, 5.

93

Pl. 92.

Fig. 3.

Fig. 1.ere

Charvet sculp.

LUNETTE BIAISE A FAITAGE DE NIVEAU DANS UNE TOUR RONDE IMPÉRIALE.

On commence, premièrement (planche 93e), de tracer sur un plan horizontal, du centre A la sablière B C D de l'impériale tour ronde ; sur un plan vertical passant par A C, on fait l'élévation C E' A' de l'impériale en figurant, bien entendu, l'épaisseur ou ligne de dedans du comble. Ensuite on dit : Je veux que le milieu de la lunette passe en C et que sa direction biaise soit C F en plan. Ceci étant fait, on tire par le point C une ligne G C H perpendiculaire à C F ; on fait C G, C H d'égale largeur, de manière que G H soit la largeur donnée de la lunette vue perpendiculairement à C F. Ensuite, sur un plan vertical passant par G H, on élève G G', C C' C'', H H' perpendiculaires à G H ; on tire G' H', naissance du berceau, parallèle à G H et d'une hauteur donnée. On se met au point C' comme centre et on décrit le demi-cercle G' C'' H', ainsi que l'épaisseur ou dedans du berceau ; on divise ensuite ledit berceau G' C'' H' en un certain nombre de lignes d'adoucissement, on les joint au centre C', et le berceau carré est déterminé. Après, on mène la jonction des lignes d'adoucissement avec le berceau au demi-cercle parallèles à G' H' jusqu'à la rencontre C C' ; puis, du centre C, on les fait tourner jusqu'à la rencontre de C C''', et on les mène parallèles à A C jusqu'à la rencontre du dehors et du dedans de l'impériale. On descend ces nouvelles jonctions parallèles à C C''' jusqu'à la rencontre de A C en plan ; puis, du point A comme centre, on les fait tourner, chacune à chacune, jusqu'à la rencontre des lignes d'adoucissement avec le berceau G' C'' H', descendues parallèles à C'' F. Ces intersections en plan donnent les quatre arêtes d'intersection du berceau avec la tour ronde impériale, comme on le voit figuré par des cases dont chaque arête est jointe par une ligne courbe, comme on le voit sur l'épure.

Pour faire l'élévation de la branche de lunette H F, on tire une ligne I J, extrémité du bois, et on élève C'' C'v, I I', ainsi de suite comme on le voit, jusqu'à J J', H H'' ; on tire une ligne I' J' (figure 1re), pour éviter la confusion des lignes, parallèle à I J. La ligne I' J' n'est autre chose que le plan vertical passant par G H. On prend donc H K, on le porte en H'' K' ; on prend H L, on le porte en L' L'' ; on prend H M, on le porte en M' M''. Le point H, passant par l'arête de la case, se trouve en H''. On prend N N', on le porte en N'' N''' ; on prend O O', on le porte en O'' O'' ; P P', on le porte en P'' P''', Q Q' en Q' Q'', et C F en C'' C'v ; ainsi de suite pour les trois autres arêtes, comme on le voit sur l'épure. On prend ensuite une pièce de bois comme elle est figurée en élévation, et de l'épaisseur N'v N'v ; on fait paraître une ligne de trave presque à rien, d'une face, car cette ligne est la même que J I figurée sur le berceau. Une fois sur ligne de niveau et de dévers suivant la ligne de trave, on fait paraître dessus toutes les lignes qui sont remontées du berceau H H' C'', et sur chaque arête de case une ligne parallèle à I' J', ainsi que les traits ramènerets ; on rembarre, on fait quartier à la pièce de bois, et on trace la branche de lunette comme si la moitié du berceau H H' C'' était une courbe en plan par terre. Une fois ladite courbe rencreusée et arrondie, on rembarre les lignes effacées, et leurs croisillons sur le lattis et le dedans, joints par une règle flexible, donnent le délardement du dedans et du dehors de la tour ronde impériale. Les deux traits ramènerets du bas donnent la coupe contre le poteau, et les deux de la tête donnent la coupe à plomb du faîtage.

Pour établir l'autre branche de lunette, on tire une ligne R I ; on mène, d'équerre à cette ligne, la jonction des lignes d'adoucissement avec le dehors et le dedans du berceau. On prend R I et toutes ces lignes, et on les porte en R' I'' (figure 2e), endroit quelconque, pour éviter la confusion des lignes ; on remonte toutes ces lignes d'adoucissement perpendiculaires à R' I''. On prend G S, on le porte en S' S'' ; on prend R R'', on le porte en R' R'' ; on mène par S'', R'' un trait ramèneret parallèle à R' I''. On prend G T, on le porte en T' T'' ; on prend G U, on le porte en U' U'' ; on prend V V', on le porte en V'' V'' ; ainsi de suite pour les quatre arêtes, en les prenant horizontalement à partir de G H, et en les portant, chacune à chacune, à partir de R' I''. Ceci étant fait, on prend une pièce de bois de la dimension dont elle est figurée en élévation et de l'épaisseur B' D' ; on fait paraître une ligne de trave ; on met la pièce de bois de niveau et de dévers suivant cette ligne. Une fois sur ligne, on fait paraître dessus S' S'', T' T'', ainsi de suite, et une ligne sur chaque arête parallèle à I'' R', les traits ramènerets, et on rembarre. On fait quartier à la pièce de bois comme on le voit figure 3e, et on trace la courbe en prenant X G et le portant en X' G'' ; on prend Y Y', et on le porte en Y'' Y''' ; on prend Z Z', et on le porte en Z'' Z'' ; ainsi de suite, comme on le voit tracé.

Pour faire l'élévation du vitraux, on opère comme à l'ordinaire et comme on le voit (figure 4e), et les croix on les établit comme il a été dit dans la planche précédente et comme on le voit (figure 5e) par face à plomb ; on peut aussi l'établir de manière que ces faces soient d'équerre au berceau : pour y parvenir, on fait paraître les quatre arêtes de la croix en plan par terre, et on opère ensuite comme à l'ordinaire ; d'ailleurs la manière de l'exécuter sera démontrée dans la suite.

PARIS. — IMPRIMERIE DE MADAME VEUVE BOUCHARD-HUZARD, RUE DE L'ÉPERON, 5.

93

Pl. 93.

Fig. 5.

Fig. 1.ᵉʳ

Fig. 4.

Fig. 3.

Fig. 2.

Imp.ᵉ Bellegarde Laverdet, à Paris.

LUNETTE CONIQUE DANS UNE TOUR RONDE.

On commence, premièrement (planche 94ᵉ), de tracer, sur un plan horizontal, du centre A, la sablière B C D de la tour ronde. Sur un plan vertical passant par A C, ligne de milieu de la lunette, mais fait sur A' E pour éviter la confusion des lignes, on élève A A' A'', C E E''' perpendiculaires à A C; on fait A' A'' d'une hauteur donnée, et on joint E A'', lattis de la tour ronde; on mène le dedans parallèle au lattis. Ensuite on tire une ligne F C E sur le plan par terre perpendiculaire à A C; on fait C F égal à C E, de manière que F E soit la largeur donnée de la lunette, et on mène F F', C C C'', E E' perpendiculaires à F E. On tire F' E, naissance du berceau, d'une hauteur donnée et parallèle à F E. On se met au point C' comme centre, et on décrit le dehors du berceau F' C'' E', ainsi que le dedans; puis on espace le berceau F' C'' E' en un certain nombre de lignes d'adoucissement, et on joint ces points avec le centre C' du cercle. Après, on descend, parallèles à C C'', les jonctions des lignes d'adoucissement avec le berceau sur la ligne F E; on joint les jonctions du lattis, telles que E, 1, 2, 3, 4, 5, 6, 7, 8, F, avec le point G, centre de la lunette, sur le plan horizontal. On mène le dedans H I parallèle à F G, et J I parallèle à E G, et on joint les jonctions du dedans, telles que 9, 10, 11, 12, etc., avec le point I, centre intérieur de la lunette, et on a les lignes d'adoucissement en projection sur le plan horizontal, c'est-à-dire en plan par terre.

Pour les avoir en projection sur le plan vertical, c'est-à-dire en élévation, on mène les jonctions des lignes d'adoucissement avec le lattis F' C'' E', ainsi qu'avec le dedans, parallèles à F E jusqu'à la rencontre de E E'', et du point E, comme centre, on les fait tourner sur la ligne E E''', perpendiculaire à A C. On remonte G en G' d'équerre à A C, et on joint E''' G' E'ᵛ G', 1' G', 2' G', 3' G', 4' G'; on remonte I en I', d'équerre à A C, jusqu'à la rencontre de E'ᵛ G'; on joint C''' I', qui doit être parallèle à E''' G'; on joint aussi 9' I', 10' I', 11' I', 12' I', et on a les lignes d'adoucissement en projection sur le plan vertical, c'est-à-dire en élévation.

Maintenant il s'agit de déterminer en projection horizontale et verticale la jonction des lignes d'adoucissement avec la tour ronde. Commençons, premièrement, par les lignes d'adoucissement du lattis du berceau avec le lattis de la tour ronde, car il faut se rappeler que, la branche de lunette formant quatre arêtes, nous avons quatre intersections à déterminer; mais, une fois qu'on en aura déterminé une, on opérera de même pour les autres : pour y parvenir, on joint les deux sommets A'' G' par une ligne droite. Il est bien clair que, si on fait passer par cette ligne une suite de plans, on parviendra à déterminer l'intersection de la lunette et de la tour ronde. On fait donc passer par le point E'ᵛ un plan horizontal auxiliaire E'ᵛ K' parallèle à E G'; ce plan coupe la lunette suivant la courbe F L M N O P : on obtient cette courbe en descendant L' en L, M' en M, N' en N, O' en O, P' en P, etc. Le même plan coupera le lattis de la tour ronde suivant la courbe S R T. On obtient également cette courbe en descendant R' en R, et du point A comme centre, en décrivant l'arc S R T. On descend aussi la jonction K' de la droite, et du plan en K. Ceci étant fait, on joint K F, et la jonction Q de cette ligne avec la courbe S R T on la joint avec le point A; on prolonge A Q en Q', rencontre de G F, et le point Q' est la projection horizontale de l'intersection demandée. Pour sa projection verticale on remonte Q en Q'' parallèle à A A''; on joint Q'' A'', qu'on prolonge en Q''', rencontre de G' E'ᵛ, et le point Q''' est la projection verticale. Pour vérification, il faut que, en remontant, Q', parallèle à A A'', passe sur Q''', et de plus il faut que, en menant Q''' horizontalement en Q'ᵛ, la distance A Q' en plan soit égale à Qᵛ Q'ᵛ. Pour avoir l'intersection d'une seconde ligne avec la tour ronde, on joint K L, qu'on prolonge jusqu'à la rencontre de la courbe S R T; on joint cette jonction avec A. La rencontre de cette nouvelle ligne avec G L donne le point d'intersection horizontal. Pour le point vertical, on remonte la jonction K L avec la courbe S R T sur E'ᵛ K' et ce nouveau point on le joint avec A'', et la jonction de cette dernière ligne avec 1' G' donne le point vertical; ainsi de suite pour les autres. Seulement, quand on cherchera l'intersection du lattis de la lunette avec le dedans de la tour ronde, on opérera sur la courbe R' S' T', du point U' en U, intersection du plan E'ᵛ K' avec la ligne V G'; de même pour le dedans de la lunette en joignant 1' A'', I' V et se jugeant des points X' Y' descendus en X Y, et opérant avec la courbe du dedans de la lunette, comme on le voit sur l'épure, car les quatre arêtes d'intersection, soit en plan, soit en élévation, sont figurées. Quant au vitraux, on le remonte d'en plan en élévation comme il est indiqué.

Pour les croix, on fait la herse du développement de la lunette (figure 1ʳᵉ); on y fait paraître les croix de manière qu'elles se trouvent entre le vitraux et les branches de la lunette en partageant l'intervalle en deux parties égales; on les met ensuite en plan par terre; on y figure les quatre arêtes, car les faces doivent être d'équerre au lattis, puis on les remonte en projections, car c'est sur ces projections qu'on prendra les hauteurs.

Pour faire l'élévation de la branche de lunette, on opère comme à l'ordinaire, comme on le voit (figure 2ᵉ), en prenant les hauteurs sur la branche de lunette en projection. Pour l'élévation du vitraux, on opère comme on le voit (figure 3ᵉ), en prenant également les hauteurs sur le vitraux en projection. Pour l'élévation des croix, on opère comme on le voit (figure 4ᵉ), en en prenant les hauteurs sur la croix figurée en projection.

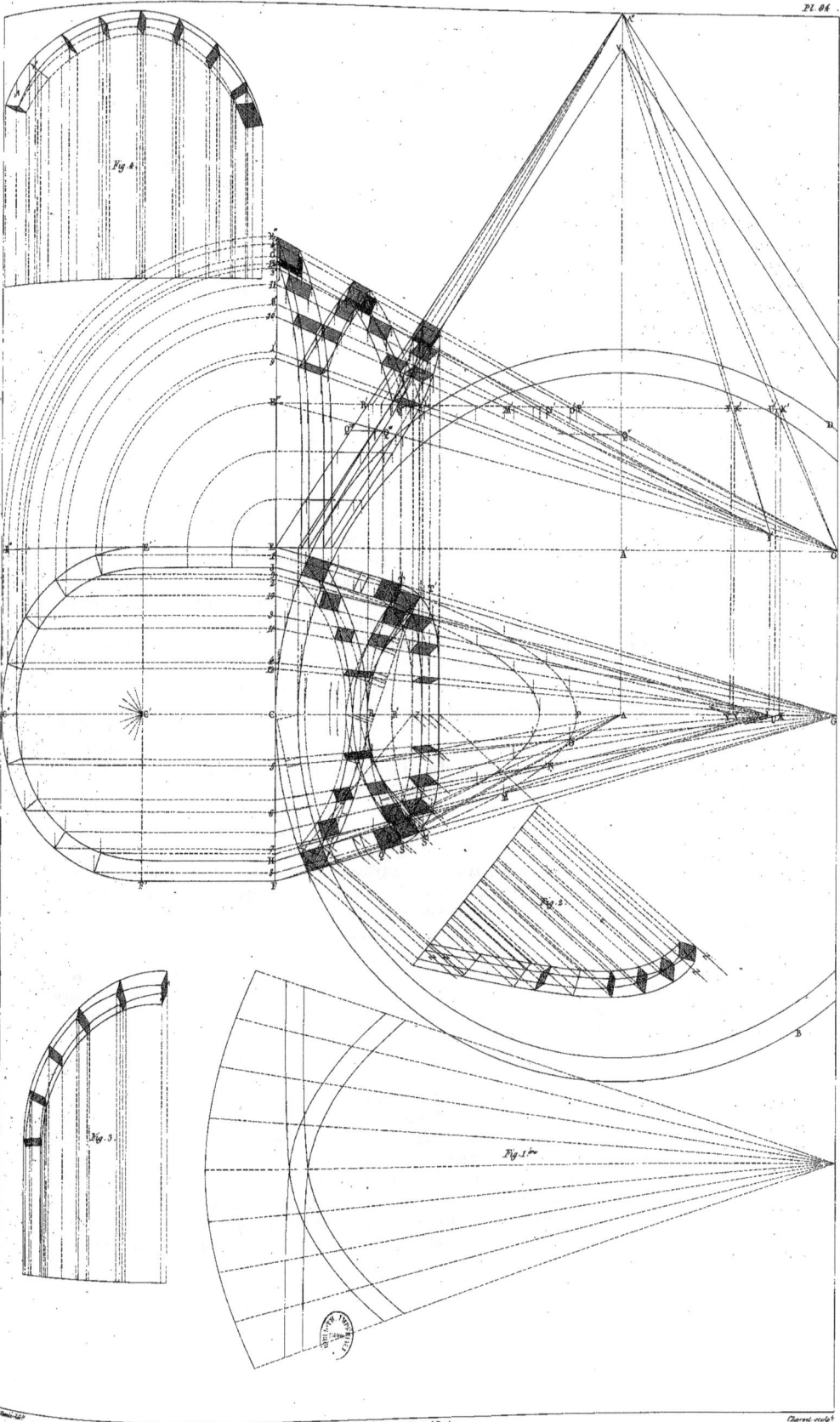

Pl. 64

Fig. 4.

Fig. 2

Fig. 3.

Fig. 1.⁰ᵉ

Charoit sculp.

LUNETTE CONIQUE BIAISE DANS UNE TOUR RONDE.

On commence, premièrement (planche 95e), sur un plan horizontal, de tracer, du centre J, la sablière K L M de la tour ronde et son élévation J J' L sur un plan vertical passant par J L. Puis, voulant que la ligne du milieu de la lunette passe en L et que son sommet au centre vienne tendre en N, plan de niveau et intérieur de la tour ronde, on joint L N par une ligne droite et on a la direction, ou ligne de milieu de la lunette en plan par terre. Ceci étant fait par le point L, on mène une perpendiculaire O P à L N, et sur O P on fait passer un plan vertical et sur ce plan on y projette l'ellipse L' O' L'' P' de la forme qu'on veut. Il est bien entendu que cette ellipse se lève à plomb sur O P et que le dehors L' O' L'' P' tend au point N. Ensuite on espace le pourtour L' O' L'' P' en un certain nombre de lignes d'adoucissement. On joint chaque point au centre qui a cintré l'ovale en cet endroit comme on le voit sur l'épure. On descend les jonctions des lignes d'adoucissement avec le dehors et le dedans de l'ovale, parallèles à L L'', sur la ligne O P, et on joint celles du dehors avec le point N et celles du dedans avec le point R, sommet du dedans descendu de R', d'équerre à J L, et on a en plan par terre ou en projection horizontale les lignes d'adoucissement.

Pour avoir les lignes d'adoucissement en projection verticale sur le plan vertical de projection passant par J L, on élève L L'' perpendiculaire à J L; on se met au point L comme centre, on fait tourner L'' en L'', Q' en Q'', Q en Q'', L' en L^{iv}; on remonte N en N' d'équerre à J L, on joint L'' N', L^{iv} N'; puis on mène Q'' R' parallèle à L'' N', Q''' R' parallèle à L^{iv} N'; le point R' est le sommet intérieur de la lunette projeté sur le plan vertical; on le descend en R et on l'a sur le plan horizontal. Après, on mène les lignes d'adoucissement horizontalement sur la ligne L L''; on les fait tourner, du point L comme centre, sur L L''; une fois sur cette ligne, on les mène parallèles à J L. On remonte ensuite O O'', P P''; on joint O'' N', P'' N'; ainsi de suite pour toutes les lignes de dehors, et on a la courbe L^{iv} O'' L'' P''; on remonte S S', T T', toujours parallèles à L L''; on joint S' R', T' R', ainsi de suite, et on a la courbe du dedans Q'' S' Q'' T', et les lignes d'adoucissement du dedans et du dehors sont en projection sur le plan vertical.

Pour déterminer l'intersection des lignes d'adoucissement avec le dehors et le dedans de la tour ronde, on opère comme il a été dit (planche 94e), comme on le voit en partie figuré par le plan U V et par les droites N' J', N' J'', R' J'', R' J' en projection verticale et N J, R J en projection horizontale; toutes les autres lignes n'ont été faites qu'au crayon et enlevées pour éviter l'encombrement. D'ailleurs il n'y a qu'à déterminer l'intersection de deux cônes, et on trouve la manière d'opérer dans la géométrie descriptive; seulement, comme la branche de lunette forme quatre arêtes, il y a quatre intersections de cônes à déterminer. En opérant ainsi on a déterminé sur le plan horizontal et sur le plan vertical les quatre arêtes d'intersection comme on le voit figuré par les cases en plan 1, 2, 3, 4, 5, 6, 7, 8, 9, 10, 11, I, H, G, F, E, D, C, B, A, et en élévation par les cases 1', 2', 3', 4', 5', 6', 7', 8', 9', 10', 11', I', H', G', F', E', D', C', B', A'.

Pour déterminer la courbure de la pénétration de la tour ronde, on prend le rampant J' L, on se met en un point quelconque J''' comme centre, et on décrit l'arc M' K'. Ensuite on met deux chevrons J K et J M en plan de manière qu'ils touchent les arêtes du dehors de la pénétration. De cette manière, on pourra boulonner les branches de lunette dans les chevrons. Dans cet intervalle, on met un certain nombre de chevrons; on les met ensuite en herse, et par ce moyen on détermine la courbure de la lunette dans la tour ronde, on y figure également le démaigrissement et le rengraissement des chevrons sur le lattis de la lunette, comme on le voit sur l'épure.

Pour faire l'élévation de la branche de lunette X A B C D E, etc., on élève X X', Y Y', ainsi que les arêtes de chaque case perpendiculaires à X Y; on tire X' Y' (figure 1re), pour éviter la confusion des lignes, parallèle à X Y. Ensuite on prend par point de hauteur, à partir de J L, les quatre arêtes de la case 1', et on les porte, à partir de X' Y', sur leurs lignes respectives, et on a la case 1''. On prend les quatre arêtes de la case A' à partir de J L, on les porte à partir de X' Y', et on a la case A''; ainsi de suite pour les cases B'', C'', D'', E'', etc., comme on le voit sur l'épure. On prend ensuite une pièce de bois comme elle est figurée en élévation et de l'épaisseur en plan, et on termine comme il a été dit (planche 81e).

Pour faire l'élévation de l'autre branche de lunette 1, 2, 3, 4, 5, etc., on renvoie toutes les arêtes des cases sur X Y (d'équerre, bien entendu). On prend cette ligne, on la porte en X'' Y'' (figure 2e), on élève toutes ces lignes perpendiculaires à X'' Y''. On prend ensuite les quatre arêtes des cases 1', 2', 3', 4', 5', 6', 7', 8', 9', 10' et 11' par point de hauteur à partir de J L, et on les porte, chacune à chacune, à partir de X'' Y'', et on a les cases 1'', 2'', 3'', 4'', 5'', 6'', 7'', 8'', 9'', 10'' et 11'', comme on le voit sur l'épure (figure 2e). Puis on établit la branche de lunette comme une courbe, en la traçant en plan, d'après les deux lignes extrêmes, et la débillardant horizontalement; puis on fait paraître dessus et dessous une ligne en la prenant en plan comme à l'ordinaire. Le croisillon des cases sur les faces à plomb donne une ligne sur chaque face. On délarde d'une ligne à l'autre et le joint suivant X Y, et tout est terminé.

PARIS. — IMPRIMERIE DE MADAME VEUVE BOUCHARD-HUZARD, RUE DE L'ÉPERON, 5.

Pl. 95.

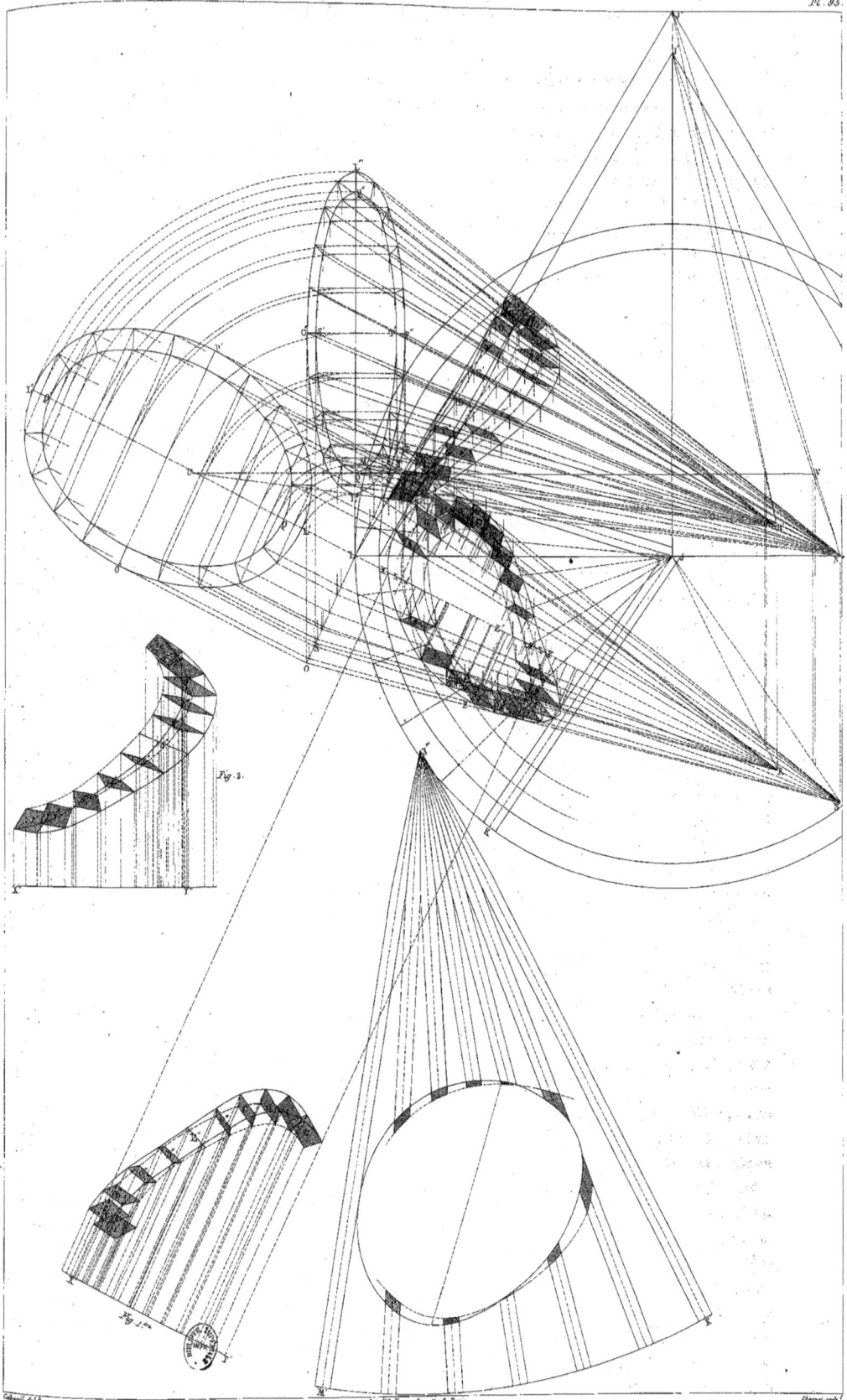

Fig. 2.

Fig. 1re.

Imp.lie Bellavoir Cuvette, 8, Paris.

LUNETTE CONIQUE DANS UNE IMPÉRIALE DONT LA SABLIÈRE EST UN OVALE.

On commence, premièrement (planche 96ᵉ), de tracer, sur un plan horizontal, la sablière A B C de l'impériale suivant la forme ovale du mur. Ensuite, sur un plan vertical passant par B F, mais fait sur E F' pour éviter la confusion des lignes, on fait l'élévation E F″ C′ de l'impériale du petit axe; on figure l'épaisseur du comble, et on y met un certain nombre de lignes d'adoucissement, de manière que leurs croisillons passent par le lattis et le dedans de l'impériale; on descend ensuite ces lignes d'adoucissement, parallèles à F″ F, sur la ligne B F en plan; après, pour que le dedans du comble vienne se terminer en F‴, malgré la différence des deux axes, on tire une ligne B C; on mène toutes les lignes d'adoucissement figurées sur B F, parallèles à B C, jusqu'à la rencontre de FC, comme on le voit indiqué. Une fois ces points déterminés, on fait passer un ovale fixe par chaque point, et on a les lignes d'adoucissement en plan par terre. Par ce moyen, tous les chevrons venant de la sablière A B C au centre F, malgré leur plus ou moins de reculement, formeront un lattis et un intérieur de comble régulier, et chaque chevron ou arbalétrier facile à construire par le moyen de ces mêmes lignes d'adoucissement figurées en plan et en élévation. Ceci étant fait, on prolonge B F, ligne de milieu de la lunette, jusqu'en G; on mène par le point B une perpendiculaire H E à B C; on élève sur cette ligne un plan vertical, et sur ce plan on y figure la forme de la lunette H H′ B″ E′ E, I D D′ D″ J. On divise le berceau H′ B″ E′ en un certain nombre de lignes d'adoucissement qu'on joint avec B′, centre du berceau. On descend les jonctions des lignes d'adoucissement avec le berceau sur H E; celles du dehors, on les joint avec le point G. On mène I K parallèle à H G et J K parallèle à E G, et on joint celles du dedans avec K, et on a les lignes d'adoucissement de la lunette en plan par terre ou en projection horizontale. Pour les avoir sur le plan vertical, on mène les jonctions du dedans et du dehors du berceau H′ B″ E′, parallèles à H E, jusqu'à la rencontre de E E″, et du point E comme centre on les fait tourner sur E E‴. On joint celles du dehors avec G· et celles du dedans avec K′, et on a les lignes d'adoucissement en élévation, c'est-à-dire en projection verticale.

Pour avoir les quatre arêtes d'intersection de la lunette avec l'impériale, on s'y prend de cette manière : on fait passer par chaque ligne d'adoucissement en plan par terre un plan vertical; ce plan contiendra la ligne d'adoucissement dans l'espace, et coupera le dedans et le dehors de l'impériale, d'après une courbe qu'il est facile de déterminer par le moyen des lignes d'adoucissement. La jonction de la ligne d'adoucissement de la lunette avec la courbure de lattis et du dedans de l'impériale, descendue en plan sur ladite ligne d'adoucissement de la lunette, donne l'intersection demandée. Cette méthode est applicable toutes les fois que le lattis du grand comble n'est pas en ligne droite et que la sablière en plan a une courbure quelconque. Soit pour trouver l'intersection de la ligne d'adoucissement H G avec l'impériale : on élève H H″ perpendiculaire à H G, on fait H H″ égal à H H′, et on joint H″ G; on remonte M M′, N N′, O O′, P P′ perpendiculaires à H G. On prend la hauteur des lignes d'adoucissement figurées sur l'impériale E F″ à partir de E F′, et on les porte en M M′, N N′, O O′; on joint par une règle flexible L M′ N′ O′, on a le lattis. M N″ O″ P′ donne le dedans, et les jonctions Q′, R′ sont l'intersection demandée, qu'on descend en plan par terre en Q et en R. On opère de même pour la ligne du dedans de la lunette I K, comme on le voit sur l'épure, et on a en plan par terre la case 1, et, en opérant de même, on a la case 2, 3, 4 et 5. La case 6 est pareille à la case 4, la case 7 à la case 3, la case 8 à la case 2, et la case 9 à la case 1. Après, on remonte les quatre arêtes de chaque case sur les lignes d'adoucissement de la lunette en projection, et on a les cases 1′, 2′, 3′, 4′ et 5′ en projection verticale; on figure également le vitraux en projection comme on le voit indiqué par les cases 6′, 7′, 8′, 9′, 10′, car c'est sur ces cases qu'on prend les hauteurs pour faire les élévations.

Pour faire l'élévation de la branche de lunette S T, on tire une ligne U V, on y mène d'équerre les arêtes de la case du poteau et de la 9, 8, 7, 6, 5; puis on prend ladite ligne U V, et on la porte en U′ V′ (figure 1ʳᵉ), pour éviter la confusion des lignes. On remonte toutes ces arêtes d'équerre à U′ V′, on prend par point de hauteur, a partir de E F′, les quatre arêtes de la case 1′, 2′, 3′, 4′ et 5′, et on les porte, à partir de U′ V′, sur chacune d'elles, et on a les cases 9″, 8″, 7″, 6″ et 5″; on joint ces arêtes par une règle flexible, on fait paraître les traits ramènerets, et l'élévation est faite.

Pour faire l'élévation du vitraux, on tire une ligne X Y en plan, on y mène d'équerre les lignes d'adoucissement, et on porte ladite ligne en X′ Y′ (figure 2ᵉ), pour éviter la confusion des lignes; on remonte les lignes d'adoucissement d'équerre à X′ Y′. On prend par point de hauteur, à partir de E F′, les quatre arêtes des cases 6′, 7′, 8′, 9′, 10′, et on les porte à partir de X′ Y′, chacune à chacune, et on a les cases 6″, 7″, 8″, 9″ et 10″, comme on le voit figuré.

Si l'on voulait mettre des croix, on opérerait comme il a été démontré à la première lunette conique ou (planche 94ᵉ).

PARIS. — IMPRIMERIE DE MADAME VEUVE BOUCHARD-HUZARD, RUE DE L'ÉPERON, 5.

Pl. 96.

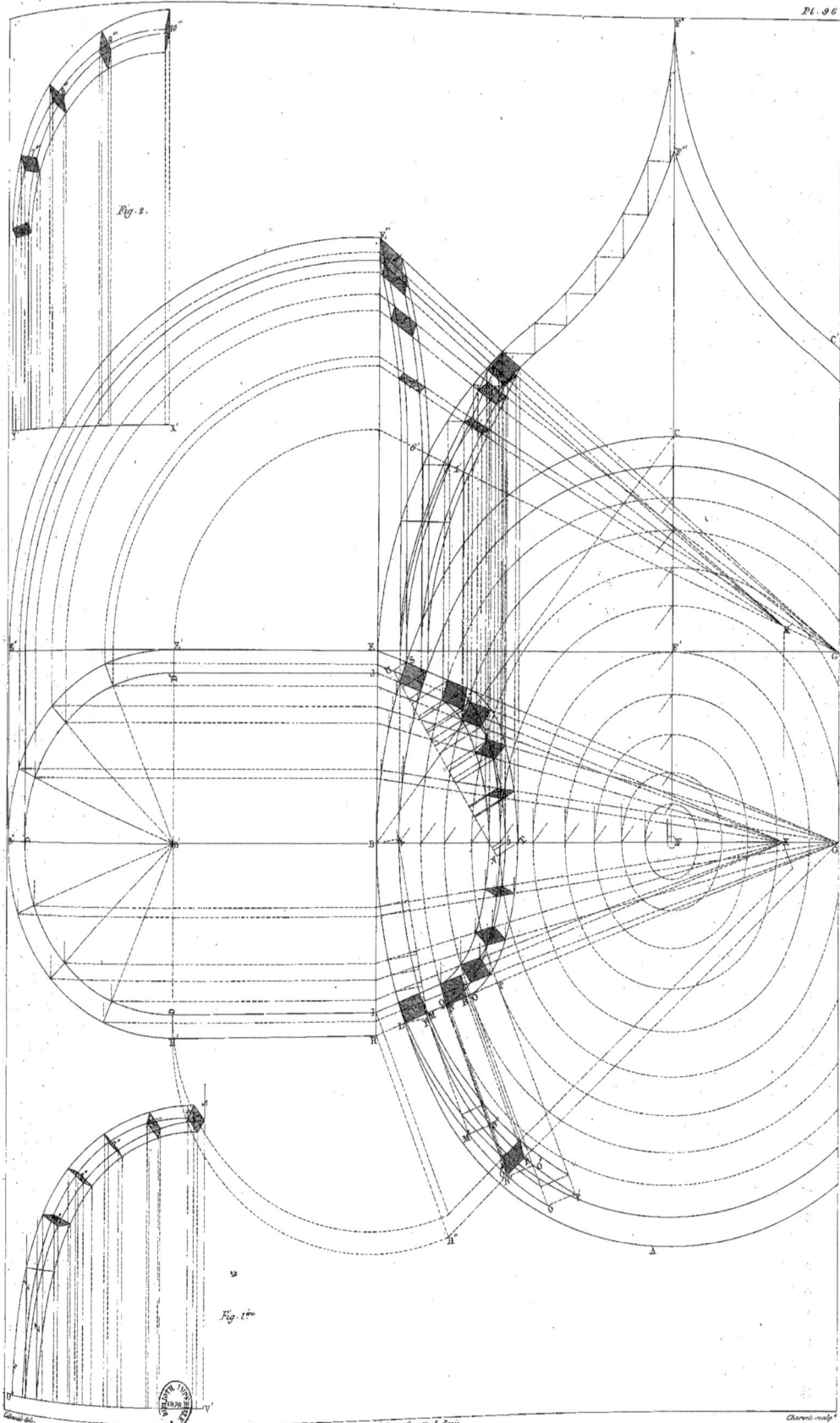

Fig. 2.

Fig. 1ᵉʳ

Imp.ᵗᵉ Bello, rue Cassette, 8, Paris

Charnel sculp.

On commence, premièrement (planche 97e), de tracer, sur un plan horizontal, du centre A, la sablière B C D de la tour ronde. Ensuite on fait passer par le point D, endroit le plus bas de la sablière, une ligne E D F perpendiculaire au rayon A D. On élève A A′ A″ d'équerre à A D, ou parallèle à E F. On fait A A′ égal à la pente du plan de la sablière au centre, et on joint D A′ G ; on fixe la hauteur totale A″, et on joint D A″, G A″, et par le point A‴ une ligne parallèle à A″ G et à A″ D. On met ensuite un certain nombre de lignes d'adoucissement parallèles à la pente D G, de manière que leurs croisillons touchent le dedans et le dehors de la tour ronde ; ces lignes serviront pour trouver la courbure de la lunette, depuis la sablière jusqu'à la première case. Ensuite on tire une ligne A C, milieu de la lunette, et une ligne H C I perpendiculaire à A C. On fait C H égal à C I et de la demi-grandeur de la lunette. Puis sur cette ligne H I on fait passer un plan vertical, et sur ce plan on élève H H′ H″, C C′ C″, I I′ I″ perpendiculaires à H I. Maintenant il s'agit de mettre la pente du vitraux parallèle à la pente et rampante de la tour ronde. Pour cela, on mène H H‴ H‴, C C‴ C‴, I I‴ I‴ parallèles à la sablière auxiliaire E F ; on fait H H′ égal à H‴ H‴, C C′ égal à C‴ C‴, et I I′ égal à I‴ I‴ ; on joint I′ C′ H′ qui doivent être en ligne droite. On mène ensuite H″ C′ I″ parallèles à I′ H′. On fait paraître un berceau rampant en opérant comme il a été démontré et comme on le voit sur l'épure. On espace ensuite ledit berceau en un certain nombre de lignes d'adoucissement qu'on tend à son centre respectif ; puis on descend leurs jonctions avec le berceau, parallèles à C″ C, sur la ligne de terre H I. On joint H J, I J ; on mène K M parallèle à H J, L M parallèle à I J. On joint les lignes d'adoucissement du dehors, c'est-à-dire du lattis de la lunette, avec le point J, et celles du dedans avec le point M, et on a les lignes d'adoucissement de la lunette en plan par terre, c'est-à-dire en projection horizontale.

Pour avoir les mêmes lignes d'adoucissement en projection verticale, on fait passer, par la ligne A C, un plan vertical, mais on l'a mis sur I J′, pour éviter la confusion des lignes ; on fait paraître sur ce plan l'arbalétrier A C en élévation, et on y parvient en élevant A N N′, C 1 perpendiculaires à A C, en faisant N N′ égal à A A″, N N″ égal à A A‴, I O égal à C‴ C″, en joignant O N′ et en menant N″ parallèle à O N′. Après, on mène le sommet C″ du berceau en P, le dedans Q en Q′ et C′ en R parallèles à H I, et du point I comme centre on fait tourner P en P′, Q en Q″, R en R′, ainsi que les lignes d'adoucissement ; on remonte J en J′, M en M′ parallèles à A N′ ; on joint P′ J′, R′ J′ ; on mène Q″ M′, parallèle à P′ J′, jusqu'à la rencontre de R′ J′, qui doit se rencontrer avec M M′ remonté. On joint ensuite les lignes d'adoucissement du dehors figurées sur I P′ avec J′, et celles du dedans avec M′, et on a les lignes d'adoucissement figurées sur le plan vertical.

Pour figurer sur le plan horizontal et sur le plan vertical les quatre arêtes d'intersection de la lunette de pente et de la tour ronde de pente et rampante dans l'espace, on fait passer un plan auxiliaire O′ O″ horizontal à une hauteur quelconque, de manière que ledit plan coupe la lunette et la tour ronde. On figure la courbe que le dedans et le dehors de la tour ronde forment avec ce plan. On détermine les deux courbures S T′ C‴, S′ T T′, en mettant trois à quatre chevrons de chaque côté du point C ; on en fait les élévations en leur donnant pour hauteur A A″ pour le lattis et A A‴ pour le dedans, pour reculement la distance du centre A à la sablière B C D, mais en tendant le sommet à la hauteur que ce point de cette sablière, où le chevron la coupe, a dans l'espace. Pour déterminer cette hauteur, on n'a qu'à mener par ce point une ligne parallèle à E F jusqu'à la rencontre de la ligne de niveau A D et de la ligne de pente D A ; la distance de l'une à l'autre donne la hauteur demandée. Il en sera de même d'une ligne d'adoucissement quelconque, car il faut se rappeler que les lignes d'adoucissement de la tour ronde suivent la pente et rampante. Une fois les élévations des chevrons faites, on y mène une ligne de niveau de la hauteur I O′, et la jonction de cette ligne avec le dedans et le dehors du chevron, descendue en plan, donne les courbes S T C‴, S′ T T″ demandées. Pour la courbe de la lunette avec le plan O′ O″, on n'a qu'à descendre la jonction des lignes d'adoucissement avec le plan sur leurs lignes en plan par terre. Une fois ces courbures déterminées, on trouve l'intersection de la lunette et de la tour ronde, comme il a été démontré (planche 94e) et comme on le voit en partie fait sur l'épure ; on en figure les cases tant sur le plan horizontal que sur le plan vertical, et ce sera sur les cases en projection verticale qu'on prendra les hauteurs, quand on fera les élévations des deux branches de lunette. On projette également le vitraux par le moyen des cases en plan remontées, et c'est sur ces mêmes cases en projection qu'on prendra les hauteurs quand on en fera les élévations.

Pour faire l'élévation de la branche de la lunette U V X, on tire une ligne U′ X′, qu'on porte en U″ X″ (figure 1re) ; on mène toutes ces arêtes d'équerre à U″ X″, et on prend, à partir de I N, les arêtes des cases 1′, 2′, 3′, 4′, 5′, et 6′, et on les porte en 1″, 2″, 3″, 4″, 5″ et 6″ ; de même pour les lignes d'adoucissement entre 1″ et 2″. Puis on fait l'élévation du vitraux Y Z en Y′ Z′ (figure 2e), en prenant les arêtes des cases 7, 8, 9, 10 et 11 à partir de I N, et les portant à partir de Y′ Z′, et on a les cases 7′, 8′, 9′, 10′ et 11′, comme on le voit sur l'épure. Pour les croix, on opère comme il a été dit (planche 94e), puis on établit le tout avec précision, car on doit voir que c'est une des pièces les plus difficiles du bois croche.

Pl. 37.

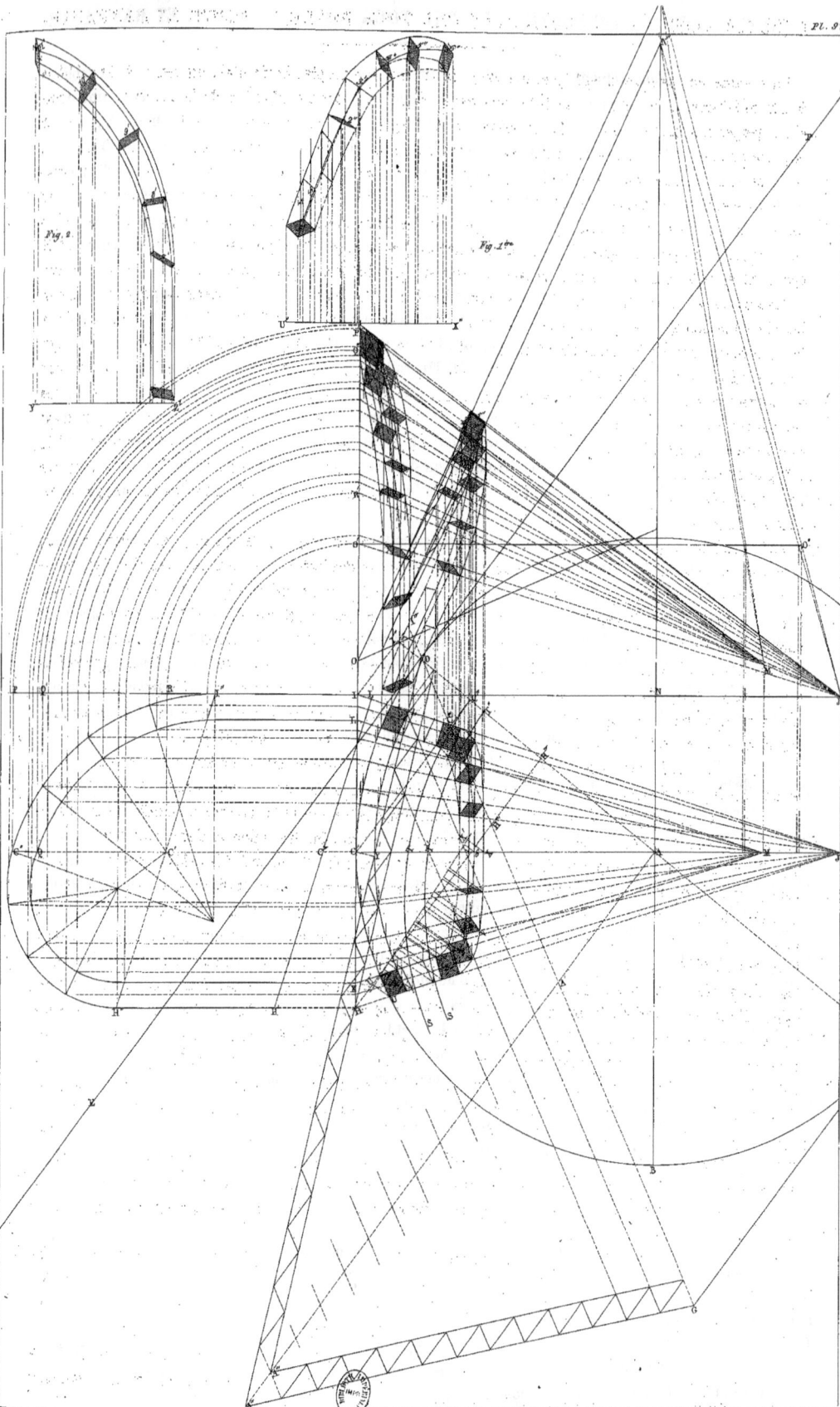

Fig. 2

Fig. 1re

TROMPE DROITE.

On commence, premièrement (planche 98ᵉ), sur un plan horizontal, de tracer le plan par terre A B C D, en s'arrangeant de manière qu'il puisse y avoir quatre trompes pareilles dans un carré parfait, comme on peut le voir. On figure les poteaux vus de bout; les croix et remplissages, le tout idéalement, de manière que tous les assemblages forment un ensemble qui plaise. Ensuite, sur un plan vertical passant par B′ D′, perpendiculaire à A C et parallèle à B D, on élève B B′, A A′ C′, D D′ perpendiculaires à B D. On se met au point A′, comme centre, avec une ouverture égale à A′ B′ ou A′ D′; on décrit le demi-cercle B′ A″ D′, car il faut savoir que ladite trompe est conique, que son centre est en A et que le demi-cercle B′ A″ D′ est placé sur B D. On divise cette circonférence B′ A″ D′ en un certain nombre de lignes d'adoucissement telles que 1′, 2′, 3′, 4′, 5′, etc., qu'on joint au centre A′ du cercle, et on a les lignes d'adoucissement en projection sur le plan vertical. On descend 1′ en 1, 2′ en 2, 3′ en 3, 4′ en 4, 5′ en 5, etc., parallèles à A″ C; on joint A 1, A 2, A 3, A 4, A 5, etc., et on a les lignes d'adoucissement en projection sur le plan horizontal; on prolonge ces lignes jusqu'à la rencontre de B C, D C, comme on le voit sur l'épure.

Pour avoir tous les assemblages figurés en plan par terre en projection sur le plan vertical, on remonte les jonctions des lignes d'adoucissement avec les faces de ces assemblages, parallèles à C A″, jusqu'à la rencontre de leurs lignes d'adoucissement respectives en projection verticale, comme, par exemple, E E′, F F′, G G′, H H′, I I′, etc. On joint B′ E′ F′ G′ H′ I′ C′, et on a l'arête de la face B C du lien en projection verticale. Ainsi de suite pour l'autre arête et pour les autres assemblages, comme on le voit sur l'épure; car il faut savoir que, quand on fait une élévation quelconque, c'est sur sa projection verticale qu'il faut prendre les hauteurs. Par exemple, on est forcé de projeter le faîtage A C en plan, ainsi que les deux dernières lignes d'adoucissement, sur un autre plan vertical passant par A C, en A C″, A J, A K, pour avoir plus de précision pour la hauteur, à cause des angles aigus que les perpendiculaires forment avec leurs lignes d'adoucissement en projection verticale. D'ailleurs, pour avoir les hauteurs avec le plus de précision possible, on se jugera du premier plan pour la moitié des lignes d'adoucissement en partant de B′ D′, et pour les autres on se jugera du second plan.

Pour faire l'élévation du lien, on prend B L en reculement, et on le porte en B″ L′; on mène B″ B‴ perpendiculaire à B″ L′, et on a le joint du poteau, car le lien se trouve d'équerre à la face. On prend ensuite B E, on le porte en B″ E″, on mène E″ E‴ parallèle à B″ B‴ et E′ E‴ parallèle à B″ A′; on prend B F, on le porte en B″ F″; on monte F″ F‴ parallèle à B″ B‴ et F′ F‴ parallèle à B″ A′. De même, pour le point G, on le porte en G″, on le remonte en G‴, ainsi de suite pour H‴, I‴, L‴. On joint B″ E‴ F‴ G‴ H‴ I‴ L‴ par une règle flexible, et on a l'arête du dehors du lien. On opère de même pour l'arête du dedans, comme on le voit sur l'épure. On a fait également l'élévation du lien D M en le portant en D″ M′ (figure 1ʳᵉ), malgré qu'une seule ait suffi, attendu que la courbure est la même. On prend ensuite une pièce de bois de l'épaisseur juste figurée en plan et de la largeur B″ B‴ L‴ L′ figurée en élévation, car ce lien est apparent et doit occuper le vide entre la sablière et le poteau. Une fois sur ligne, on fait paraître dessus la courbe B″ E‴ F‴ G‴ H‴ I‴ L‴, et dessous l'autre courbure on délarde d'une ligne à l'autre, et le délardement est terminé. On fait paraître B″ B‴, on a le joint du poteau; on fait paraître B‴ L‴, et on a le joint sous la sablière, et les deux traits ramènerets l'un par l'autre, la coupe contre le faîtage. On opère de même pour l'établissement de l'autre lien semblable (figure 1ʳᵉ).

Pour établir le faîtage dans le poteau A, on le met sur la ligne A C″, en ayant soin de le descendre de son rengraissement, comme on le voit figuré; on fait paraître A A‴ dessus, et on a le joint; s'il y a des mortaises dans le faîtage, on les remonte d'en plan en élévation. Pour faire l'élévation de la croix P N O, on tire une ligne P O, on élève P P′, O O′, ainsi que sa jonction avec les lignes d'adoucissement perpendiculaires à P O . On mène P′ O′ (figure 2ᵉ), pour éviter la confusion des lignes, parallèle à P O. Ensuite on prend les points de hauteur sur la croix P″ N′ O″ en projection à partir de B′ D′, et on les porte, chacune à chacune, à partir de P′ O′, et on a les deux arêtes de la croix. On prend ensuite une pièce de bois de l'épaisseur Q Q′ en plan et de la largeur qu'on veut, car il n'est pas besoin qu'elle arrive à la sablière, une fois sur ligne de niveau et de dévers, suivant une ligne de trave qui, au levage, devra tomber sur P O; puis on termine comme si c'était une courbe d'escalier, à l'exception qu'on n'a qu'un débillardement en dessous.

Pour établir l'autre bras de croix A S, on le prend en reculement et on le porte en T S′ (figure 3ᵉ), on prend la hauteur U U′, et on le porte en S′ S″, on joint T S″, et on a la ligne-milieu, puis on y figure le rengraissement et le relèvement, comme on le voit figuré; on met le dessous de la croix sur la ligne la plus basse, après l'avoir mise de l'épaisseur figurée en plan, les deux traits ramènerets de chaque bout donnent les joints.

Pour les remplissages parallèles à B C, on opère comme pour ledit lien B C, en faisant une élévation pour chaque assemblage.

PARIS. — IMPRIMERIE DE MADAME VEUVE BOUCHARD-HUZARD, RUE DE L'ÉPERON, 5.

98

Pl. 98

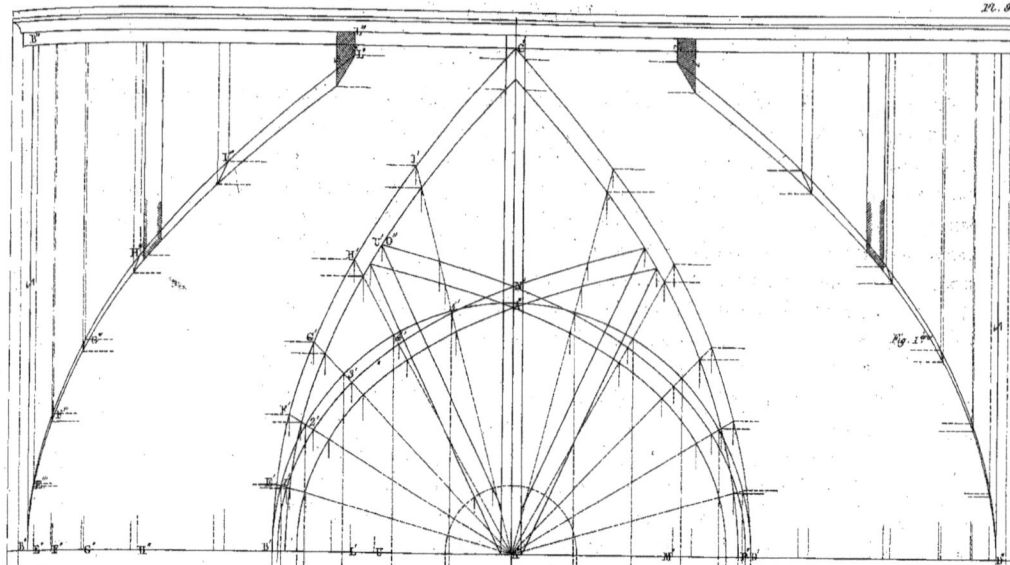

Fig. 1.er

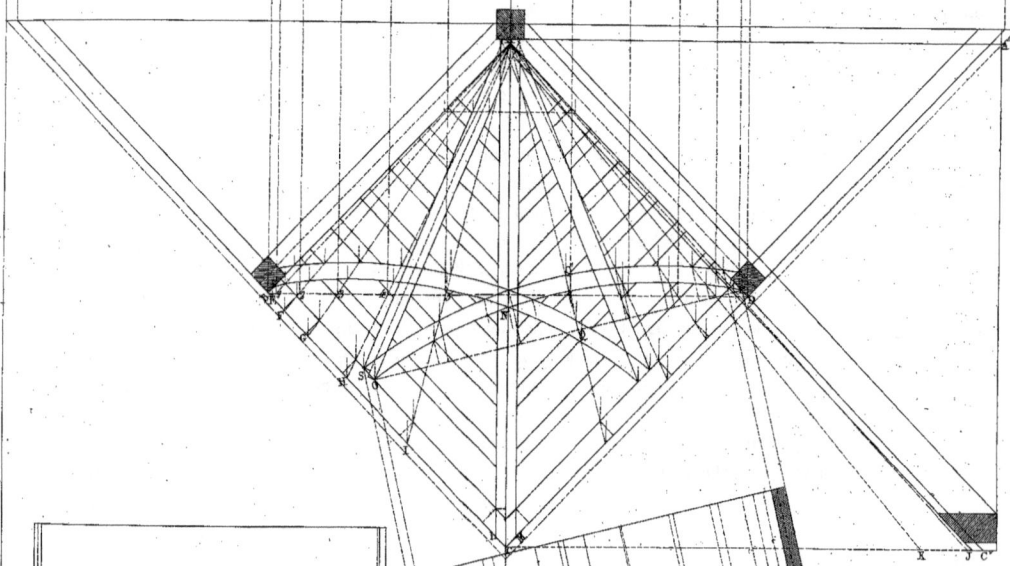

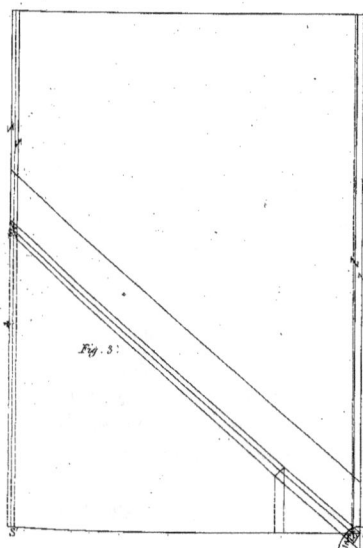

Fig. 3.

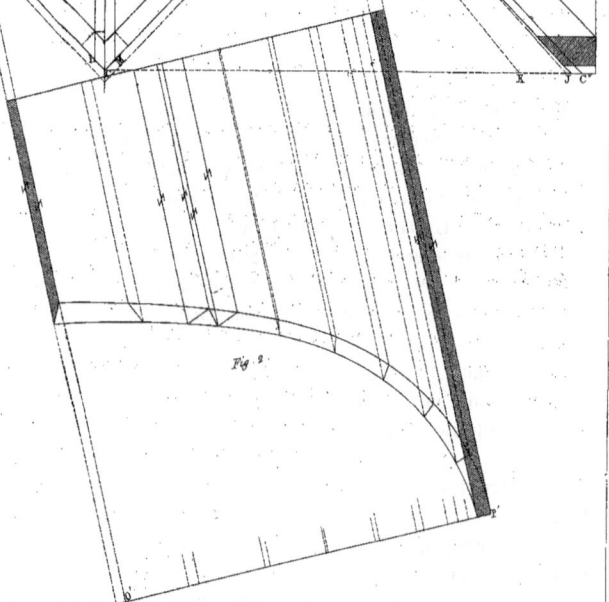

Fig. 2.

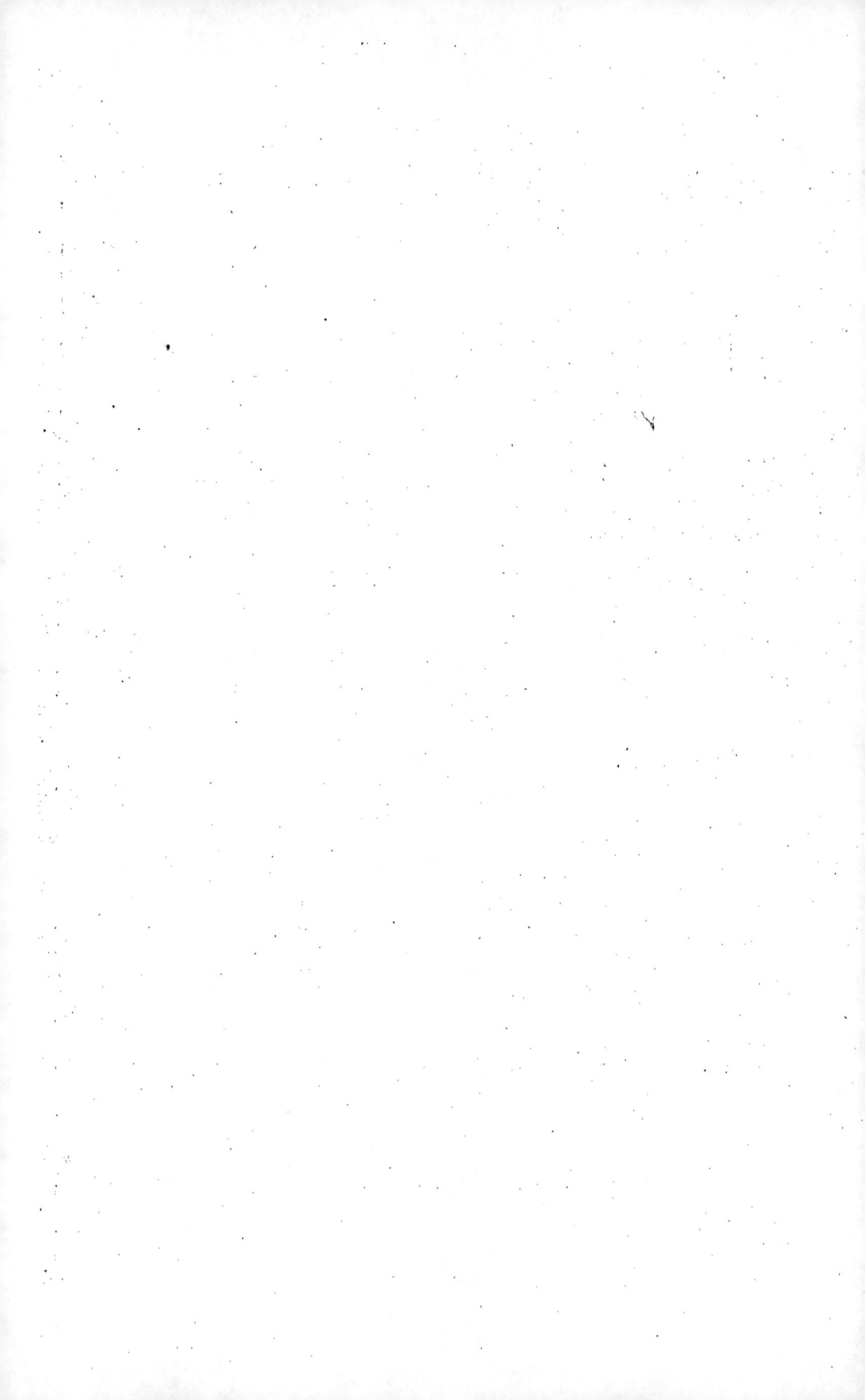

TROMPE BIAISE.

On commence, premièrement, sur un plan horizontal (planche 99e), de tracer le plan par terre A B C D, en s'arrangeant de manière qu'il y ait quatre trompes pareilles dans un carré-long, comme on peut s'en rendre compte sur l'épure. On figure, toujours en plan par terre, les poteaux vus de bout, les liens, les croix, le fattage et les remplissages, comme on les voit figurés. Après, on tire une ligne A E, perpendiculaire au fattage B D, jusqu'à la rencontre B C de sa sablière de niveau. Sur un plan vertical fait sur A' E', pour éviter la confusion des lignes, mais parallèle à A E, on élève A A', B B', E E' perpendiculaires à A' E' ou à A E ; puis on divise la ligne A' E', en deux parties égales, en L, et une de ces parties, on la porte de B' en F' ; de cette manière, on a la moyenne hauteur des deux rayons A' D', D' E'. On fait passer un ovale fixe par A'F' ; et un cintre surbaissé par E' F', et on a un vitraux placé verticalement sur A E en plan par terre : toutes les génératrices s'appuieront dans l'espace sur ledit berceau et viendront passer en ligne droite par le point B, situé sur le plan horizontal. Après, on espace ladite courbe A' F' E' en un certain nombre de lignes d'adoucissement qu'on tend au point B', et on a les lignes d'adoucissement en projection sur le plan vertical. On descend ces mêmes jonctions avec la courbe A' F' E', sur la ligne A E, parallèles à D F', et on joint ces points avec le point B, et on a les lignes d'adoucissement en plan par terre ou en plan horizontal. On projette ensuite le lien A D en A' D', en remontant la jonction des faces du lien avec les lignes d'adoucissement sur leurs lignes d'adoucissement en projection, et on a la courbe A' 1 2 3 4 5 6 D' pour l'arête du dehors, de même pour l'arête du dedans. Le lien C D, on le projette en C' D' ; la croix G H, on la projette en G' I' H' ; les deux croix B J, B K, on les projette en B' J', B' K', et le fattage B D en B' D' : on est obligé de projeter également tous les remplissages pour en faire les élévations.

Pour faire l'élévation du lien A D, on le prend en reculement, ainsi que toutes ces lignes d'adoucissement, et on le porte en A" D" (figure 1re) ; on remonte toutes ces lignes perpendiculaires à A" D" jusqu'à la rencontre de 1 1', 2 2', 3 3', 4 4', 5 5', 6 6', 7 7', menées horizontalement, et on a l'arête du dehors ; on opère de même pour celle du dedans, comme on le voit sur l'épure. On travaille ensuite un poteau, comme il est figuré en A ; on met sa face A B sur A" A'" à plomb. On travaille un lien de l'épaisseur J J' en plan et de la forme figurée en élévation. Une fois sur ligne, on le pique dans le poteau ; on fait paraître sur la face de dessus la courbe A" 1' 2' 3' 4' 5' 6' 7', et sur la face du dessous on fait paraître l'autre, et on délarde d'une courbe à l'autre ; on fait paraître A'" D", on a le joint sous la sablière ; on fait paraître D' D'" dessus et l'autre trait ramèneret dessous ; on rembarre et on a la coupe contre le fattage.

Pour faire l'élévation de l'autre lien C D, on le prend ainsi que toutes les lignes d'adoucissement, et on le porte sur la ligne C" L (figure 2e) ; on élève le tout perpendiculaire à C" L jusqu'à la rencontre de M M', N N', O O', etc., parallèles à C" L. On joint C" M' N' O', etc., et on a l'arête du dehors ; de même pour celle du dedans ; puis on établit le lien avec le poteau, comme il vient d'être dit.

Pour faire l'élévation de la croix G H, on élève G G" G'", H H" H'", et toutes les lignes d'adoucissement perpendiculaires à G H. On mène G" H", pour éviter la confusion des lignes, mais parallèle à G H. Puis on prend, sur la projection G' I' H', toutes les hauteurs à partir de G' H', et on les porte, chacune à chacune, à partir de G" H", et on a la courbure de chaque face de la croix. On prend ensuite le poteau A, on met son arête P sur P P', le trait ramèneret du bas sur G" H", ligné et déversé avec le niveau A, ou par le moyen du rembarrement, comme on le voit indiqué pour la face A B. On opère de même pour l'autre poteau G. Après, on prend une pièce de bois de l'épaisseur I I", on la met sur ligne de niveau et de dévers et toute la hauteur en contre-haut de la courbe la plus basse ; on fait paraître la courbe la plus haute dessus et l'autre dessous, on délarde de l'une à l'autre, on le pique dans les poteaux, et on y fait paraître les traits ramènerets pour les entailler.

Pour établir le fattage, on le met sur la ligne B D^v, en déversant le poteau comme à l'ordinaire. Dans la tête D^v il n'y a presque pas de rencreusement ; dans le bas, il y en a comme on le voit indiqué : il faut donc descendre le fattage de cette quantité pour pouvoir le rencreuser. L'élévation de la croix B K est faite en Q R (figure 3e) : le délardement des deux faces est indiqué, ainsi que les joints et entailles. On opère de même pour l'autre croix B J.

Pour faire les élévations des remplissages aux chevrons parallèles à A D, C D, on opère comme pour les liens A D, C D, en les mettant en projection et opérant comme on le voit (figures 1re et 2e), et l'on est obligé de faire une élévation pour chacun d'eux, attendu que plus ils se rapprochent du centre B, plus le rayon devient petit et, par conséquent, la courbure plus creuse.

PARIS. — IMPRIMERIE DE MADAME VEUVE BOUCHARD-HUZARD, RUE DE L'ÉPERON, 5.

99

Pl. 99.

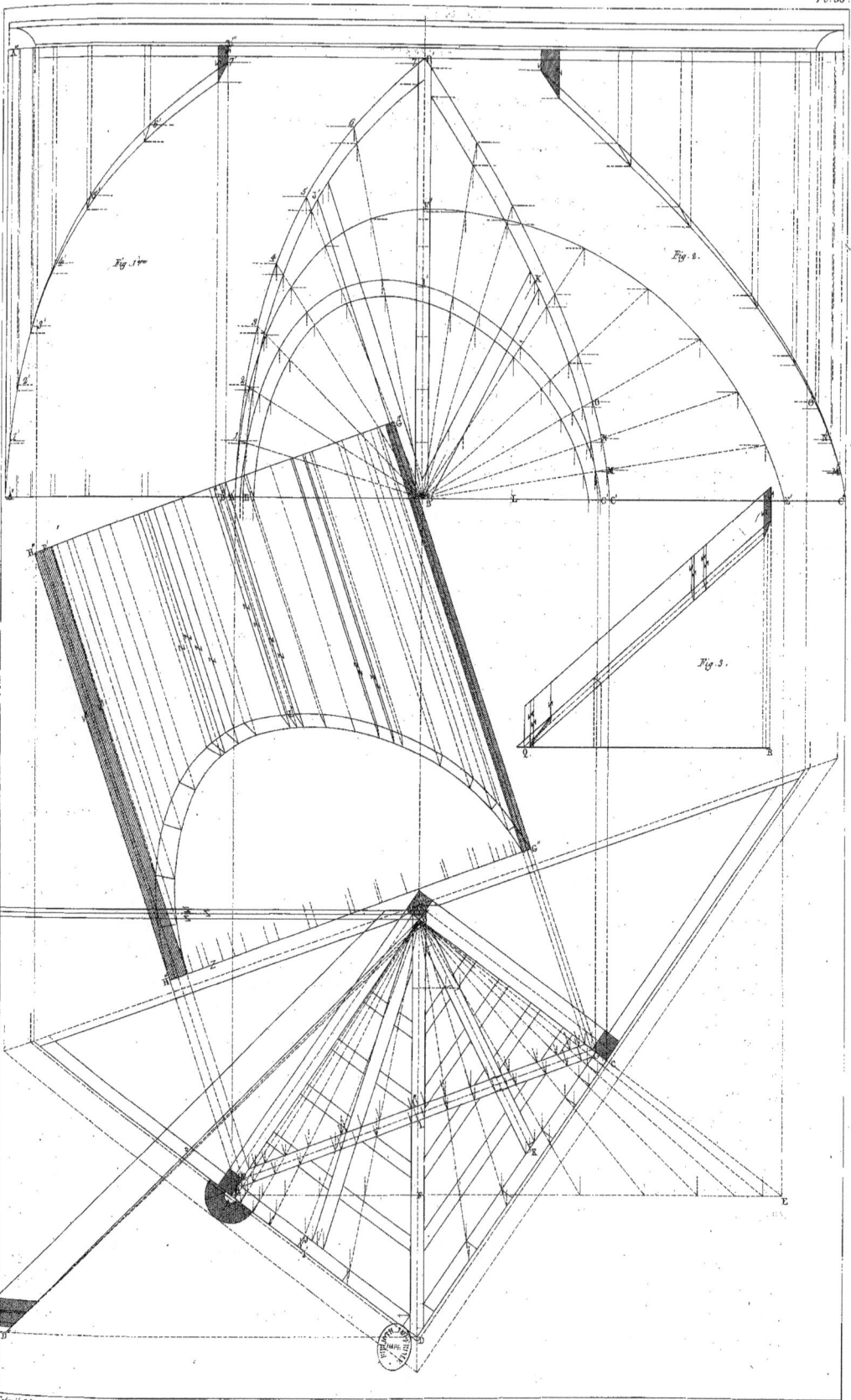

Fig. 1er.

Fig. 2.

Fig. 3.

Imp. Bellorue Guerin, 8, Paris.

Calmésié delt.

Chant sculp.

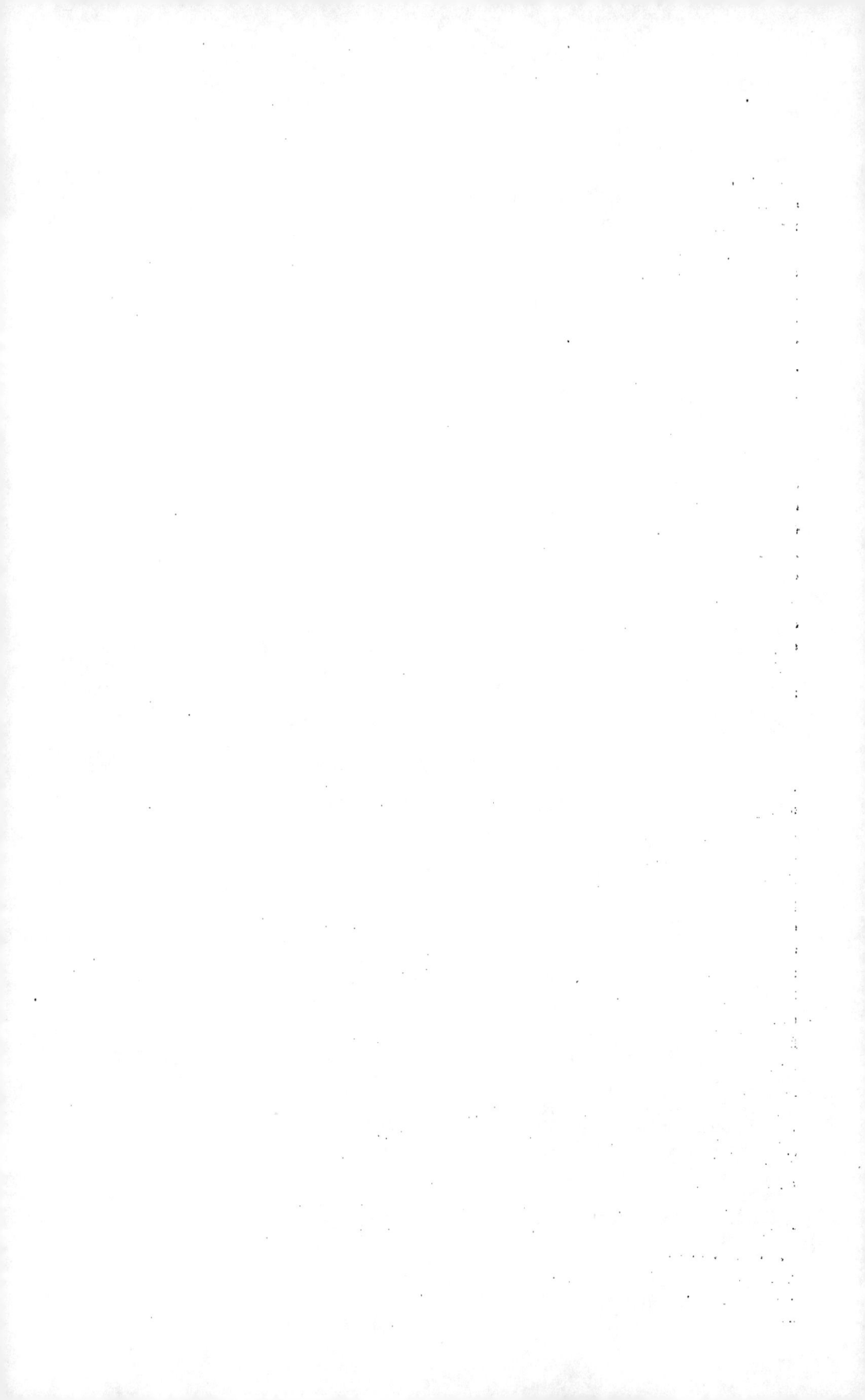

TROMPE DE PENTE ET RAMPANTE.

On commence, premièrement (planche 100ᵉ), de tracer, sur un plan horizontal, la trompe A B C D, en s'arrangeant de manière qu'il y en ait quatre, si ces trompes étaient couvertes par un pavillon de pente et rampante, ainsi qu'on peut le voir, car il y en a deux et demie de figurées. On figure les poteaux vus de bout, les liens, les croix et le faîtage comme on le voit sur l'épure. Après, sur le plan par terre et passant par le centre A de la trompe, on tire une sablière auxiliaire E F de niveau, car il est toujours facile, sur un plan incliné quelconque, de faire passer une ligne de niveau. Cette sablière étant déterminée, on y mène en un endroit quelconque une perpendiculaire G H. On cherche au point H l'élévation du plan qui est H H', et on joint G H', qui est la pente du plan ou sablière sur laquelle reposent les cinq poteaux; et, comme la ligne E F est de niveau, le chevron d'emprunt G H H' pourra se mouvoir sur cette ligne, et la pente G H' être toujours dans le plan ou sablière de pente et rampante.

Sur un plan vertical perpendiculaire à C A, on projette la sablière E A F en D' A' B'; c'est-à-dire que la ligne D' A' B' est du même niveau E A F. On remonte D D', A A', B B' perpendiculaires à D' B'. Le centre de la trompe passant par la ligne E A F, le point A' est le centre de la trompe en projection. On mène D D'' parallèle à E F, et la hauteur D'' D''', on la porte en D' D^{IV}; on joint A' D^{IV}. On mène B B'' parallèle à E F; on prend B'' B''' et on la porte en B' B^{IV}; on joint A' B^{IV}, D^{IV} B^{IV}. La ligne A D, projetée en plan, se trouve en A' D^{IV} projetée en élévation, la ligne A B en A' B^{IV}, et la ligne D B en D^{IV} B^{IV}. On prend ensuite D^{IV} A'', on a A'' B^{IV}, et on le met en A'' A'''', et on fait passer par D^{IV} A''' B^{IV} un berceau rampant. On met sur le berceau rampant un certain nombre de lignes d'adoucissement, et en les faisant plus rapprochées du sommet A'''; on les joint au centre A', et on a les lignes d'adoucissement en projection verticale. Ces mêmes points ou jonctions des lignes d'adoucissement avec le berceau D^{IV} A''' B^{IV}, on les descend, parallèles à A'' C, sur la ligne D B, on les joint au centre A, et on a en plan par terre les lignes d'adoucissement. On projette ensuite tous les assemblages figurés en plan en élévation, comme on le voit indiqué par des petits traits. Mais, comme on ne pourrait pas avoir leurs jonctions avec le faîtage A' A''', on mène par le point I, rencontre avec le faîtage du berceau D B en plan, une ligne I I' parallèle à E F; on fait I' I'' égal à A' A'''; on joint G I'', qu'on prolonge en C'. Maintenant, pour avoir les hauteurs des croix avec le faîtage, on mène leurs rencontres en plan parallèles à E F; on prend les distances où ces lignes coupent G H, G H', et on les porte à partir de A', ainsi qu'on peut s'en rendre compte. Après, on laisse un certain filet en plus de C', et on mène le dessous de la sablière J K parallèle à G H'. On prend H C', on le porte en A' C'', H J on le porte en A' J'. Ensuite on mène le point L, parallèle à E F, en L' L''; on mène également le point L en L'' L^{IV}, parallèle à C C''; on fait L'' L^{IV} égal à L' L'', on joint J' L^{IV}, et on a le dessous de la sablière C L en projection verticale. On mène M M' M'' parallèle à E F, M N N' parallèle à C C''; on fait N N' égal à M' M''; on joint J' N', et on a la projection verticale de l'autre sablière C M. On mène ensuite C'' N'' parallèle à J' N'; puis on remonte le centre O de l'autre trompe en O'; on fait O' O'' égal à P P', on joint O' N'', et on a le faîtage O M en projection. Ensuite on cherche l'élévation du point Q comme à l'ordinaire; le baissement au point R, qui est R R'; on joint Q' R'. On prend la hauteur S S', on la fait tourner en S'' et descendre en S''', et on fait passer un berceau rampant par les trois points Q' S''' R'. Ledit berceau est placé sur Q R. On espace ensuite le berceau en un certain nombre de lignes d'adoucissement, on les descend sur Q R, on les joint au centre O. Les mêmes jonctions avec le berceau, on les monte, parallèles à C C'', sur S S'; on les fait tourner du point S sur S S', et on les joint avec le centre O'. On prolonge ces lignes jusqu'à la rencontre où les lignes d'adoucissement en plan coupent le lien Q M, remontées comme on le voit indiqué, et on a la jonction verticale des deux arêtes du lien Q M.

Pour faire l'élévation des deux liens D C, M Q avec le poteau D et la sablière M C, comme on la voit faite (figure 1ʳᵉ), on tire une ligne T X; on fait U V égal à D Q, U T égal à Q M, V X égal à D C. On élève T T', U U', V V', X X' perpendiculaires à T X; on fait T T' égal à M' M'', X X' égal à H J; on joint T' X', on a le dessous et la pente de la sablière. On prend ensuite les lignes d'adoucissement figurées sur les liens D C, Q M, on les porte en V X, U T; on les remonte d'équerre, puis on prend par point de hauteur, à partir de D' B', les points 1, 2, 3, 4, 5, 6, 7, 8, 9, 10, et on les porte, à partir de T X, en 1', 2', 3', 4', 5', 6', 7', 8', 9', 10'; également pour l'arête du dedans, comme on le voit sur l'épure. On opérerait de même en cherchant sa pente par le même procédé pour l'élévation des liens dans le poteau B, et ainsi des autres. Quant aux élévations des croix, on opère parfaitement comme il a été dit dans la planche précédente.

Pl. 100.

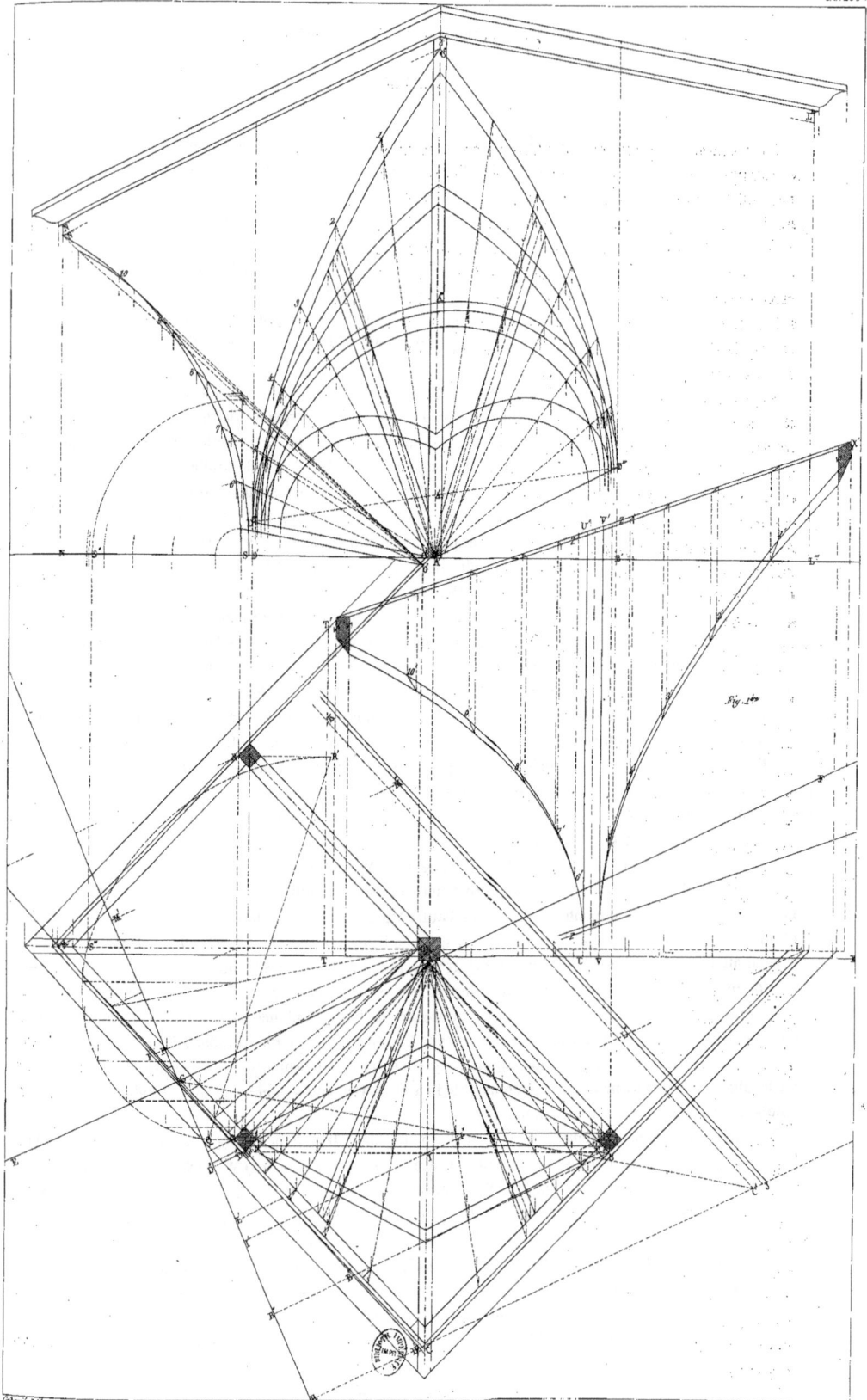

Fig. 1re

Imp. Bolle, rue Garancière, Paris.

COUPOLE OU INTÉRIEUR DE LA MOITIÉ D'UN DOME.

On commence, premièrement (planche 101e), de tracer, sur un plan horizontal ou plan par terre de centre A, la demi-circonférence B C D, ou sablière de la coupole. On figure les poteaux vus debout, la ferme B D, la demi-ferme A C, et les croix comme on le juge convenable et telles qu'on les voit sur l'épure. Après, on espace la sablière B C D en un certain nombre de lignes d'adoucissement, on les tend au centre A, et on a en projection horizontale les lignes d'adoucissement. Puis on figure les chevrons à la distance qu'on veut et tels qu'on les voit figurés.

Sur un plan vertical passant par B D, mais fait sur B′ D′ pour éviter la confusion des lignes, on élève B B′ B″, A C C′ A′ et D D′ D″ perpendiculaires à B D ou à B′ D′; car ces deux lignes sont parallèles. On se met au point C′ comme centre; avec une ouverture égale à C′ B′ ou C′ D′ on décrit la circonférence B′ A′ D′ ou courbure de la ferme de la coupole. On figure, au-dessus du point A′, une certaine hauteur A′ G′ pour le dessous de la sablière. De cette manière, le lien aura assez de force pour ne pas s'écorner. Puis on met les lignes d'adoucissement en projection sur ledit plan vertical, en opérant de cette manière : on fait passer une suite de plans horizontaux, c'est-à-dire parallèles à B′ D′; les jonctions de ces plans avec B′ A′ D′, on les descend parallèles à A′ A sur B D; puis on fait passer, par ces points du centre A, des circonférences. Les jonctions de ces courbes avec les lignes d'adoucissement en plan, on les remonte parallèles à A A′, chacune à chacune, sur leurs plans respectifs. On joint ces points par une règle flexible, et on a, sur le plan vertical, les projections des lignes d'adoucissement, comme on les voit figurées. Ensuite on projette les croix en remontant d'en plan par terre les jonctions des croix avec les lignes d'adoucissement, comme on le voit indiqué par de petits traits; car il faut savoir que c'est sur ces projections qu'on prendra les hauteurs quand on fera les élévations, comme on le verra plus tard. On peut également prendre les hauteurs comme on le fait ordinairement dans les combles.

Pour établir la ferme, on prend une sablière de la longueur E F, de la hauteur G′ H′ et de l'épaisseur G A en plan; on met son dessus sur E F de niveau et de dévers. Le poteau B travaillé d'avance, on le met sur B′ B″; le poteau D, sur D′ D″ de niveau et de dévers. Puis on prend deux liens de l'épaisseur A G et de la largeur figurée en élévation, on les met sur ligne de niveau et de dévers; on fait paraître dessus la courbe B′ A′ D′, qu'on rembarre d'équerre, attendu qu'il y a si peu de rengraissement dans la face du dedans, qu'il a été impossible de la faire paraître; puis on les pique dans les poteaux et dans la sablière. On les déjoute sur la ligne C′ G′, et on fait paraître sur la face du dedans du lien l'occupation de la croix. Il est bien entendu que cette coupole n'est visible qu'en dedans, et que sur la sablière E F on peut y faire un comble quelconque.

Pour établir la ferme cintrée de croupe, on met le poteau C sur C C″, la sablière sur C″ G″, le lien sur C D; le tout de niveau et de dévers, et travaillé d'échantillon d'avance. Une fois sur ligne, on fait paraître sur le lien la courbe C D, qu'on rembarre carrément à cause du peu de rengraissement; on pique la sablière dans le poteau, et le lien dans le poteau et la sablière, et on fait paraître le joint G G″ de la sablière C″ G″ assemblée dans la sablière B D.

Pour faire l'élévation de la croix I J, on tire une ligne I J; on mène d'équerre à cette ligne la jonction des lignes d'adoucissement avec la croix. Puis on prend la ligne I J avec toutes ces lignes, et on la porte en I′ J′ (figure 1re). On monte toutes ces lignes perpendiculaires à I′ J′. On prend, à partir de C′ D′, les hauteurs K, L, M, N, O, P, Q, et on les porte, à partir de I′ J′, en K′, L′, M′, N′, O′, P′, Q′. On joint ces points par une règle flexible, et on a l'arête la plus basse; on opère de même pour l'arête la plus haute. Ensuite on prend une pièce de bois de l'épaisseur R S et de la hauteur figurée en élévation, et on termine comme une courbe d'escalier. Les traits ramènerets du bas se rembarrent deux à deux pour les coupes dans l'angle du poteau, les traits ramènerets du milieu servent pour les entailles, et les deux du haut pour la coupe contre la face de la croupe. La ligne I″ J″ est la coupe sous la sablière. Pour faire l'élévation de l'autre croix C T, on mène d'équerre à C T les jonctions des lignes d'adoucissement avec les faces de la croix. Puis on prend cette ligne C T et tous ces points, et on la porte en U T (figure 2e). On élève le tout perpendiculaire à U T. On prend par points de hauteur, à partir de B′ D′, les points V, X, Y, etc., et on les porte, à partir de U T, en V′, X′, Y′, etc., et on a l'arête la plus haute; de même pour la plus basse; et on termine comme à l'ordinaire. Ces deux élévations suffisent, car les deux autres sont pareilles. Quant aux chevrons, c'est la même courbure que la ferme; on les prend donc en reculement et on les porte sur la ferme.

PARIS. — IMPRIMERIE DE MADAME VEUVE BOUCHARD-HUZARD, RUE DE L'ÉPERON, 5.

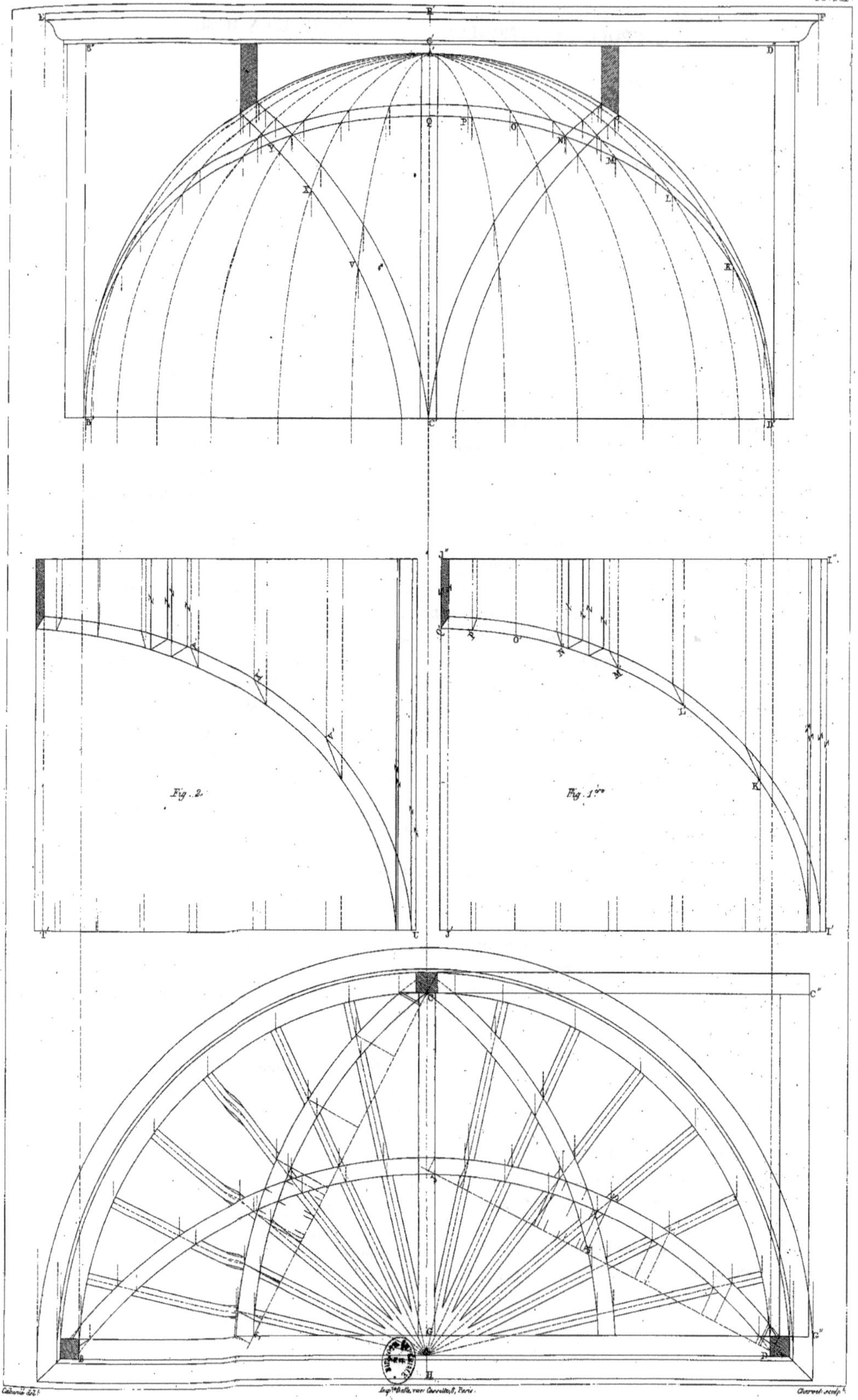

Cabanié del.t Imp.ie Bollé, rue Cassette, 8, Paris. Charvet sculp.t

VOUTE D'ARÊTE OGIVE RACCORDÉE AVEC UNE FERME OGIVE PLUS ÉLEVÉE.

On commence, premièrement (planche 102e), de tracer, sur un plan horizontal, le plan par terre A B C D, les arêtiers A C, B D et leur épaisseur; les deux grandes fermes A B, C D et leur épaisseur; les petits cintres A D, B C et leur épaisseur; les poteaux, poinçon vus de bout et les croix à volonté, comme on le voit sur l'épure. Ensuite, sur un plan vertical passant par la ligne B C, on élève B B', E E', C C' perpendiculaires à B C. On se met au point B comme centre; avec une ouverture égale à B C, on décrit l'arc C E''. On se met au point C; avec la même ouverture, on décrit l'arc B E''. Cette ogive est relevée sur B C et sur A D, et les arêtiers A C, B D doivent suivre ladite ogive B E'' C. Par conséquent, les croix comprises entre A E D et entre B E C devront suivre également la même courbe B E'' C. On divise ensuite l'arc B E'' ou C E'' son égal en un certain nombre de lignes d'adoucissement telles que 1′, 2′, 3′, 4′, 5′; on descend ces lignes en plan par terre, parallèles à E E', jusqu'à la rencontre des arêtiers, comme 1, 2, 3, 4, 5, etc.

Sur un plan vertical passant par D C, on élève C C'', E E''', D D' perpendiculaires à C D. On se met au point C comme centre; avec une ouverture de compas égale à C D, on décrit l'arc D E''' : avec la même ouverture, on se met au point D comme centre, on décrit l'arc C E'''. Cette ferme ogive est placée sur D C et sur A B : elle est plus haute que l'ogive B E'' C, et les parties de voûte comprises entre A B E et entre D E C doivent être raccordées des arêtiers avec l'ogive C E''' D; car il faut se rappeler que la courbe de l'arêtier C E dans l'espace est différente de la courbe C E''' de la ferme, et, de plus, que la courbe de la ferme est plus haute que celle de l'arêtier. Donc les lignes d'adoucissement, ou génératrices circulaires, seront gauches les unes par rapport aux autres, car elles sont obligées de s'appuyer sur deux courbes d'inégale hauteur et de différente courbure. Malgré cela, il faut que les génératrices circulaires, dans l'intervalle des arêtiers et de la ferme, forment une surface concave gauche sans soubresauts. Pour obtenir ce résultat, on s'y prend de cette manière : on mène les lignes d'adoucissement 1, 2, 3, 4, 5, etc., parallèles à E E'ᵛ, jusqu'à la ferme D C; on les remonte ensuite perpendiculaires à C D en E', on mène F F', H H', I I', J J' parallèles à C D. Puis, du point C comme centre, on fait tourner F' en F'', G' en G'', H' en H'', I' en I'', J' en J'' et C'' en C'. Ensuite on fait passer un quart d'ovale fixe par les points E' C', par 5′ J'', par 4′ I'', par 3′ H'', par 2′ G'' et par 1′ F'', autant de l'autre côté, et on a les lignes d'adoucissement circulaires en projection verticale et en vraie grandeur; leurs projections horizontales sont L E'ᵛ, 5 J''', etc.

Pour faire l'élévation de l'arêtier A C, on élève A A', E E', C C'', 5 5'', 4 4'', 3 3'', 2 2'', 1 1'', de même de l'autre côté du poinçon, perpendiculaires à A C. On prend sur la ligne K E'' les hauteurs des lignes d'adoucissement, et on les porte sur E E'; on les mène parallèles à A C, et on a l'arête C 1'' 2'' 3'' 4'' 5'' E'ᵛ, etc. Pour le délardement de la face comprise entre B E C, on remonte les points où les lignes d'adoucissement coupent ladite face d'équerre à A C sur chacune de leurs lignes respectives, car on doit se rappeler que les lignes d'adoucissement de cette partie sont de niveau, et on a le délardement de cette face d'arêtier. Pour l'autre face, on remonte L L', M M', N N', O O', P P', etc., et la ligne ponctuée L' M' N' O' P', etc., est la projection verticale du délardement de l'arêtier, et par conséquent les points L', M', N', O', P', etc., seront les hauteurs mises en L'', M'', N'', O'', etc., sur L, M, N, O, etc., remontées. La courbe L'' M'' N'' O'' est le délardement de la face comprise entre D E C. On établit ensuite l'arêtier en faisant en sorte que le dessous suive la courbe C 1'' 2'' 3'', etc.; on fait paraître sur le dessus, depuis C jusqu'au poinçon, le délardement le plus près de l'arête C 1'' 2'', etc., et dessous le délardement L'' M'' N'', etc. De l'autre côté du poinçon jusqu'au pied A, on délarde en sens inverse. On déverse les poteaux et le poinçon avec les niveaux figurés. Il faut, avant de mettre sur ligne, que les poteaux, poinçon et arêtiers soient travaillés comme ils sont figurés en plan par terre.

Pour établir la croix C Q, on la prend en reculement et on la porte en R S (figure 1ʳᵉ); on prend toutes les lignes d'adoucissement figurées sur C Q et on les porte sur R S. On élève d'équerre à R S toutes ces lignes. Après, on projette la croix en élevant Q Q', X X, T T', U U', V V', etc., comme on le voit indiqué par deux lignes ponctuées; on mène horizontalement Q' en Q'', X' en X'', T' en T'', U' en U'', V' en V'', etc.; on joint ces points par une règle flexible, et l'élévation est faite. On doit s'apercevoir que la courbure de cette croix est bien correcte, ce qui démontre que les lignes d'adoucissement circulaires sont bien faites. On met ensuite la croix sur ligne travaillée d'épaisseur et le poteau déversé avec le niveau C. Pour faire l'élévation de l'autre croix A Y, on la prend en reculement, et on la porte en Z Y' (figure 2e). On prend en plan par terre sur A Y les lignes d'adoucissement, et on les porte sur Z Y'; on les mène d'équerre à Z Y', et on y met, chacune à chacune, les hauteurs prises sur K E'', et on termine comme à l'ordinaire. Ces élévations suffisent pour établir le tout.

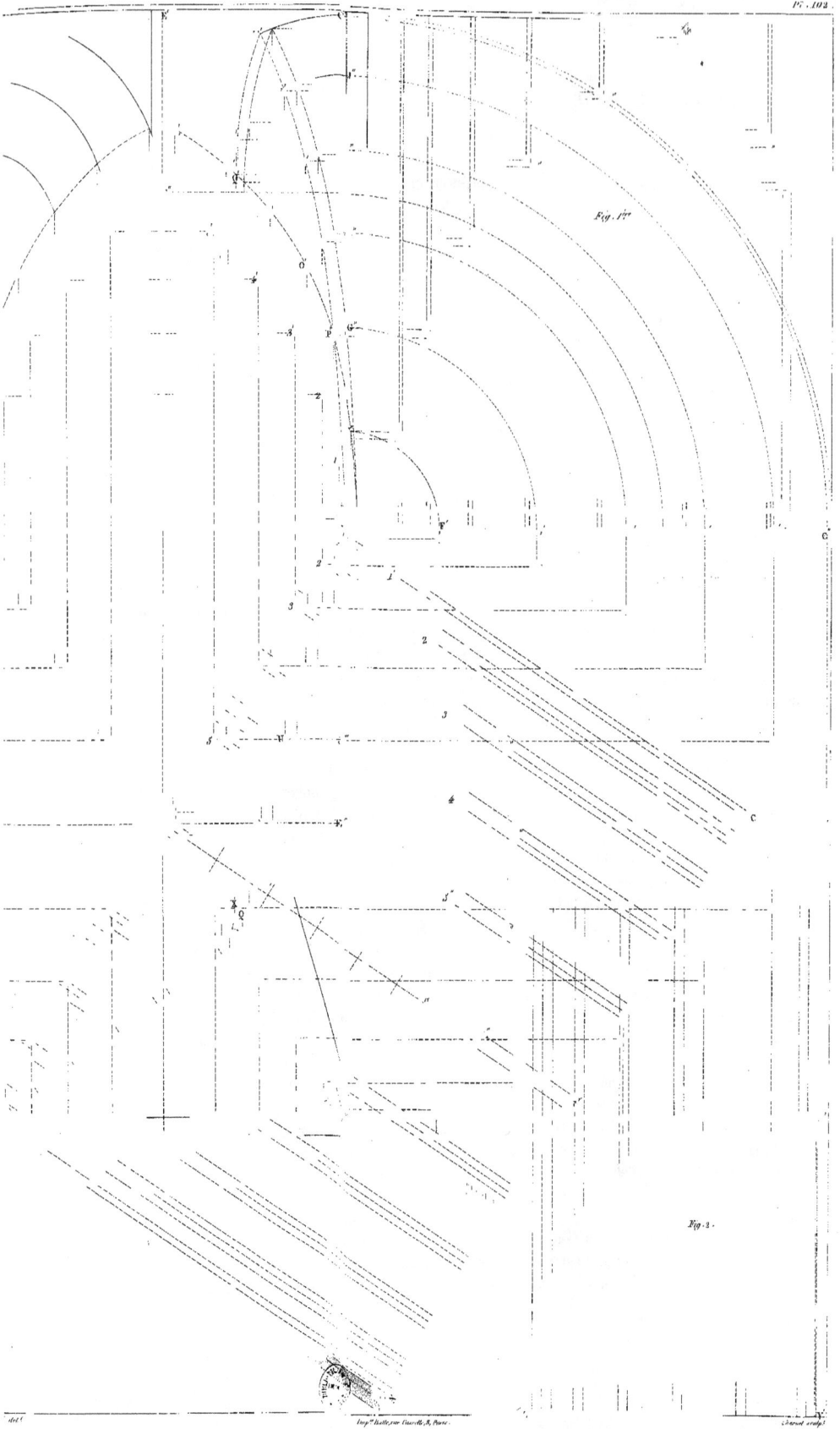

Pl. 102.

Fig. 1ᵉʳ.

Fig. 2.

VOUTE D'ARÊTE ANNULAIRE CONIQUE-CENTRIQUE DE PENTE.

On commence, premièrement (planche 103ᵉ), de tracer, sur un plan horizontal du centre A, la sablière B C D ; on espace cette sablière en six parties égales et on joint ces points de division au centre A. On trace également du même centre le dehors des poteaux E F G et le dedans H I J à une distance quelconque. Ensuite on trace, toujours du centre A, la circonférence ou dedans des poteaux K L M, jour de l'escalier pour monter au-dessus de la voûte. On figure l'épaisseur des poteaux et les berceaux circulaires entre ces poteaux. On figure, après, la largeur des poteaux, de manière que leurs faces tendent au centre A, en s'arrangeant de manière que les poteaux les plus près du centre A soient à peu près carrés et tels qu'on les voit figurés vus de bout.

Sur un plan vertical passant par A C, mais fait sur A'C' pour éviter la confusion des lignes, on élève A A', L L', N N', O O', I I', F F', C C' C″ perpendiculaires à A'C' ou à A C, car A C est parallèle à A'C'. Voulant que le jour vienne se concentrer en A à une hauteur A'A″, on joint A″C″ et on a le faitage de la pénétration. Après, on prend en plan par terre le développement I 1 2 3 4 5 ; cette ligne redressée, on la met de I en I″, car on veut que le vitraux circulaire I 1 2 3 4 5 soit plein-cintre ; on joint A″I″ et on a l'about de pente des assemblages, dans les poteaux. Ensuite on mène I″5′ parallèle à A'C' ; on se met au point I″ comme centre ; avec un rayon égal à I″1′, on décrit le quart de cercle I'5′ ; on espace ce quart de cercle en un certain nombre de lignes d'adoucissement telles que 1′, 2′, 3′, 4′, 5′, puis on mène 1′1″, 2′2″, 3′3″, 4′4″ parallèles à A'C'. On joint A″1″, A″2″, A″3″, A″4″ ; on prolonge ces lignes jusqu'à l'arc de cercle F″C″ fait d'une courbure à volonté. On divise N I, distance des deux poteaux en plan, en deux parties égales en O ; on remonte O O′, perpendiculaire à A C, jusqu'à la rencontre A″C″, et on fait passer un berceau rampant par les trois points N'O'I″. L'arc rampant est un peu surbaissé, c'est-à-dire que O″O′ est plus petit que N'O″, par la raison qu'on a voulu que le berceau circulaire fût plein-cintre ; mais, si l'on voulait que N'O″ fût égal à O″O′, comme les arcs rampants sont ordinairement, le berceau circulaire I 1 2 3 4 5 serait surhaussé, c'est-à-dire que la ligne développée I 1 2 3 4 5 serait plus petite que I″I′ ; mais l'opération en serait la même en faisant passer une ellipse ou ovale par les trois points. Maintenant, si l'on prolongeait la pénétration conique au delà du faitage circulaire O′, ladite pénétration percerait le berceau rampant N'O'I″. Pour que cela n'ait pas lieu où les lignes d'adoucissement coniques coupent O″O′, on les mène parallèles à A″F″ ; seulement on doit voir que la nouvelle pénétration est engendrée par des génératrices, ou lignes d'adoucissement, appuyées sur une courbe suivant la circulaire du faitage O Z en plan, ayant pour rayon O″O′, et sur une ligne droite.

Pour avoir les arêtes d'intersection des courbes en plan, on descend, parallèles à C'C, P' en P, Q' en Q, etc. On se met au point A comme centre, on fait tourner P en P″, Q en Q″, etc.; on prend 1′1″ en élévation, on le porte de I en 1, on joint A 1 qu'on prolonge en P″. On prend 2′2″, on le porte de 1 en 2. On joint A 2 qu'on prolonge en Q″; on prend 3′3″, on le porte de 2 en 3 ; on joint A 3 qu'on prolonge ; on prend 4′4″ qu'on porte de 3 en 4 ; on joint A 4 qu'on prolonge également. La distance 4 5 doit être égale à 5′5″; puis, par une règle flexible, on joint C P″Q″, etc. On opère de même pour les autres, car ils sont tous égaux.

Pour avoir les arêtes des autres arêtiers, on descend R' en R, S' en S, etc. On fait tourner, du centre A, R en R″, S en S″, etc. On joint par une règle flexible l'arête du poteau avec R″S″, etc., O, et on a un arêtier; on descend T' en T, U' en U, etc. On se met au point A comme centre ; on fait tourner T en T″, U en U″, etc.; on joint 5 T″U″, etc., et on a l'autre arêtier; on opère de même pour les autres. On figure ensuite l'épaisseur en en mettant la moitié de chaque côté de la ligne d'arête. On met ensuite les remplissages idéalement, de manière que tous les liens et arêtiers viennent se déjouter au poteau comme on le voit sur l'épure. Ceci étant fait, on fait les élévations en opérant comme il a été dit, en se rappelant que les lignes d'adoucissement figurées sur le plan vertical sont en vraie grandeur. D'ailleurs une élévation de chacune est faite. L'élévation (figure 1ʳᵉ) est l'arêtier V V', l'élévation (figure 2ᵉ) est l'arêtier H'Z, l'élévation (figure 3ᵉ) est le vitraux D'G'J', l'élévation (figure 4ᵉ) est le vitraux X X'X″, l'élévation (figure 5ᵉ) est l'arêtier Y Y', l'élévation (figure 6ᵉ) est le lien G G″, et l'élévation (figure 7ᵉ) est le lien M U. Quant à l'établissement des poteaux, on les mettra sur les lignes L L″, F' F″ après les avoir travaillés suivant leur dimension vue de bout. On y établira le berceau rampant N'O'I″ et le lien courbe F″Q″C″, et on terminera l'établissement en y apportant beaucoup de précision, car cette construction le mérite.

PÉSIN. — IMPRIMERIE DE MADAME VEUVE BOUCHARD-HUZARD, RUE DE L'ÉPÉRON, 5.

Pl. 103.

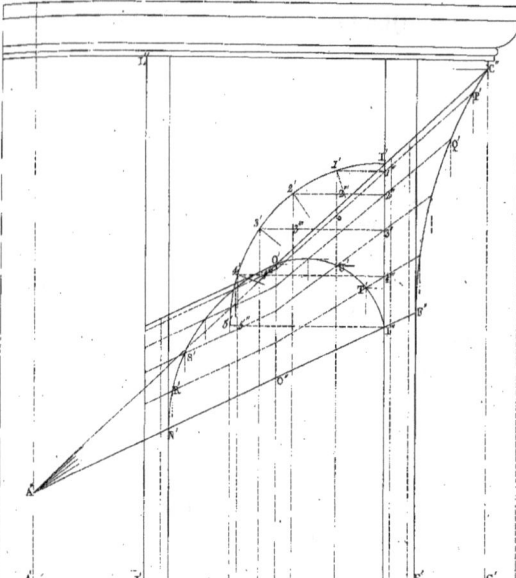

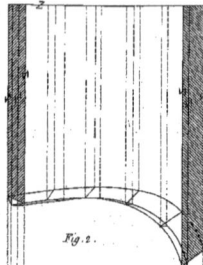

Fig. 2.

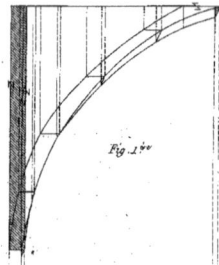

Fig. 1.er

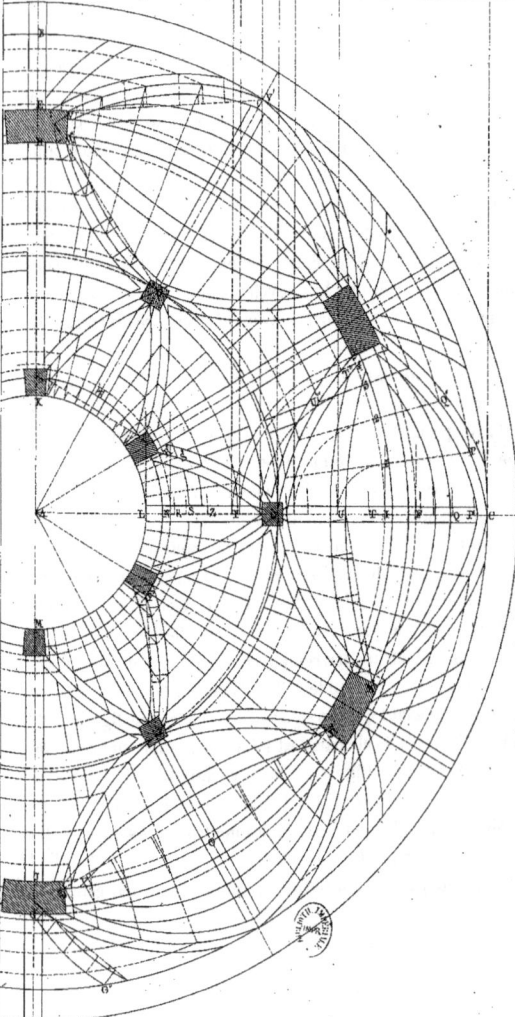

Fig. 4.

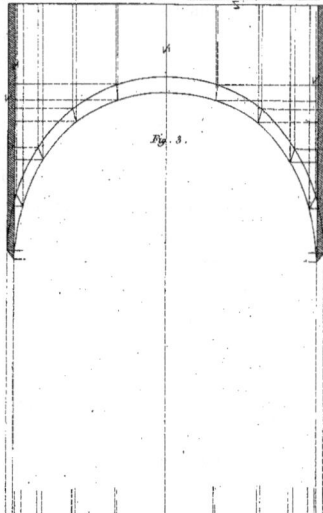

Fig. 3.

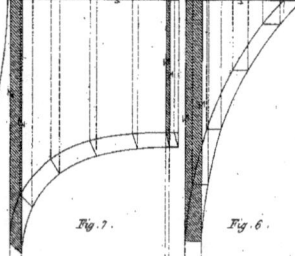

Fig. 7.

Fig. 6.

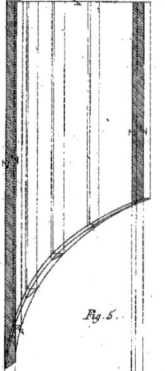

Fig. 5.

Cabasté del.t   Imp.rie Bella, rue Cassette, 9, Paris.   Chevol sculp.t

FLÈCHE TORSE OCTOGONE.

On commence, premièrement (planche 104ᵉ), de tracer, sur un plan horizontal du centre A, la circonférence B C D E. On divise ladite circonférence en huit parties égales et on joint ces points de division par des lignes droites, et on a les huit pans de l'octogone. Sur un plan vertical passant par B D, mais fait sur B′ D′ pour éviter la confusion des lignes, parallèle à B D, on élève A A′, B B′, D D′ perpendiculaires à B D; on joint B′ A′, D′ A′; on mène une retombée parallèle. On met l'entrait, les aisseliers et un certain nombre de lignes d'adoucissement de manière que leurs croisillons coupent le lattis et le dedans, comme on le voit sur l'épure. Après, on mène A′ A″ parallèle à B′ D′; on fait A′ A″ d'une distance quelconque, mais en sachant que les arêtiers en plan seront plus ou moins torses, d'après le plus ou moins d'écartement de A′ A″; on joint C′ A″; on y mène les lignes d'adoucissement, et on construit, par le moyen de ces lignes, les petits triangles rectangles, comme on le voit sur l'épure.

Pour tracer le torse des arêtiers en plan, on descend d'en élévation, parallèles à A A′, les lignes d'adoucissement sur la ligne B D, et on les fait tourner du centre A. Ensuite on prend la base du triangle C′ C″ et on la porte de F en F′; on joint F′ A; on prend G G′, on le porte de G″ en G‴; on joint G‴ A; on prend H H′, on le porte de H″ en H‴; on joint H‴ A; on prend I I′, on le porte de I″ en I‴; on joint I‴ A; puis J J′, on le porte de J″ en J‴; on joint J‴ A; on prend K K′, on le porte de K″ en K‴; on joint K‴ A; puis L L′, on le porte de L″ en L‴; on joint L‴ A; on prend M M′, on le porte de M″ en M‴; on joint M‴ A; on prend N N′, on le porte de N″ en N‴; on joint N‴ A; et O O′, on le porte de O″ en O‴; on joint O‴ A. Ceci étant fait, on joint les points E F′ G‴ H‴ I‴ J‴ K‴ L‴ M‴ N‴ O‴ A par une règle flexible, et on a la ligne d'arête ou de milieu de l'arêtier; on figure l'épaisseur en en mettant la moitié de chaque côté de la ligne d'arête, et ledit arêtier torse est figuré: on opère de même pour les autres. On joint ensuite, par des lignes droites, la rencontre de la ligne de milieu des arêtiers avec les lignes d'adoucissement. Les arêtiers torses devront être délardés suivant ces lignes. On fait paraître également les chevrons, comme on le voit sur l'épure; lesdits chevrons devront suivre et être délardés suivant ces sablières gauches, les unes par rapport aux autres. On peut aussi mettre des croix Saint-André entre les arêtiers torses, en faisant suivre auxdites croix le gauche des mêmes sablières figurées à chaque hauteur de ligne d'adoucissement.

Pour faire l'élévation de l'arêtier D 1 2 3 4 5 6 7 8 9 10 A, on s'y prend de cette manière: on prolonge C′ D′; on prend A D, on le porte en A‴ D″. Puis on élève A‴ Aⁱᵛ d'équerre à A‴ D″. Ensuite on mène les lignes d'adoucissement figurées sur D′ A′ horizontalement, c'est-à-dire parallèles à C′ D″. Ceci étant fait, on mène 1 en 1′ d'équerre à A D; on prend A I′, on le porte de A‴ en P; on remonte P en P′, première ligne d'adoucissement, d'équerre à A‴ D″. On mène 2 en 2′, toujours d'équerre à A D; on prend A 2′, on le porte de A‴ en Q; on remonte Q en Q′, deuxième ligne d'adoucissement. On mène 3 en 3′, on prend A 3′, on le porte de A‴ en R; on remonte de R en R′, toujours parallèle à A‴ Aⁱᵛ. On mène 4 en 4′, on prend A 4′, on le porte de A‴ en S; on remonte S en S′. On mène 5 en 5′, on prend A 5′, on le porte de A‴ en T; on remonte T en T′. On mène 6 en 6′; on prend A 6′, on le porte de A‴ en U; on remonte U en U′, et ainsi de suite. On joint D″ P′ Q′ R′ S′ T′ U′, etc., Aⁱᵛ par une règle flexible, et on a l'arête du lattis et de l'arêtier torse. On joint P Q″ R″ S″ T″ U″, etc., Aᵛ par une règle flexible, et on a l'arête du rencreusement du dedans. Pour avoir le délardement et le rencreusement de chaque face d'arêtier, on opère comme pour l'arête, en menant sur A D et d'équerre la rencontre des faces de l'arêtier avec les sablières gauches. En prenant, à partir du point A, ces distances, les porter, à partir du point A‴ et les remonter sur leurs lignes d'adoucissement respectives, comme on le voit figuré. On y figure l'entrait en le menant horizontalement de la ferme, et l'aisselier comme on le voit indiqué par les cases.

Pour établir l'arêtier, on prend une pièce de bois comme elle est figurée en élévation, et de l'épaisseur V V′ en plan; on fait paraître sur la pièce de bois une ligne de trave à un affleurement de V V″ à partir de dessus. On met donc la pièce de bois sur ligne de niveau et de dévers, suivant la ligne de trave. Une fois sur ligne, on opère comme une courbe d'escalier, en faisant paraître les lignes à plomb et les lignes de niveau. On les rembarre, et on fait quartier un et on le trace comme si l'arêtier D 1 2 3, etc., A était une courbe en plan; seulement on fait paraître, en plus des deux faces, la ligne d'arête d'arêtier. Une fois les deux faces à plomb travaillées, on fait reparaître les lignes effacées, et leurs jonctions donnent le délardement et le rencreusement des deux faces. On opère de même pour l'aisselier; l'entrait, on le cintre en plan. Les arêtiers étant tous pareils, on en établit huit sur la même épure. Quant aux chevrons, on les établit de manière que le lattis soit délardé et suive le gauche des sablières, tel qu'on voit le chevron X Y en plan, dont son élévation est faite en X′ Y′ (figure 1ʳᵉ).

FIN DU BOIS CROCHE ET DERNIER VOLUME.

PARIS. — IMPRIMERIE DE MADAME VEUVE BOUCHARD-HUZARD, RUE DE L'ÉPERON, 5.

104

Pl. 104.

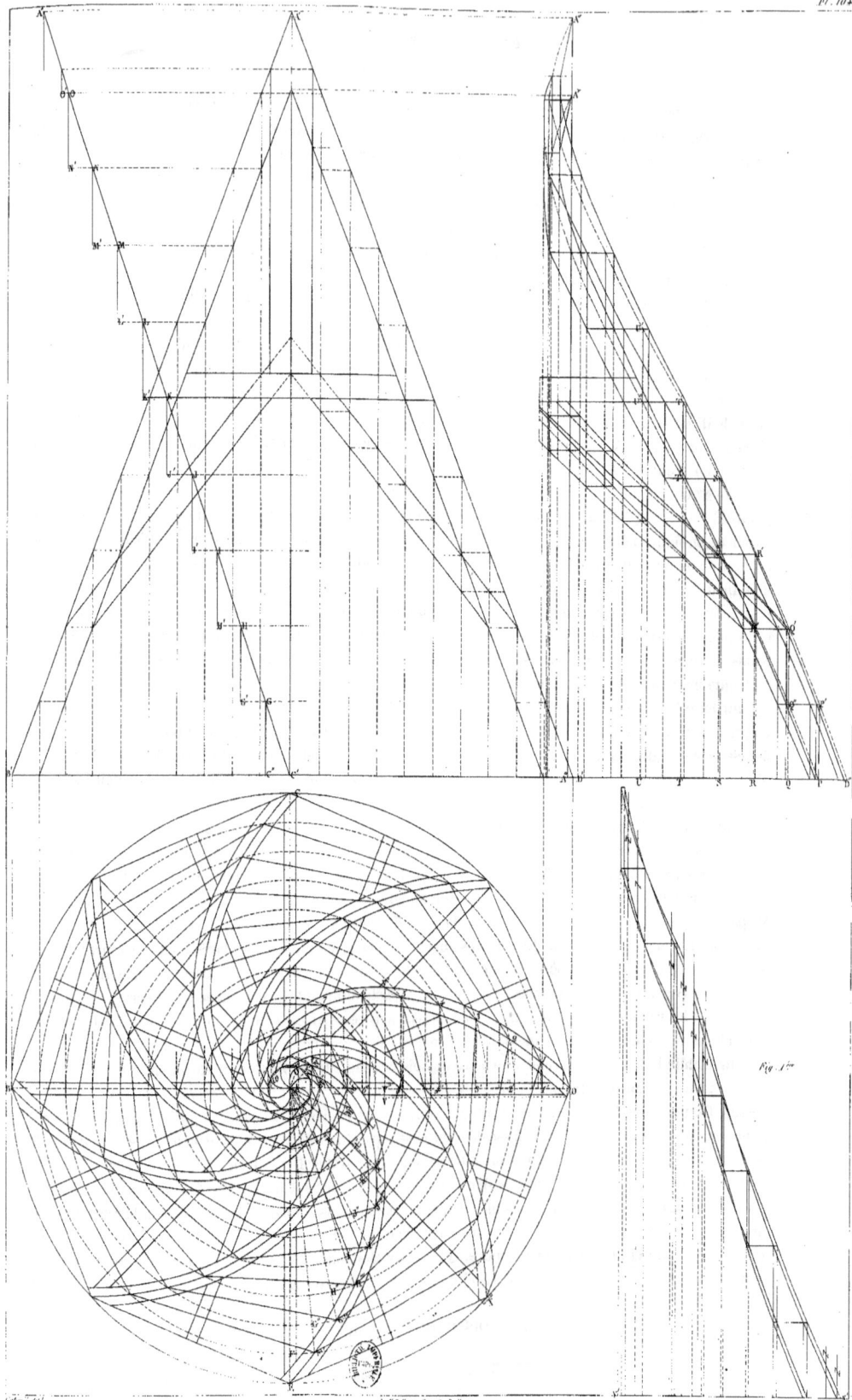